개정판

Social Welfare Administration

사회복지행정론

고명석 · 박준범 · 박명혜 · 정종모 공저

동문사

머리말

현대사회는 산업화, 도시화, 핵가족화가 진행되면서 과저 전통적으로 가족에 의해 충족되었던 복지욕구들이 사회적 욕구로 전환되고 있고 아동 · 청소년 · 노인 · 장애인 · 여성 등 각 영역에서 다양한 사회문제가 발생하고 있다.

이러한 사회문제 및 욕구가 증대되면서 이제 사회복지서비스는 과거와 같이 일부 소외 계층에게만 제공되는 것이 아닌 모든 국민들이 제공 받고 이용할 수 있는 보편적 서비스로 인식되어 보다 다양한 서비스와 프로그램이 요구되어 지고 있는 상황이다. 특히 다변화된 글로벌화, 정보화를 거치면서 한국 사회복지 상황은 질적 및 양적 변화를 꾀하고 있다. 지난 반세기동안 우리나라의 사회복지실천 현장은 수많은 고난과 역경 속에서도 사회복지전문직으로서의 변화와 혁신을 이루어 왔다. 우리나라가 OECD에 가입한 이후 국민들의 삶의 질에 대한 욕구가 증대되었으며, 경제 대혼란인 IMF시기와 최근의 경제적 어려움을 거치면서 경제구조의 개편과 더불어 여성의 사회진출이 급속히 추진되고 있다.

또한 우리사회는 산업화 · 정보화시대의 물결 속에서 핵가족화로 인한 저 출산, 노인부양부담의 증진, 노인의 여가문제, 노인취업문제, 근로인구감소 등 다양한 사회문제의 발생으로 사회복지에 대한 정부 · 민간의 역할이 증대되고 있는 실정이다.

사회복지실천 현장은 변화되는 사회복지대상자들의 다양한 복지적 욕구에 대처하기 위하여 사회복지사의 전문성 강화를 위하여 사회복지사 1급 자격을 국가시험으로 전환하여 시행하고 있다. 이는 사회복지계의 숙원이었던 사회복지사의 위상을 높이고 전문성강화를 위한 토대를 마련한 것이라고 할 수 있다.

사회복지행정론은 사회복지학과 학생들이 다소 딱딱하고 지루한 과목으로 인식하기도 하지만 사회복지학도들이 졸업 후 사회복지사로 활동하게 되면 대부분 사회복지기관이나 시설 등 사회복지조직에 소속되어 업무를 담당하게 되는데 다양한 업무 중에서 사회복지행정 업무를 피할 수 없게 되는 것이다. 따라서 이 책은 사회복지학문을 시작하는 사람과 사회복지에 관심 있는 사람들에게 사회복지의 전문성 강화를 위한 초석을 굳건히 해주기 위한 길라잡이 역할을 기대하고, 특히 사회복지사 1급 시험을 준비하시는 분들을 위하여 그동안 여러 대학 및 사회복지사양성교육과정에서 가르쳐온 교수님들의 중지와 그 동안 강의 및 공무원 시험출제 경험과 각 대학 및 현장실천가들에 대한 강의활동의 경험을 통해서 얻은 지식을 기반으로 연구 끝에 본 저서를 발간하기에 이르게 되었다.

본 개정판을 통해 사회복지학을 처음 접하는 많은 학생과 그리고 관심 있는 분들이 흥미를 가지고 쉽게 접할 수 있도록 책의 구성에 중점을 두고 집필하였다. 이와 같은 의미에서 본 개정판의 부족한 부분들은 오로지 필자의 책임임을 분명히 밝히면서 독자 여러분의 아낌없는 지도편달을 기대하는 바이다. 또한 한국 사회복지대학교육협의회의 사회복지학 교과목 지침서를 충실히 반영하여 집필하였다는 점을 강조한다.

필자는 앞으로 꾸준한 수정, 보완을 통하여 사회복지를 전공하는 학생들과 가르치는 교수님들 그리고 사회복지실천 현장의 재직자 및 사회복지관련 업무를 담당하고 있는 공직자들로부터 사랑 받는 교재가 될 수 있도록 최선을 다할 것을 약속드리며, 본 개정판의 출판을 허락하여 주신 동문사 출판사 이중수 사장님께 깊은 감사를 드린다.

2016년 3월

남가좌동 연구실에서

대표저자 고 명 석

목 차

제1장 사회복지행정의 서론 9

제1절 사회복지행정의 개념 10
제2절 사회복지행정의 이해 11

제2장 사회복지행정의 역사 및 이론적 배경 19

제1절 미국 사회복지행정의 역사 20
제2절 한국 사회복지행정의 역사 21
제3절 사회복지행정의 이론적 배경 25

제3장 사회복지조직의 구조와 조직화 41

제1절 조직의 구조적 요소 42
제2절 조직구조의 분석 46
제3절 조직의 유형 50

제4장 사회복지조직의 기획과 의사결정 53

제1절 기획이론 54
제2절 의사결정 64
제3절 의사소통 70

제5장 리더십(지도력) 77

제1절 리더십(Leadership) 78
제2절 리더십이론 81

제6장 사회복지행정조직 87

제1절 공공 사회복지행정조직 88
제2절 민간 사회복지행정조직 102

제7장 인적자원관리 109

제1절 인사관리 110
제2절 직원 능력개발 115
제3절 동기부여 123

제8장 사회복지행정의 재정관리 133

제1절 사회복지재정에 대한 이해 134
제2절 예산의 수립 및 관리 140
제3절 결산 148

제9장 사회복지서비스 전달체계 155

제1절 전달체계의 개념 및 원칙 156
제2절 서비스 전달체계 개선전략 160
제3절 공공과 민간의 역할분담 163

제10장 프로그램 개발과 평가 171

제1절 욕구조사 172
제2절 프로그램 설계 175
제3절 사회복지 프로포절 작성 178
제4절 프로그램 평가 184

제11장 사회복지조직의 책임성과 마케팅 187

제1절 사회복지조직의 책임성 188
제2절 책임성의 관리 192
제3절 사회복지 시설평가 195
제4절 사회복지 마케팅 198

제12장 사회복지법인 및 사회복지시설 203

제1절 총 칙 204
제2절 예 산 206
제3절 결 산 210
제4절 회 계 212
제5절 물 품 215
제6절 후원금 216
제7절 감 사 224

제13장 사회복지법인 및 시설관리에 따른 지적사례 225

제1절 회계처리사항 226
제2절 세입·세출예산 및 사업계획과 결산보고 226
제3절 후원금 관리 227
제4절 물품 관리 228
제5절 시설종사자 인건비 등 228
제6절 법인의 수익사업에 따른 수익금 관리 228
제7절 사회복지시설 운영상 소홀하기 쉬운 사항 229

▣ 부록 1. 참고자료(재무·회계규칙·서식) 231
▣ 부록 2. 사회복지법인 Q&A 297
▣ 부록 3. 관계법령 315

◉ 참고문헌 341

제1장

사회복지행정의 서론

제1절 사회복지행정의 개념

제2절 사회복지행정의 이해

제1절 사회복지행정의 개념

1 사회복지의 개념

사회복지란 인간의 행복을 증진시키기 위하여 정부나 민간단체들이 여러 가지 프로그램, 사회적서비스, 제도를 통하여 사회적 역기능을 예방하고 감소시키기 위한 체계적이고 조직적인 노력이나 활동을 말한다.

좁은 의미의 사회복지는 고통과 빈곤을 경감시키는 것에 목적을 두고 있는 사회, 공공 또는 민간의 비영리 기능인 요 보호자(장애인, 노인, 아동 등)에 대한 보호, 육성, 지도, 치료, 재활 등의 서비스시책 등을 포함한다. 반면에 넓은 의미의 사회복지란 사회문제를 예방하고 해결하거나 개인, 집단 또는 지역사회의 삶의 환경을 개선하려는 민간과 기업의 조직적 활동을 일컫는다. 예를 들면 사회정책, 사회보장, 보건, 의료, 주택, 고용, 교육 등 전 국민의 사회생활의 안정과 발전에 공헌하는 일체의 사회적 시책 등을 포함한다.

2 사회복지행정의 개념

사회복지행정은 사회복지와 행정의 합성어로 좁은 의미로는 민간기관이나 시설에서 자신의 목표달성을 위해 인적·물적 자원을 동원하는 협동적인 노력을 통해서 사회복지서비스를 제공하는 활동을 말하며, 넓은 의미로는 일반적인 사회정책을 사회복지서비스로 전환시키는데 필요한 공적·사적 사회복지 조직에서의 총체적인 활동으로서 공공복지행정, 즉 중앙이나 지방정부의 복지관련 행정 전반을 포함하는 개념이다.

결론적으로 사회복지행정은 사회복지조직(기관, 시설)이 정해진 목표를 달성하기 위하여 정책을 서비스로 전환하는 공적·사적 사회복지조직의 총체적인 활동이다.

제2절 사회복지행정의 이해

1 사회복지행정의 범위

1) 수평적 영역

사회복지행정의 영역을 평면적으로 보았을 때 그 속에 포함될 수 있는 다양한 사회복지 행정 관련활동과 요소

① **조직관리** : 조직내부구조(계층제, 팀제), 조직기술, 클라이언트, 문화, 리더십 등의 작용과 활동

② **환경관리** : 조직에 영향을 미치는 환경적 요소 관리, 지역사회 내에서 다른 조직들과 관계를 적절히 유지하고 관리하는 활동영역

③ **자원관리** : 인적자원관리(인사관리, 선발, 직무분석, 성과평가)
물적자원관리(예산편성집행, 프로그램 서비스 제공에 필요한 재원 동원관리)

④ **프로그램관리** : 프로그램 기획, 수행 과정/ 중간관리자의 주요행정영역

2) 수직적 영역

사회복지조직의 영역	관리자 수준	활 동 내 용
정책(policy)환경관계	최고관리자 (top manager)	정부의 법령, 이사회관련 지침이나 건의, 지역사회 관계유지 발전
관리, 조정, 통제	중간관리자 (middle manager)	인사 및 재무관리, 프로그램관리
서비스(service)전달	일선관리자 (supervisior)	클라이언트관리, 문서 및 기록관리

사회복지조직구성원이 행정활동 또는 관리활동에 관여하는 범위와 수준을 중심으로 일어나는 것

3) 관리기술 영역

사회복지조직의 관리자가 행정활동에서 필요한 관리기술의 유형에 따라 달라지는 기술로서 최고관리자는 개념적 기술, 중간관리자는 인간적 기술, 일선관리자는 기능적 기술을 말한다.

과거의 사회복지행정의 범위는 관리와 행정의 기능만을 담당하였으나 오늘날에는 기획과 정책의 기능까지도 포함하는 포괄적이고 거시적 접근을 수행한다.

2 사회복지행정의 특성

사회복지행정은 국가의 이념, 개발방향, 정책 등의 내용에 따라 결정되고 사회복지행정은 사회적으로 인지된 욕구충족을 위해 사용가능한 각종 인적·물적 자원을 동원하는 등의 방법으로 적용되며, 사회복지행정은 이윤추구 및 영리를 목적으로 하지 않고 대상자와 지역사회에 대한 윤리적 책임, 공적책임, 전문 인력 관리 등에 주안점을 둔다. 또한 사회복지행정은 복지정책의 목표를 달성하기 위한 이행수단 및 방법의 선택, 서비스 제공 조직과 기구에 관심을 둔다.

3 사회복지행정의 주요가치

1) 효과성(effectiveness)

사회복지 조직에서 욕구충족을 위해 제공된 서비스나 프로그램이 C/T의 욕구와 문제해 결에 있어 적절하고 효과적이었는지, 즉 목표의 달성정도를 판단하는 가치이다.

2) 효율성(efficiency)

최소의 자원(in put)으로 최대의 효과(out put)를 산출한다는 개념으로, 자원의 유한성을 전제로 하여 제한된 서비스를 어떻게 분배할 것인가와 관련된다.

3) 공평성/형평성(equity)

동일한 욕구를 가진 C/T는 동일한 서비스를 받아야 한다는 것이다. 공평성은 서비스를 받을 기회와 내용뿐 아니라 그 비용 등을 포함한다.

4) 접근성/편익성(convenience)

클라이언트가 사회적 서비스를 쉽게 이용할 수 있어야 한다는 것이다. 접근성을 높이기 위해서는 기관의 위치나 교통수단 등 물리적인 요소 뿐 아니라 서비스의 비용, 서비스 에 대한 홍보 등의 요소에 대해서도 고려하여야 한다.

4 사회복지행정의 과정

사회복지행정의 기본적인 과정은 일반적으로 기획(P), 조직(O), 인사(S), 지시(D), 조정 (Co), 보고(R), 재정(B), 평가(E)로 정리하며, 각 영문의 앞글자를 따서 'POSDCoRBE'로 표현한다.

1) 기획(Planning)

목표의 설정과 목표를 달성하기 위한 과업 및 활동, 과업을 수행하기 위해 사용되는 방법을 결정하는 단계로서 과업을 달성하기 위한 방법은 변화하는 목표에 따라 달라 질 수 있으며, 사회복지행정가는 변화하는 목표에 맞춰 과업을 계획하고 방법과 기술 을 결정해야 한다.

2) 조직(Organizing)

조직구조를 설정하는 과정으로 여기에서 과업이 할당되고 조정된다. 조직 구성에 있어서 구성원들의 역할과 책임이 분명하지 않으면 직원간의 갈등이 초래되며 비효율적이고 비효과적인 조직이 된다.

3) 인사(Staffing)

직원의 채용과 해고, 직원의 훈련, 우호적인 근무조건의 유지 등이 포함되는 활동이다. 사회복지행정에서 책임자는 직원의 임면뿐만 아니라 훈련과 교육, 직원의 적절한 근무환경의 유지에 대해서도 책임을 진다.

4) 지시(Directing)

기관의 효과적인 목표달성을 위한 행정책임자의 관리 · 감독의 과정으로 행정책임자는 합 리적인 결정, 능동적인 관심, 헌신적인 태도로 직원의 공헌을 칭찬하고 책임과 권한을 효과적으로 위임하며 개인과 집단의 창의성을 고려하고 지시하는 지도자가 되어야 한다.

5) 조정(Coordinating)

조직 활동에서 구성원들을 상호 연관짓는 중요한 기능으로 사회복지행정가는 부서 간, 직 원들 간의 효과적인 의사소통의 망을 만들어 유지하고 조정해야 한다. 이를 위한 방법으로 위원회(committe)조직이 있는데 위원회에서는 프로그램, 인사, 재정 및 긴급한 문제상황, 임시적인 활동 등을 다루게 된다.

6) 보고(Reporting)

사회복지행정가가 직원, 이사회, 운영위원회, 지역사회, 행정기관, 후원자 등에게 조직에서 일어나는 상황을 알려주는 과정으로 주요활동에는 기록, 정기적인 감사, 조사연구가 있다.

7) 재정(Budgeting)

사회복지 조직은 재정을 투명하게 사용할 수 있어야 하며 조직의 재정행정가는 현재를 포함하여 중 · 장기적인 재정계획을 수립해야 하고 회계규정에 따라 재정운영에 대한 책임을 갖는다.

8) 평가(Evaluating)

평가는 크게 효과성 평가(클라이언트의 욕구나 문제의 해결에 적절했는지에 대한 서비스의 효과성)와 효율성 평가(자원의 투입과 산출에 관련된 효율성)의 두 가지 척도를 적용한다.

5 복지행정의 실천적 방법

복지행정의 실천적 방법으로는 일반급부, 사회보험, 공적부조, 그리고 사회복지서비스로 나누어 볼 수 있다.

1) 일반급부

일반 급부제(demogrants)는 고용이나 괘금(掛金) 상태나 소득 수준에 구애됨이 없이 일정 범위 전체 주민에게 급부(flat payment)를 해주는 노후 보장 방법이다. 이는 급부 자격이 일정 범주의 전체 주민이라는 점에서 소득 보조와는 같지만 보험료 및 고용주 내지 국가 부담금에 의존하는 사회보험과 다르다. 일반급부는 예컨대 아동수당(children's allowance), 노령연금(old age pensions), 출산수당(maternity benefits)등과 같이 빈곤 여부나 근로 능력 유무 또는 부양 가족의 유무에 관계없이 주로 인구론적인 것에 의거하여 급부하는 사회보장법에 해당하며 이러한 일반급부는 사회보험과 더불어 제도적 개념(institutional conception)으로서 전국민을 대상으로 한 보편성(universality)의 원칙에 해당한다.

2) 사회보험

사회보험은 소득 보장이라는 측면에서는 공적부조와 유사하나 다음과 같은 면에서는 그 차이점을 발견할 수 있다. 사회보험은 주로 노령, 질병, 사망(유족), 실직 등 장기 유고자를 대상으로 하지만 공적부조는 빈곤층 등 단기 유고자를 대상으로 한다. 전자는 수급자와 사용자 양자와 국가(미국의 경우), 또는 사조직 피용자의 경우, 수급자와 사용자를 포함한 양자와 국가(영 · 일 · 한 · 중의 경우) 등이 재원을 부담하는데, 후자는 수혜자의 부담이 일반 조세에 의존한다.

다음은 사회보험과 민영보험의 차이점을 비교하였다.

표 1-1 사회보험과 민영보험 비교

사회보험	민영보험
강제적 적용	자발적 참여
최저수준의 소득보호	개인의 열망과 지불능력에 좌우
사회적 적합성(복지)	개인적 적합성(형평)
법적 권리(가변성)	계약권리(계약준수)
정부독점	자유경쟁
예상하기 어려운 지출	예상할 수 있는 지출
충분한 기여금 불필요(강제가입)	충분한 기여금 필요
목적, 결과에 대한 이견 존재	의견의 일치
물가상승에 적절한 대응	물가상승에 대응 어려움
적립기금 투자우선 순위 정부 결정	민간결정

3) 공공부조

공공부조(公共扶助)란 국민의 건강을 보호하고 최저생활의 보장을 목적으로 하는 사회보장 제도의 일환으로서, 생활능력을 잃은 자들과 일정한 생활수준에 미치지 못한 자들에 대하여 국가나 지방자치단체가 그들의 최저생활 보장과 자립 촉진을 목적으로 마련한 가장 직접적이며 최종적인 경제적 보호제도라고 말할 수 있다. 공공부조는 현대 산업사회의 경제적 방안에 대한 보완용으로서 국민 소득을 보장하고 있으며 민주주의 정신에 입각한 기본권 존중 사상에서 나왔다.

공공부조 제도를 실시하는 목적은 요 보호자(要保護者)를 하루 속히 생활능력을 갖게 하여 생활인으로 복귀시키고 빈곤에서 어느 정도 해방시키고자 하는 데 있다. 공공부조에 의한 급여(allowance)는 일반적으로 빈곤한 처지가 입증될 수 있는 사람에게만 지급되며, 급여액에 관한 최종 결정은 공공부조 사업을 관리하는 정부에 의하여 이루어진다.

우리나라에서의 공공부조는 2000년 10월부터 시행하고 있는 '국민기초생활보장법'에 의하여 주로 이루어지고 있다. 이 법의 목적은 생활이 어려운 자에게 필요한 급여를 행하여 이들의 최저생활을 보장하고 자활을 조성함으로써 사회 복지의 향상에 기여함에 있다.

4) 사회복지서비스

사회복지서비스는 국가 · 지방자치단체와 민간부문의 도움이 필요한 모든 국민에게 상담, 재활, 직업소개 및 지도, 사회복지시설 이용 등을 제공하여 정상적인 생활이 가능하도록 지원하는 제도이다(「사회보장기본법」 제3조 제4호).

광의의 의미는 "온 국민의 물질적 · 정신적 · 사회적 최저 생활을 확보하기 위한 공동의 사회적 여타 서비스 전반"으로 정의할 수 있다. 또한 협의로 해석할 때의 사회복지서비스는 공적부조 대상자, 아동, 신체장애인, 노인, 기타 보호가 필요한 자들이 자립하여 능력을 개발할 수 있도록 필요한 수용 보호, 생활 지원, 갱생 보호 및 수급 지원하는 활동을 말하는데 이는 종전의 사회사업과 같은 의미이다.

제2장

사회복지행정의 역사 및 이론적 배경

제1절 미국 사회복지행정의 역사
제2절 한국 사회복지행정의 역사
제3절 사회복지행정의 이론적 배경

제1절 미국 사회복지행정의 역사

1 사회복지행정의 출현

1869년 영국에서 시작된 자선조직협회(Charity Organization Societies: COS)가 1877년 미국 동부 버팔로에서 처음 조직되었고 점차 미국 전역으로 확산되었다. 자선조직협회를 통해 효율적인 민간자선활동에 대한 관심이 증대되었다.

20세기 초 지역공동모금회(Community Chest) 와 지역사회복지기관협의회(Council of Social Agencies)의 창설로 행정가들의 역할이 증대되었다.

1914년 사회사업 교과과정에 최초로 사회복지행정이 등장하였고, 1923년 미국사회사업 대학협의회가 채택한 교과과정에 사회복지행정이 선택과목으로 포함되었다.

1929년 밀포드(Milford) 회의에서 사회복지행정이 개별사회사업, 집단사회사업, 지역사회복지론 등과 함께 기본적인 실천방법으로 인정받았다.

2 사회복지행정의 발전

1935년 사회보장법 제정과 함께 공공복지행정의 대규모확대 및 공공복지부문에서 사회복지사에 대한 수요가 증가하였고, 이에 따라 행정에 대한 교육이 확대되었다.

1950년대 공동모금이 전국적인 범위로 확장되었고, 이후 미국 사회복지공동모금협의회(United Way)로 발전되었다.

1952년 미국사회복지교육협의회의 대학원 교과과정 규정에 사회복지 조직과 행정절차에 관한 교육이 포함되었다.

1960년대 인권운동, 반전운동, 복지권운동 등의 등장으로 지역사회 내의 사회운동 단체들과 지역사회 정신보건 기관들이 확충되었고 행정 고유의 관리기능들이 강화되었다.

1960년 미국사회복지사협회(NASW)에서 사회복지행정에 대한 보고서들을 출간하였으며, 1963년에는 그 산하에 사회복지행정위원회가 설립되었다. 한편으로는 1960년대 시작된 '빈곤과의 전쟁(War on Poverty)'에서 사회복지기관들이 빈곤 문제를 비롯한 여러 사회문제를 적절히 해결하는 역할을 수행하지 못한 것에 대한 국민들의 불신과 문제제기로 비판받기도 하였으며 기관 활동의 효과성에 대한 비판이 제기되었다.

3 사회복지행정의 확립

1970년대 사회복지 프로그램들이 세분화되고 다양화됨으로써 이러한 프로그램을 조정하고 관리하는 사회복지행정가의 역할이 증대되었으며 효율성, 효과성, 책임성 등에 대한 관심이 증대되고 사례관리(case management)를 통한 서비스 통합과 효율화의 방식이 본격적으로 등장하고 사회복지행정에 크게 기여한 문헌들이 발간되었다.

1976년에는 전문학술지인 『Administration in Social Work』로 발간되기 시작하는 등 사회복지행정의 학문적 체계가 확립되었다.

1980년대 이후 사회복지 부문의 민영화와 프로그램 예산의 축소 등에 따라 사회복지 프로그램에 대한 엄격한 관리와 분석, 자원동원 등의 능력을 갖춘 관리자에 대한 수요가 증가하기 시작하였다.

1990년대 이후 재정관리와 마케팅이 점차 강조되고 사회복지조직들의 합병과 연합 등 새로운 경영기법과 가치관이 사회복지 분야에 확대 적용되는 움직임이 생겨났다.

제2절 한국 사회복지행정의 역사

1 사회복지 전문 활동의 시작(1900~1945년)

19세기 말 외국인 선교사에 의한 아동 양육 활동 등이 선교활동의 일환으로 전개되었다.

1905년 경성고아원 설립하였고(유학자, 이필화), 1906년: 인보관 성격의 반열방이 미국 감리교 선교사에 의해 원산에서 설립되었다. 1910년에는 한일합방과 함께 조선총독부 내무부 지방국 지방과에서 구휼 및 자선사업에 관한 사항을 담당하도록 분장한 이래 여러 차례 행정조직 개편을 거쳐 1921년 내무국 사회과, 1932년 학무국 사회과로 사회복지업무를 통합하였다.

1921년 태화여자관(지금의 태화종합사회복지관) 설립하였으며, 1921년 조선사회사업연구회 조직, 1929년 재단법인 조선사회사업협회로 확대 개편하고, 1920년대 이후 조선총독부의 식민지 통치 전략의 일환으로 다수의 인보관, 사회관, 아동시설 등 민간가회복지 기관들이 일본인, 외국인 선교사, 조선인 등에 의해 설립되었다.

1927년 이후 자선조직협회의 우애방문원과 유사한 방면위원 제도를 도입하여 지역 내 빈민들에 대해 개별사회사업(Casework)를 제공하도록 하는 반민간 · 반 공공에 의한 구빈제도를 시행하였다.

1944년 조선구호령이 제정되었으나 실질적인 급여는 형식적인 수준에 그쳤으며, 1945년 이전의 민간사회복지기관은 전문적 행정가에 의해 운영되기보다는 주로 종교적 동기와 봉사정신에 의해 설립 · 운영되었고 조선총독부는 식민지 지배통치의 일환으로 사회복지사업을 활용코자 하였다.

2 외원기관의 활동과 사회복지행정의 출발(1946~1970년대)

해방이후 미군정에 의해 긴급구호 차원의 공공복지가 제공되었고 이를 담당할 행정기관으로 군정청 설립과 함께 위생국이 설치되고 곧이어 이를 보건후생국으로 확대 개편하였으며 미군정 하에서는 복지행정이 일방적이고 임시적인 수준에 그쳤다.

1946년 후생국보 3A호, 후생국보 3C호 등 긴급구호에 관한 규정 발표하였다. 1948년 대한민국 정부수립과 함께 보건위생부와 노동부 업무를 합하여 사회부를 설립하고 보건 · 복지 · 노동 · 여성 등에 관한 행정업무를 모두 관장하였고, 1949년 보건부가 독립하였다가 1955년 다시 보건사회부로 통합되어 사회복지에 관한 전반적인 업무를 관장하였다.

6·25 전쟁이후 외국 원조기관들이 대거 들어와서 수용시설 위주의 긴급구호와 시설보호를 주된 내용으로 사회복지사업을 전개하였고, 이들 기관과의 관계가 중요시되어 사회복지행정의 중요성은 별로 인식되지 못했다.

외원기관들이 활동하던 시기에는 절대적인 자원부족일 시급한 문제였으며 수용시설의 운영과 유지에 초점이 맞춰져 있었다.

1947년 이화여자대학교를 시작으로, 1952년 중앙신학교(현 강남대학교), 1958년 서울대학교 대학원 등에 사회복지 교육과정이 수립되었고, 이들 학교에서 1960년대부터 사회복지행정에 관한 교육을 시작하였다.

1956년 사회복지 전문 인력을 양성하는 국립 중앙사회사업종사자 훈련소가 설립되었다가 1960년 8월 사회사업 지도자의 교육·연수기관인 국립 사회사업연구지도원으로 개편하였다가 1977년 국립사회복지연수원으로 명칭을 변경했다. 이후 1999년에 폐지하고 사회복지요원 교육훈련 기능을 국립보건원 훈련부로 이관하였고, 2002년 '미신고양성화 정책'을 추진하면서 교육전문기관인 전국 5개권역[1] 대학에 위탁 운영하였다.

1967년 한국사회사업가협회가 창립되고 1977년 사단법인으로 발전하였으며, 1970년대에 사회복지행정이 대학 교과목으로 채택되면서 행정의 필요성이 어느 정도 인정된 듯 하지만 민간 사회복지기관에서는 체계적인 조직운영이나 체계적인 조직 운영이나 관리가 충분히 이루어지지는 않았다.

1970년대에는 사회복지사업법이 제정되어 공공복지행정을 통해 민간 사회복지기관에 대한 지원과 지도·감독을 할 수 있는 근거가 마련되었다.

3 사회복지행정의 체계화와 본격화(1980년대 이후)

1980년대 이후 여러 가지 사회문제가 증가하고 민주화가 진행되면서 사회복지 관련

1) 수도권(서울, 경기, 강원, 인천, 제주)은 명지대학교, 경남권은 부산경남정보대학교, 경북권은 대구보건대학교, 호남권은 광주대학교, 충청권은 공주영상정보대학교에 위탁하여 교육, 2006년부터는 경북권, 호남권, 충청권은 폐지하고, 명지대학교와 부산경남정보대학에서 운영중임.

법률들이 신설되거나 개정되는 등 민간사회복지 전반에 큰 변화가 나타났다.

1980년대 사회복지 관련 시설 · 기관들이 급속도로 증가했다.

1982년 한국사회사업가협회(현 한국사회복지사협회)가 사회복지사 윤리강령을 제정(1988. 4. 공포)하여 사회복지사의 전문직으로서의 기본 요소를 갖추고 사회복지 영역에서 전문가의 책임과 역할에 대한 인식이 확산되기 시작하였다.

1987년부터 사회복지전문요원제도가 시행되어 공공복지행정의 체계를 마련하였고, 1992년 사회복지사업법 개정을 통해 사회복지전담공무원과 복지사무전담기구(사회복지사무소)를 설치할 수 있는 법적 근거를 마련하였으며, 사회복지 직렬을 5급까지 설치하여 전문직에 의한 공공복지행정의 기초를 마련했다.

1995년 7월부터 전국 5개 지역에서 보건소에 사회복지기능을 통합하여 보건복지사무소를 시범운영하였으며, 1997년 사회복지사어법 개정으로 사회복지시설을 3년에 1회 이상 평가하도록 하여 효율성 · 효과성 · 책임성 등을 높이는 사회복지행정에 대한 수요가 높아졌다.

또한 1998년 11월 사회복지공동모금회를 설립하였으며, 1999년 사회복지행정학회가 창립되고 전문 학술지를 발간하기 시작했다.

4 사회복지행정의 확립(2000년대 이후)

2000년 우리나라의 대표적인 공공부조 정책인 국민기초생활보장법의 시행(1999년 제정)으로 행정환경의 변화를 맞이하게 되었다.

2003년 제1회 사회복지사 1급 자격 국가시험 시행을 시작 하였고, 2004년 사회복지사무소 시범사업 실시 후, 2005년 8월부터 시 · 군 · 구에서 지역사회복지협의체를 운영하기 시작하였으며 이 협의체는 사회복지 부문의 중요사항의 심의기능, 서비스 부문 간 연계 강화기능을 하게 되었다.

2006년 7월부터 주민생활지원 서비스 전달체계 1단계 실시-53개 시 · 군 · 구에서 실시한 후, 2007년 1월부터 주민생활지원 서비스 전달체계 2단계 실시-자치구 및 일반 시 중심 (129개 시 · 군 · 구), 2007년 7월부터 주민생활지원 서비스 전달체계 3단계 실시-도 · 농 복합 시 · 군 · 구 중심 동사무소의 주민자치센터로 명칭변경 하였다.

2009년 1월부터 사회복지서비스 제공의 효율화와 수요자 중심의 통합적 서비스 제공이라는 목표 하에 사회복지서비스 공공부문 · 민간 부문의 전달체계를 개편하고, 사회복지통합관리망 구축을 위해 희망복지 전달체계를 마련하였다.

2010년 1월부터 사회복지시설의 신고 · 변동관리, 온라인보고, 보조금 및 각종 복지급여 지급의 전자적 처리 등을 사회복지통합관리망을 통해 수행하게 되었으며, 2012년 5월부터 희망복지지원단이 출범하여 공공 사회복지 전달체계 내 통합사례관리 업무를 수행하고 있다.

2013년 2월 18일부터 16개 부처 296개 복지사업 정보를 연계하여 개인별 · 가구별 복지서비스 이력관리, 중복 · 부정적 수급방지, 중앙부처 복지사업 정조 제공, 복지사업 업무처리 등을 위한 '사회보장시스템'을 개통하였다.

제3절 사회복지행정의 이론적 배경

사회복지행정의 이론은 고전이론, 인간관계이론, 상황이론, 체계이론, 구조주의이론, 조직 환경이론, 현대조직이론 등 크게 7가지로 나눌 수 있다.

1 고전이론(Classical model)

1) 관료제이론

베버(Max Weber)에 의해 처음으로 체계적으로 연구되고 분석된 관료제는 고도로 전문화된 지식을 바탕으로 합법적이고 합리적인 규칙과 최대한의 효율성을 목적으로 한 조직구조의 독특한 체계이다.

(1) 특성

① 인간의 개성보다 공적인 지위에 기반을 둔 위계적인 권위구조로 다양한 욕구의 C/T기준이 마련되었다.

② 지위에 따른 권위를 규정하는 규칙의 체계화로 전문직규범이 중요하게 되었다.

③ 명확하고 고도로 전문화된 업무분업이 이루어 졌다.

④ 비인간적인 인간관계의 융통성 결여로 조직성원과 C/T간 인간성 우선이 중요시 되었다.

⑤ 기술적 자격에 기반을 둔 신분보장과 유급직원에 의한 관료의 충원 등으로 대상자 소외가 발생되고 있다.

⑥ 베버는 행정의 관료화가 완전히 성취되는 것이 사회체계 내에서 자원과 권력을 동원하는 가장 효율적인 도구라고 보았으며, 관료제의 속성은 현대사회의 특성을 반영한 합법 적이고 합리적인 규칙과 최대한의 효율성에서 찾을 수 있다고 했다.

(2) 사회복지조직에의 적용

① 사회복지조직에 관료제를 적용시킬 경우 발생하는 법칙과 규제에 대한 과도한 의존, 서비스 전달과정에서 조직 구성원과 클라이언트 간의 비인간적인 관계, 서비스 제공 과정의 융통성 결려, 구성원들을 비인격적으로 평가하려는 문제 등에 대한 비판이 있다.

② 관료제는 틀에 박힌 듯한 업무를 수행하는 데 효과적이고 합리적인 모형이지만 사회복지조직에서는 복합적이고 다양한 욕구를 지닌 클라이언트를 대상으로 개별화된 서비스를 제공하므로 획일적이고 일률적인 업무를 강조하는 관료제이론이 적절하지 않을 수 있다.

③ 사회복지조직에서는 일련의 규칙과 법규보다는 전문직의 규범에 따라 행동한다.

④ 사회복지조직의 관료제화는 서비스의 합리화, 효율성의 증대, 개선된 서비스 기술 등을 가져다주었지만 서비스 대상자들을 소외시키는 결과도 가져왔다. 다라서 둘 사이에 적절한 균형이 중요하다.

2) 과학적 관리론(테일러)

(1) 주요내용

과학적 관리론은 철강회사의 엔지니어였던 테일러(F. W. Taylor)가 산업현장에서 자신의 경험을 바탕으로 당시에 새로 대두되고 있던 경영 및 생산의 기술들을 종합하면서 만들어진 것이다. 테일러는 일에 관한 기획은 관리자의 몫이고 이것의 실행은 노동자의 몫이라고 보았다. 따라서 과학적 관리론은 조직에 있어 기획과 실행의 분리를 전제로 한다.

테일러는 노동은 집단적인 것이 아니라 개인적인 활동이며 또 그렇게 취급되어야 한다고 보았다. 때문에 과학적 관리론은 동기부여 및 유인 제도에 있어 개인의 물질적 이익에 호소하는 차별적 성과급 제도를 원칙으로 한다.

(2) 기본단계 및 특성

① 기본단계

조직을 과학적으로 관리하는 단계는 총 4단계로 이루어진다.

- 1단계 : 조직이 달성하고자하는 객관적인 기준과 목표를 규정한다.
- 2단계 : 목표성취에 필요한 조직 내 활동을 분석하여 최적의 모델을 구축한다.
- 3단계 : 조직 내 목표달성을 위한 활동을 수학적으로 재분석한다.
- 4단계 : 목표달성을 위한 최선의 해결책에 일치하도록 조직 활동을 재구성한다.

② 특성

- 개개인의 동작을 분석하여 소요시간을 표준화하여 분업체계를 확립한다.
- 작업의 효율은 노동의 분업에 의해 얻어질 수 있다.
- 과업을 달성한 정도에 따라 임금을 지불한다.
- 권한과 책임성은 행정 관리자 에게만 주어진다.

(3) 사회복지조직에의 적용

① 과학적 관리론은 사회복지조직이 외부환경으로부터 받는 많은 외적 영향, 즉 지역사회 내 다른 조직 및 사람들과의 관계를 무시한다.

② 사회복지조직은 복잡하고 도덕적인 인간을 대상으로 한다. 이로 인해 구성원 간 또는 클라이언트를 둘러싸고 있는 이해집단의 상이한 규범이나 가치체계에 따라 목표가 달라질 수 있으므로 사회복지조직의 목표는 모호하다고 불확실하다는 특성이 있다. 그러나 과학적 관리론에서는 조직이 외부환경에 의해 변화한다고 보지 않으며, 조직의 목적 또한 명확히 정해져 있다고 간주하므로 사회복지조직에 들어맞지 않을 수 있다.

③ 의사결정이 상의하달식 형태를 취하여 행정 관리자에게만 조직의 목표를 설정할 수 있는 책임을 부여하기 때문에 엘리트주의적이라 할 수 있다. 이러한 특성은 의사결정 과정에서 전 직원의 참여를 통한 민주적 절차를 지향하는 사회복지조직과 어긋날 수 있다.

3) 행정관리론(귤릭, 어윅, 페이욜)

행정 관리론은 생산성이나 효율성보다 행정관리 기능의 향상에 초점을 둔 이론으로서 조직행정의 행정적 기능을 POSDCoRB(기획, 조직, 인사, 지휘, 조정, 보고, 재정)등 7가지를 제시하면서 동시에 조직관리자 준수원칙 14가지(분업, 권한의 필요, 규율, 명령의 일원화, 지휘통일화, 공평보상, 이직률이 낮은 안정성, 시간과 장소에 따른 질서, 경영자의 공평성, 단결심……)를 제시하고 있다.

2 인간관계이론(Human relations theory)

1) 메이요의 호손실험과 인간관계이론

(1) 주요내용

메이요(Mayo)의 호손실험을 통하여 생산과 관리에서 인간적인 요소와 감정의 중요성이 제기되었다. 인간의 사회적 · 심리적 욕구와 구성원의 사회적인 상호작용이 생산성에 중요한 영향을 미친다는 연구결과로부터 인간관계이론이 출발하였다.

구성원의 사기와 생산성, 동기와 만족, 리더십, 조직 내 비공식 집단의 역동성 등 구성원의 상호작용에 초점을 두면서 조직구성원의 자율성과 책임성을 강조한다.

(2) 인간관계이론의 특성

① 작업능률과 생산성은 인간관계에 의해 좌우된다.

② 조직 내 비공식조직은 개인의 생산성에 영향을 미친다.

③ 근로자는 개인으로서가 아니라 집단의 일원으로서 행동한다.

④ 집단 내의 인간관계는 정서적인 것과 같은 비합리적 요소에 따라 이루어진다.

(3) 사회복지조직에의 적용

① 대인관계 기술, 클라인이언트의 노력과 동기부여 등 사회복지조직에서 중요시하는 요소들과 인간관계이론의 기본 관점이 부합하기 때문에 사회복지조직에서 기본적으로 많이 적용된다.

② 사회복지조직의 효과성은 조직목표에 대한 클라이언트의 동기 · 태도 및 헌신 여하에 달렸는데 여기서 인간관계가 중요한 역할을 한다.

③ 자아의 활용은 사회복지실천에서 매우 중요하기 때문에 구성원 간의 관계는 구성원과 클라이언트 간의 관계에 영향을 미친다는 점에서 인간관계이론의 적합성이 있다.

(4) 인간관계이론의 한계

① 심리사회적 변수 이외의 조직에 중요한 영향을 미치는 환경, 자연의 목적, 조직규모, 클라이언트 요인들, 임금과 활동조건 등의 변수들을 고려하지 못한다.

② 업무수행에 영향을 미치는 조직 내의 정치 및 경제적 과정을 무시하는 경향이 있다.

③ 사회복지조직에서 인간관계적 기술을 사용할 때 실천가들이 자신의 활동을 조작하는 결과를 초래할 수도 있다.

④ 인간관계를 지나치게 강조하여 사회복지실천가들과 분석가들의 관심을 조직문제의 실제 요인으로부터 멀어지게 하고 연구결과를 잘못 해석하게 할 수도 있다.

2) 맥그리거의 X·Y이론

맥그리거(McGregor)는 인간의 본성과 행위에 관해 각각 상이한 가정을 바탕으로 X이론과 Y이론을 발전시켰다. X이론은 지시와 통제가 행해지는 전통적 관리이론과 관련이 깊다. 인간관계론의 관점을 갖고 있는 Y이론은 인간의 권리와 제안이 고무되고 지지되며, 민주적인 참여가 이루어지는 작업상황과 분위기를 강조한다.

(1) X이론

- 사람은 본래 일하는 것을 싫어하며, 가능하면 일을 하지 않으려고 한다.
- 이러한 속성 때문에 조직의 목표를 성취하기 위해서 통제와 지시는 필수불가결하다.
- 사람은 지시받기를 좋아하고, 야망이 적고 책임을 회피하려고 하며 안정을 원한다.

(2) Y이론

- 사람은 본래일하기 좋아하는 존재이며, 육체적 · 정신적 노력의 지출은 놀이나 휴식과 같이 자연스러운 것이다.
- 오락이나 휴식과 마찬가지로 일에 심신을 바치는 것은 인간의 본성이다.
- 조직의 목표가 주어지면 스스로 자기통제와 자기지시를 할 수 있다(위임이 효과적).
- 대부분의 사람들은 조직의 문제해결에 있어 비교적 높은 수준의 상상력과 창의력을

발휘할 능력이 있다.

- 목표에 대한 헌신은 보상의 기능을 하며, 자기만족과 자기실현의 욕구가 중요한 보상이 될 수 있다.
- 사람은 책임을 받아들이고 책임성을 가지려고 노력한다. 책임의 회피, 야심의 결여, 안전 제일주의는 인간의 본성이 아니다.
- 사람의 지적 가능성은 단지 부분적으로 활용되고 있으므로 개인이 무한한 잠재력을 발휘하도록 지원할 필요가 있다.
- 조직의 효과와 생산성은 구성원들이 자아실현을 할 수 있는 조직의 구조와 과정이 마련될 때 극대화될 수 있다.

메슬로우 욕구이론과의 관계

- **X이론** : 생리적 욕구, 안전욕구, 소속 및 애정욕구
- **Y이론** : 존경욕구, 자아실현욕구

3) 룬트슈테트의 Z이론

룬트슈테트(Lundstedt)는 X · Y이론의 결함을 보완하기 위하여 Z이론을 제시하였다. 이 이론은 X이론과 Y이론에 포함시킬 수 없는 인간의 또 다른 한 측면을 부각시키기 위하여 제기한 이론이다. 이 이론은 특수 분야에 종사하는 사람, 예를 들면 과학자나 학자들에 관한 관리이론으로서 이들은 자유방임적이고 고도로 자율적이며, 관리자는 오로지 구성원의 자유의지에 따라 행동하도록 분위기만 조성할 뿐 인위적인 동기부여는 가능한 억제한다는 것으로서, 자율적인 분위기만을 조성하는 것이 효과적이라고 하는 Z이론을 주장 했는데 이 이론은 X · Y이론에 포함시킬 수 없는 인간의 또 다른 한 측면을 부각시키기 위하여 제기한 이론이다.

3 상황이론(Contingency theory : 개연성이론, 우연성이론)

1) 주요내용

고전모형과 인간관계이론에서 제시되는 근본적인 존재를 부정하고 조직화하는데 유일한 최선의 방법은 없으며, 조직의 상황에 따라 적절한 조직화 방법을 결정하여야 한다고 전제한다.

- 환경으로부터의 요구는 조직 내 구조변화의 형태를 결정한다.
- 조직 기술의 속성에 따라 부서의 구조가 결정된다.
- 상황이론가들은 특정한 조직구조와 관리방법이 다른 구조와 방법보다 효과적이라는 가정을 부정한다. 효과적인 조직은 다양할 수 있으며 그 조직의 특성과 환경과의 적합성이 조직의 성패를 좌우한다.

2) 사회복지 조직에의 적용

사회복지조직의 내부적 특성을 잘 설명하고 상황과 환경의 중요성을 강조한다는 점에서 시사하는 바가 크다. 기존의 조직이론이 환경과의 관계를 도외시한 반면, 상황이론은 환경적 변수의 중요성 강조한다는 측면에서 사회복지조직에의 적용가능성을 더욱 크게 하고 있다.

다만 어떠한 상황이나 환경에 어떤 조직이 효과적이라는 일정한 원칙과 지침을 제공해 주는 데 실패했기 때문에 실제로 이 이론을 과학적으로 검증하거나 현실에 적용하는 데는 한계가 있다고 볼 수 있다.

4 체계이론(System model)

[체계 : 상호작용하는 관련부분과 외부환경의 집합]

- 고전이론의 관점 : 생산, 적응, 관리
- 인간관계이론의 관점 : 유지, 관리

- 구조주의이론의 관점 : 경계, 적응

1) 생산 하위체계(production subsystem)

- 모든 조직은 생산과 관련된 과업을 수행한다. 생산품을 생산하기 위해 조직, 운영한다.
- 클라이언트에게 서비스를 제공한다.
- 조직의 역할과 과업을 설계하는데 있어 숙련과 합리성의 중요성을 강조한다.

2) 유지 하위체계(maintenance subsystem)

- 보상체계를 확립하고 교육, 훈련 등을 통해 조직의 안정 추구한다.
- 활동의 공식화, 보상체계의 확립, 새로운 구성원의 사회화, 직원선발과 훈련 중시한다.
- 직원들마다 각자의 목표를 조직의 목표에 통합하도록 촉진한다.
- 조직의 궁극적 목표는 클라이언트의 욕구충족에 있다.

3) 경계 하위체계(boundary subsystem)

- 조직과 환경적인 요인을 강조한다.
- 구조주의 이론과 관련된 가정에 기초한다.
- 환경과 환경에 영향을 미치기 위한 장치를 확립할 필요성을 강조한다.
- 조직의 외부환경에 영향을 미칠 수 있는 기반을 구축하고자 한다.

4) 적응 하위체계(adaptive subsystem)

- 연구와 계획을 강조한다.
- 조직의 업무수행능력 평가 및 조직 변화의 방향을 제시한다.
- 연구와 계획에 관련되어 있으며 조직의 지적인 부분에 해당한다.
- 내부평가와 그것의 객관성이 결여될 수 있다는 단점이 있다.

5) 관리 하위체계(managerial subsystem)

- 다른 4가지의 하위체계를 조정하고 통합하기 위한 리더십을 제공한다.
- 권한의 활용을 통해 계층 간에 생겨나는 갈등 해결, 타협과 심의를 통해 하위체계 조정, 자원을 증진시키고 필요할 경우 조직의 재구조화를 위해 외부환경과의 조화를 꾀한다.
- 사회복지 조직의 주요 목적인 클라이언트의 복지로 관심을 환기시키고자 한다.
- 갈등해소, 조정 등의 방법을 사용한다.

5 구조주의 이론

사회란 상호작용하는 개인들이 모여서 형성한 집합체이다. 사회와 구조는 사회적 관계의 양상 또는 계기를 일컫는데, 구조는 상대적으로 지속적인 사회적 관계의 유형을 의미한다.

한 사회의 작동과정을 설명하기 위해서는 개인들의 표면적인 행위나 상호작용의 양식을 떠나 그 이면에 작동하는 심층적인 구조적 원리를 포착해내야 한다고 보는 이론적 흐름을 말하며, 사회현상의 고정 불변하는 구조적 법칙을 강조한다.

이에 대한 비판으로 인간적 요소를 충분히 고려하지 않는다는 점과 공개적인 의사소통과 신뢰를 통해 해결될 수 있는 갈등을 너무 강조하는 측면이 있으며, 인간의 욕구와 성격을 무시하는 측면도 있다.

6 조직환경이론

1) 구조-상황 이론

개방체계 시각의 적용을 통해 조직 환경과 조직구조의 적합성이 조직의 성과와 조직의 생존에 중요한 영향을 미친다는 이론이다. 조직 구조를 배치하는데 있어 단 한 가지의 최선의 방법이란 있을 수 없다. 조직의 설계는 조직의 맥락, 특히 조직이 관련을 맺고 있는 환경의 특성에 의존할 때 최선의 설계를 구성할 수 있다.

2) 정치경제이론

정치경제적 관점이란 권력의 상호작용, 권력 행사자들이 성취하려는 목적 및 생산적 교환체계에 관한 연구이다. 조직과 환경 간의 상호작용을 중시하며, 그러한 상호작용이 조직 내부의 역학관계에 미치는 영향들에 초점을 둔 이론이다.

과업환경의 요소들이 조직에 대해서 힘과 영향력을 행사할 수 있을 정도의 정치적·경제적 자원을 보유하고 있다면 조직의 입장에서는 정치·경제적으로 과업환경이 갖고 있는 반드시 필요한 자원을 확보해야 하기 때문에 조직이 환경에 의존하고 있다고 풀이된다. 이러한 특징으로 인해 정치경제이론을 자원의존이론이라고도 한다.

3) (신)제도이론

기존의 조직환경이론들은 과업환경에 대해 관심을 집중시켰으나, 제도이론은 사회복지 조직을 위시한 휴먼서비스 조직들이 환경이나 기술적인 특성들보다는 제도적인 환경 속에 존재하는 규범이나 규칙들에 의해서 조직의 성격이 결정된다고 주장한다. 제도적 환경이야말로 조직의 행동과 구조에 영향을 미치는 핵심적 원천이며, 조직은 사회적 정당성을 확보하기 위해서 제도환경에서 기대하는 요소나 특성을 조직의 행동이나 구조에 반영하고 정착시켜야 하는 존재로서 동조적인 방식을 통해 정당성을 확보해 나간다고 보았다.

4) 조직군 생태이론

조직과 환경과의 관계에서 환경의 조직선택이라는 환경결정론적인 시각으로 환경적 요인 들이 그에 가장 적합한 조직특성들을 선택한다고 보는 이론이다.

7 현대조직이론

1) 목표관리(MBO: Management by Objectives)

(1) 정의

목표관리는 참여의 과정을 통해 조직단위와 구성원들이 실천해야 할 생산 활동의 단기적목표를 구성원들의 참여를 통해 명확하게 체계적으로 설정하고, 그에 따라 생산활동을 수행(서비스제공)하도록 하며, 활동의 결과를 평가 · 피드백(환류)시키는 관리체계이다.

MBO는 명확한 목표설정과 책임한계의 규정, 참여와 상하협조, 피드백의 개선을 통한 관리계획의 개선, 조직 구성원의 동기유발 그리고 업적 평가의 개선 등을 도모하고 궁극적으로는 조직의 효율성을 증진시키려는 총체적 관리체계이다.

> 목표발견 → 목표설정 → 목표확인 → 목표의 실행(참여) → 평가 → 피드백

(2) MBO 체계의 주요 특징

- 목표는 직원들이 실시한 수행을 기반으로 한 과업 분석과 일관된다.
- 목표는 성과 지향적이며 긍정적이고 현실적이며 측정가능하다.
- 목표는 직원들과 함께 설정한다.
- 계획은 어떻게 목표를 달성할지를 결정하기 위해서 필수적이다.
- 목표를 향한 진행 상황에 대해 정기적인 검토가 요구된다.
- 피드백과 보상은 목표달성을 위해서 필수적이다.

(3) 사회복지조직에서 MBO 적용의 한계

- 목표와 성과의 측정이 어렵다.
- 단기적 목표와 계량적 측정이 쉬운 업무에만 주력하는 경향을 가져온다.
- 목표관리를 도입하는데 시간이 많이 걸리고 운영절차가 번잡하다.
- 관리상황이 유동적이기 때문에 MBO가 성과를 거두기 어렵다.

2) 총체적 품질관리(TQM: Total Quality Management)

(1) 정의

TQM이란 조직의 문화를 정의하는 것이며 고객만족을 높이기 위해 도구, 기법, 훈련 등의 통합 시스템을 통하여 서비스의 질을 중심으로 조직을 관리하는 고객중심관리를 말한다.

TQM에서 품질은 흔히 지속적인 개선을 통해 결함 없는 서비스, 서비스 전달 과정에 대한 내부 및 외부 고객의 요구사항을 충족하는 것으로 정의된다. 고객은 조직의 산출물을 직접 받는 사람들이다. 예를 들어, 사례접수 지도감독자는 클라이언트의 대기 시간을 줄이기 위해 더 많은 직원을 배정할 수 있다. 주간 보호센터는 야근업무가 잦은 보호담당자를 대상으로 주간보호 시간을 연장할 수 있다.

(2) TQM의 주요 특징

- 고객의 요구 존중 : 지속적 개선
- 집단적 노력 강조 : 신뢰관리
- 과학적 방법 사용 : 총체적 적용
- 인간의 존중 : 장기적 시간과 예방적 통제
- 분권적 조직구조

3) 전략적 관리(SM: Strategic Management)

(1) 정의

전략적 관리는 환경과의 관계를 중시하는 변혁적 관리로서 조직에 영향을 미치는 변화의 효율적 관리를 지향한다.

역동적인 환경에 처하여 변화를 겪고 있는 조직에 새로운 지향노선을 제시하고 그에 입각 한 전략·기술을 개발하여 집행함으로써 조직이 그 활동과 운명을 스스로 통제할 수 있게 하는 것을 강조한다.

(2) 전략적 관리의 주요특징

- 목표 지향적·개혁적 관리
- 장기적 시간관리
- 환경 분석의 강조
- 조직역량 분석의 강조
- 전략개발의 강조
- 조직활동 통합의 강조

4) 학습조직이론

(1) 학습조직의 정의

사회복지조직과 인력을 임파워시켜 클라이언트 집단에 효과적인 서비스를 제공하는 방안으로 제시되는 조직이론으로서 조직성원의 지속적인 학습으로 조직의 역량을 극대화하려는 조직이론이다. 조직 구성원이 진정으로 바라는 결과를 창조할 능력을 확장하고 새롭고 확대된 사고 패턴이 육성되며 집단적 목표나 열망이 자유롭게 선정되고 함께 학습하는 방법을 지속적으로 배우는 조직을 의미한다.

(2) 학습조직의 장점

- 개인적 통제감, 정신적 모델(사고의 틀), 비전공유, 팀 학습, 체계적 사고와 같은 조직의 주요 영역이 역량강화 될 수 있다.
- 학습조직은 조직 구성원인 개인, 팀, 조직이 지속적으로 학습을 권장하는 분위기로 조직을 변형, 발전시키는 결과를 가져온다.
- 조직을 학습조직화 한다는 것은 매우 어렵고 오랜 시간과 많은 자원이 소요되지만 학습을 강조하는 조직문화와 리더십을 갖추어 새로운 지식과 기술을 축적하여 활용한다면 그 조직은 경쟁력 있는 조직으로 변모되고 궁극적으로 조직의 역량은 크게 강화될 수 있다.

5) 벤치마킹(benchmarking)

(1) 정의

벤치마킹은 지속적인 개선을 달성하기 위해 조직 내부의 활동과 기능, 관리능력 등을 외부의 조직과 비교·평가하고 판단하는 것으로 성공적인 조직운영을 위해 최고의 실제사례를 찾아 그것을 표적으로 자기 조직과 비교하고 그 차이를 극복하기 위해 노력함으로서 부단히 자기 혁신을 추구하는 기법이다.

(2) 벤치마킹 실패사유

- 사전준비 부족
- 단순견학이나 모방에 그치는 경우
- 관행탈피의 어려움
- 구성원의 참여유도 실패
- 일회성 행사로 그치는 경우

6) 다운사이징(downsizing)

일반적으로 조직을 축소한다는 뜻으로 사용되며 조직의 효율성을 향상시키기 위해 의도적으로 조직 내의 인력, 계층, 작업, 직무, 부서 등의 규모를 축소시키는 기법을 말한다.

제3장

사회복지조직의 구조와 조직화

제1절 조직의 구조적 요소

제2절 조직구조의 분석

제3절 조직의 유형

제1절 조직의 구조적 요소

1 조직의 개념

조직이란 주어진 목표나 목적을 달성하기 위해 자원과 기술의 사용을 조정하는 사람들의 공식화된 집단으로서 조직은 기관의 구조와 그 기능을 말하며 다양한 수준의 직원, 이사회와 위원회의 구조, 명령계통, 그리고 기관의 구조와 관련된 기타 요소들을 포함한다. 동시에 조직은 기관의 구조를 형성하고 그것을 변화시키는 과정을 의미하기도 한다. 즉, 조직(organization)은 조직의 구조(state of being organization)와 조직의 과정(process of being organization)이라는 두 가지 의미를 갖는다.

2 사회복지행정조직의 중요성

1) 욕구의 증대

산업화, 도시화와 더불어 국민의 복지욕구가 증대됨에 따라 사회복지행정의 기능이 확대, 강화되면서 효과적인 사회복지 제공을 위해서는 사회복지행정조직의 확장 및 재편성이 불가피하다.

2) 효율적 성과 제고

인간생활의 복지수준을 높이기 위한 과정인 사회복지행정도 기본적으로 조직을 통해서 수행하는 것이 효율적인 성과를 거둘 수 있다는 점에서 조직의 중요성이 있다.

3) 급변하는 환경

1960년대 후반 전통적 조직구조에 대한 이론적 비판의 결과 급변하는 환경에 동태적으로 적응할 수 있는 새로운 조직구조의 모형을 모색하는 데 노력하고 있다.

3 사회복지조직이 다른 공식적인 조직과 구분되는 점

- 사회복지조직은 소비자에게 직접 서비스의 전달을 통해 정상적인 인간 활동 지원에 중점
- 사회복지조직은 다양한 진단과 치료 프로그램의 사용을 통해 문제행동을 처리
- 사회복지조직의 핵심적인 생산과정은 서비스 제공자와 이용자 간의 관계(대상자 복지증진)
- 민간 영리조직과 달리 비영리를 기초로 운영(정부보조금, 민간 자선기부금)
- 목적달성을 위한 사용 방법이 판에 박히거나 결정적이지 않고 다양

4 사회복지조직의 특성

1) 도덕적 가치

- 사회복지조직은 직접 사람을 다룬다.
- 사회복지행정의 대상은 도덕적 가치를 갖는 인간이므로 서비스 기술은 사회적 가치에 제약을 받게 되고 도덕적으로 정당화될 수 있어야 한다. 즉 서비스의 효과성은 제도적 측면이 아닌 인간적 가치의 측면에서 판단된다.

2) 인간 사이의 상호작용

- 사회복지조직의 핵심활동은 기관의 직원과 서비스 사용자(클라이언트)간의 상호작용한다.
- 직원-클라이언트의 관계는 조직의 결과물을 형성하는 데 핵심적인 역할을 수행한다.

3) 기술의 불확실성

- 사회복지조직이 사용하는 기술은 결정적이지 않다.
- 기술은 명료하지 못하고 불확실하며 생산의 질은 주로 서비스를 제공하는 사람의 판단과 기술에 의존한다.

4) 목표의 모호성

- 사회복지조직은 민간서비스와 공적서비스를 혼합하여 제공하기 때문에 목표가 모호하고 정부, 민간후원자, 서비스 이용자와 가족, 전문가, 다른 서비스 기관의 직원 등 이해 관계자 사이에서 타협/협조를 하게 된다.

5) 효과성·효율성 척도의 부재

사회복지조직은 인간을 원료로하고 있고 도덕적 가치측면과 목표의 모호성 등으로 인해 프로그램의 전체적인 효과성이나 효율성을 평가하는 것이 어렵고 부정확하다.

6) 전문가가 중요

- 사회복지 조직은 주로 전문가에 의존한다.
- 사회복지 조직의 업무과정에서 조직 관리자의 지시뿐만 아니라 전문적 교육의 내용, 전문적 활동에의 참여, 전문지지집단의 이용가능성 등에 의해서 실천이 결정된다.

7) 환경 의존성

- 사회복지조직은 환경에 의존한다.
- 사회복지조직은 조직 구성원이 거의 통제할 수 없는 외적 요인에 크게 의존하게 되고, 사회복지 조직의 환경을 매우 불확실하게 하는 사회적, 경제적 변화과정에 의해서 영향을 받는다.

5 현대조직의 특징

1) 조직의 대규모화

현대조직은 과거조직과 비교해 볼 때 그 인원·예산·기구 면에서 점차 대규모화되어 가고 있다.

예) 행정조직-거대정부(Big government) 현상
* 정부의 역할 강화

절대국가(왕)	
↓	자유방임주의시대 invisible hand
근대민주국가(의회)	최소의 행정이 최대의 정부
↓	입법우위의 국가시대
현대행정국가	행정은 소극적
	‖(문제점)
	노사의 분쟁 / 세계대전의 황폐
	1929 세계대공항 / 입법의 복잡, 전문화

조직의 대규모화의 원인으로는 첫째, 인간의 자기생활수준향상을 위한 욕구로 인해 정부가 생활의 질적 향상과 문화적 생활을 충족시켜주기를 기대하기 때문이다. 둘째, 과학기술의 발달로 인해 대량생산이 가능케 됨으로써 조직의 규모가 확대되었다. 셋째, 교통·통신 수단의 발달은 원거리와의 커뮤니케이션에 필요한 시간을 단축하고 또한 통신수단의 발달은 기업조직·행정조직의 관리기술을 발전시켜 조직의 팽창을 가지고 왔다.

2) 조직의 복잡화

과거의 조직에 비해 조직이 수행하는 기능이 전문화되고 계층의 수가 증가되었으며 목표 또한 다원화되었다. 또한 조직에 대한 사회적 요청과 영향력이 증대되면서 조직은 점차 복잡·다양화의 경향을 보인다.

3) 조직의 전문화

사회의 전문적 기술이나 지식의 수요가 크게 증대되어 조직은 점차 분업화 전문화되고 있다. 그러나 그로 인한 훈련된 무능력의 병폐가 생겼다.

4) 조직의 통합성

조직단위·노동·권한과 책임 등이 조직의 목적달성에 잘 기여할 수 있도록 분화되어야 하고 이로 인한 능률이 향상되고 있다. 그러나 분업에 대한 조정, 즉 통합의 기능이

요구된다. 이때 조직의 전체목적을 염두에 두어야 한다.

5) 조직의 민주화

조직이라고 하는 기계의 부품으로 인간이 취급되는 불만이 해소되어야 한다. 행정에 필수적으로 수반되는 관료제화에 대응하여 국민에 대한 행정의 책임성을 확보하고 민주적 통제와 조직 내 민주주의 실현이 이루어져야 한다.

제2절 조직구조의 분석

1 조직구조의 개념

조직구조란 조직의 각 부분들 사이에 성립되어 있는 관계의 유형을 뜻하는 것으로 조직의 기능과 권한, 책임 등이 어떻게 배분되고 조정 되는가 등과 관련되어 있다. 즉, 기본적으로 노동의 분화와 통합에 관한 것으로, 조직에는 계층과 등급이 존재하고 조직이나 작업 단위 요소들 사이의 패턴과 관계를 나타내는 근간을 의미한다(강종수, 2007). 사회복지조직을 포함한 모든 조직은 고유의 목적을 달성하기 위한 활동을 하고 있으며, 이러한 활동은 구조화되어 있다. 조직들의 분화 조정은 대개 "조직표"를 통해 알 수 있다. 조직의 구조는 크게 두 가지 차원으로 나누어 분석할 수 있다. 조직의 업무들이 분화된 정도를 나타내는 수평적 세분화와 권한이나 명령계통을 나타내는 수직적 위계화의 정도로서 조직 구조를 파악해 볼 수 있다.

2 업무의 세분화

업무의 세분화는 한 조직 단위 내에서 업무들이 구분되어 있는 정도를 말한다. 업무의 수와 직위 수가 많을수록 그 조직은 업무의 세분화가 증가되는 것으로 보며 조직 전체의 분업현상은 더 복잡하게 된다. 특히 사회복지조직은 업무와 기술들이 단순하거나 세분화될 수 있는 서비스의 특성을 가지고 있다.

1) 세분화의 장점

① 담당인력들의 업무와 역할이 단순해질 수 있다.
② 한정된 업무에 집중할 수 있으므로 전문기술의 개발이 용이하다.
③ 제한된 업무를 반복함으로써 투자기간과 자원에 대한 상대적인 생산성과 효율성이 증대한다.
④ 비교적 단순화된 업무규정을 통한 개별업무의 통제와 적서에 따른 인원배치가 가능하여 관리와 감독의 용이하다.

2) 세분화의 단점

① 단조로운 역할과 활동이 반복될 경우 담당인력들이 나태해지고 편협한 고정관념에 매몰될 수 있다.
② 효율성을 목적으로 업무를 세분화할 경우 클라이언트의 문제와 욕구가 우선 고려되지 않음에 따라 서비스 이용과정에서 클라이언트의 혼란이 초래될 수 있다.
③ 전체의 효율성을 저하시킬 수 있다. 따라서 분화된 업무들이 전체적인 목표에 기여하도록 개별 업무들을 통제하는 것이 필요하다. 이때 업무 조정의 노력과 비용을 무시할 수 없다.

3) 대안적 방법들

① **사례관리** : 사례관리자의 주된 책임 하에 개별 클라이언트의 복합적인 문제들을 다양하게 분화되어 있는 세분화된 서비스에 연결하고 그 결과를 묶어서 클라이언트의 문제를 해결하고자 하는 통합적인 접근이다.
② **사례 옹호** : 클라이언트를 위한 옹호자적인 입장에서 접근한다. 옹호자는 클라이언

트의 욕구와 권익을 대변하는 역할을 수행한다. 사례관리의 역할들과 중복되는 부분이 많다.

③ **치료팀** : 세분화된 다양한 분야들이 모여서 한 클라이언트의 문제를 공동으로 해결해나가기 위한 것이다.

3 수직적 위계

수직적 위계는 조직의 권한 배분, 의사결정 방법 등과 관련된 개념이다. 권한이란 하급자에 대한 지휘, 자원 할당, 상벌 실시를 위한 합법적 권리를 지칭하는 것으로서, 조직이 조직구성원들의 순응과 조정을 이끌어 내기 위해 필수적인 것이다. 조직의 권한과 의사결정과정이 수직적으로 진행될수록 '중앙 집중적'이라 하며, 그 반대의 경우는 '분권적'이라 한다. 즉, 의사결정 권한이 소수에 집중되어 있는지 다수에 분산되어 있는지의 정도에 의해 판단된다.

4 사회복지조직의 환경적 요인

환경은 일반 환경과 과업환경으로 나눌 수 있는데 과업환경은 일반 환경에 의해 영향을 받는 것이 보편적이다.

1) 일반 환경

① **경제적 조건** : 국가나 지역사회의 일반적 경제상태는 조직에 직접적으로 영향을 미친다. 사회복지조직에 자원공급을 결정하는 요인으로 클라이언트의 수요를 결정하는 주요 요인이 된다.

② **사회·인구·통계학적 조건** : 연령, 성별분포, 거주지역, 사회적 계급은 문제와 욕구의 발생빈도와 밀접한 관계가 있다.

③ **문화적 조건** : 사회의 우세한 문화적 가치에 의해 서비스 형태, 클라이언트의 서비

스 접근, 문제 규정 등이 민감하게 영향을 받는다.

④ **정치적 조건** : 사회복지조직의 가용재정자원을 정부에 의존하고 있는 경우 자원 분배를 통제하는 과정으로서 정치적 환경이 매우 중요하다.

⑤ **법적 조건** : 법률, 명령, 규칙 등은 사회복지조직의 서비스 제공과 관련된 많은 조건들을 규정, 통제, 장려함으로써 사회복지의 고객선정, 장소, 계획, 서비스 기술, 재원, 서비스 인력에 중대한 영향을 미친다.

⑥ **기술적 환경** : 조직의 기술적 수준은 사회의 일반적 기술 수준과 연구·훈련을 통해 지식을 추구해 가는 사회적 여건에 영향을 받는다.

2) 과업환경

① **재정자원의 제공자** : 정부, 공적·사적 사회단체, 개인 등이 있다.

② **정당성과 권위의 제공자** : 사회복지조직의 합법성과 권위는 법률에 의해 부여되고, 사회적 승인·정당성은 조직이 봉사하고 있는 지역사회, 클라이언트 집단, 전문가 집단으로부터 나온다.

③ **클라이언트 및 클라이언트 제공자** : 사회복지조직으로부터 직접 서비스를 받고자하는 개인, 가족을 의뢰하는 타 조직, 집단, 개인을 포함한다.

④ **보충적 서비스 제공자** : 사회복지조직에서는 모든 서비스를 제공할 수 없으므로, 주된 서비스를 보충할 수 있는 보충적 서비스 제공자와 공식적·비공식적 협조 체제를 유지하여야 한다.

⑤ **조직산출물의 소비·인수자** : 변화된 상태의 클라이언트(조직 산출물)를 받아들이는 인수자 즉, 가족, 교정기관, 복지시설, 학교 등이 있다.

⑥ **경쟁하는 조직들** : 클라이언트와 자원들을 두고 경쟁하며, 자원에 대한 조직의 접근에 영향을 미치는 조직들을 포함한다.

제3절 조직의 유형

1 권력의 형태에 따른 분류

에찌오니(Etzioni)는 복종관계에 의하여 조직의 유형을 분류하고 있는데 복종관계란 '상급자가 하급자를 통제하기 위해 사용하는 권력과 이에 대한 하급자의 태도에 의해 이루어지는 관계'를 말한다. 권력의 종류와 관여의 종류에 따라 9가지 조직 유형을 다음과 같이 제시하였다.

1) 권력의 종류

① 강제적 권력(신체적 탄압, 위협)
② 보상적 권력(물질, 금전)
③ 규범적 권력(지위, 명예, 존엄)

2) 관여의 종류

① 소외적 관여(권력 행사자에 대한 강한 부정, 강제적 권력 필요)
② 타산적 관여(획득한 보상에 관한 무관심)
③ 도덕적 관여(권력 행사자에 대한 강한 긍정, 규범적 권력 필요)

2 클라이언트(수혜자)의 유형에 따른 분류

블라우와 스콧(Blou & Scott)은 1차적인 클라이언트(수혜자)가 누구인가에 따라 조직을 분류하였다.

① **상호수혜조직** : 조직의 회원(정당, 종교단체, 노동조합)

② **사업조직** : 사업체의 소유자(주식회사, 상업적인 회사, 은행)

③ **서비스조직** : 클라이언트(사회복지조직, 병원)

④ **공공조직** : 일반대중(행정기관, 군대조직)

3 업무의 통제성에 따른 분류

길버트 스미스(Gilbert Smith)는 업무의 통제에 따라 사회복지조직을 관료제 조직, 일선조직, 전면적 통제조직, 투과성 조직으로 나누어 설명하였다.

1) 관료제 조직

공식적인 조직과 규정, 계층적인 권위구조, 명확하고 전문화된 분업, 문서에 의한 업무처리, 기술에 의한 신분보장, 합리적인 통제조직이다.

2) 일선조직

주도권이 일선에 있는 조직, 각 업무단위는 독립적으로 상호업무 수행, 업무단위의 직접적인 통제가 곤란하다.

3) 전면적 통제조직

관리자가 전면적으로 강한 통제(정신병원, 기숙사, 교도소, 요양시설)를 행사할 수 있다.

4) 투과성 조직

조직 구성원과 클라이언트의 자발적인 참여, 영역유지 구조는 매우 약하고 역할구조는 복잡, 조직의 통제가 약하며 조직의 활동이 노출된다.

4 사회복지조직의 조직 모형

1) 생산일선 조직(production line organization)

각각의 업무단위를 일렬로 나열하여 조직하는 것을 의미한다. 표준화된 업무를 수행하는 이를테면 사회보험 관리조직이나 정신건강 서비스 조직 등의 조직에서 가능하다.

사회복지조직은 인간을 대상으로 하는 특성 때문에 서비스를 일률적으로 나열하거나 표준화하기가 어렵기 때문에 프로그램 평가와 같이 부분적으로는 가능하겠으나 전체적으로는 보기 어렵기 때문에 사회복지조직에서 생산일선 조직모형은 보기 드물지만 최근에 검사도구, 서비스의 표준화 추세나 컴퓨터를 활용한 표준화된 데이터 활용의 증가에 따라 적용될 수 있는 여지는 크다.

2) 연계조직(linkage organization)

중개자의 역할을 하는 조직모형으로써 입양기관이나 사회복지서비스 안내 및 의뢰기관 등이 해당된다고 할 수 있다. 1차적인 기능이 중개 및 조정, 연결 및 의뢰의 기능을 수행하고 있으며, 이러한 조직 구성원의 주요업무는 지역사회에 대한 정보를 수집하고, 필요한 자원간의 연결을 구축하며 계약 관계를 맺도록 돕는 것이다.

3) 고객서비스조직(custom service organization)

인간을 원료로 클라이언트와 직접 접촉하면서 그들의 욕구나 문제를 파악하고 서비스를 제공하는 사회복지조직이 가장 전형적인 예가 될 수 있다.

제4장

사회복지조직의 기획과 의사결정

제1절 기획이론
제2절 의사결정
제3절 의사소통

제1절 기획이론

1 기획의 개념

사회과학에서 용어의 개념에 대한 합의를 이룬다는 것은 실로 어려운 일이다. 학자들의 관점이나 가치관에 따라 다양하게 내려지는 정의는 보편화된 용어로 개념정의를 하기에는 무리가 있다.

학자에 따라 기획과 계획을 다른 의미로 쓰기도 하지만, 동일한 개념을 가리킬 때 혼용하기도 한다. 기획과 계획을 구분하는 경우 기획은 계획을 세워가는 활동과정이며 계속적인 행동의 동적이고 포괄적인 개념인 반면, 계획은 구체적인 사업에 대한 연속적인 의사결정으로서 기획의 결과로 결정된 행동의 정적인 개념이라고 할 수 있다.

사이몬(Simon)은 기획을 '장래를 위한 제안, 제안된 대안들에 대한 평가, 장래의 통제 등에 적용되는 합리적 적응적 사고'로 정의하고, 스미스(Smith)는 '사고하는 인간들이 그것을 통해서 목표를 설정하고, 그 목표를 달성하는 가장 단순하고 자연스러운 과정'으로 정의한다. 또한 드로어(Dror)는 '보다 나은 수단으로 목표를 달성하기 위하여 장래의 행동에 관한 일단의 결정을 준비하는 과정'으로 정의 내리고 있다. 이상의 여러 학자들의 기획개념을 종합하여 통합적 정의를 내려 본다면, '기획이란 여러 가지 정보를 종합하여 목표의 달성을 위한 복수의 대안을 모색하고 그 중에서 최적의 대안을 선택하는 미래지향적이고 지속적이며 능동적인 의사결정과정'이다. 즉 최적의 수단으로 행정이 추구하는 목표를 달성할 수 있도록 장래에 취할 행동을 위한 일련의 결정을 준비하는 계획적 과정이다.

2 기획의 본질

드로어(Dror)에 의하면 기획의 본질적인 요소들은 다음과 같다.

① 기획은 하나의 과정(process), 즉 계속적인 활동이다.

② 기획은 준비(preparing)과정이다.

③ 기획은 일단의 복합적인 결정을 대상으로 한다.

④ 기획은 행동 지향적인 활동이다.

⑤ 기획은 미래지향적 활동이다.

⑥ 기획은 목표를 성취하기 위한 활동이다.

⑦ 기획은 효율적인 수단을 강구하는 과정이다.

3 기획의 유형

1) 기간에 따른 유형

조직의 하위 층에서 상위층으로 올라감에 따라 단기기획으로부터 장기기획으로 책임이 높아진다. 장기기획은 창의성과 미래에 대한 비전을 갖게 하며 단기기획은 장기기획과 상호 밀접한 관련성을 가지고 장기기획에 통합되어야 한다.

(1) 단기계획(Short-term plan)

장기계획에 근거하여 1년 미만의 기간에 걸친 기획으로 구체적, 행동 지향적 실행방법에 관한 내용이 포함되고, 전형적인 단기계획은 기본운영계획이며, 특히 국가계획의 경우에 1년 이하의 계획은 거의 사용하지 않는다.

(2) 중기계획(Medium-term plan)

2년 내지 5년을 대상으로 하는 계획을 말하며, 5년 계획이 가장 일반화되어 있다.

(3) 장기계획(Long-term plan)

대체로 10년 내지 20년에 걸친 계획기간을 가지며 외부영향을 중요시하고 조직의 목적과 목표를 재설정하는 것도 포함하고, 실제로는 계획보다는 전망의 성격이 강하다(외부영향을 중요시하고 조직의 목적과 목표를 재설정).

2) 대상에 따른 유형

(1) 전략기획

조직의 상위계층에서 이루어지는 정책적 차원의 기획으로 정책의 목표설정과 관련된 기획을 말한다. 전략기획은 거시적인 목표와 목표의 우선순위를 결정하는 과정으로 의사결정이나 가치판단의 문제가 내포된다(정책기획).

(2) 운영기획

전략기획에서 설정된 목표를 구체적으로 실천하기 위해 조직의 중간계층 이하에서 작성하는 관리차원의 기획을 말하며, 획득한 자원으로 조직의 목표를 효과적으로 달성하기 위하여 사용되도록 하는 과정이다(자원관리에 관한 기획과정).

3) 지역수준별 유형

(1) 지방계획

도시 또는 농촌의 지역사회 단위, 즉 시군 단위의 계획을 가리킨다.

(2) 지역계획

지역 간의 균형적 · 중점적 발전을 위해 국토를 일정한 기준에 의해 수 개의 권역으로 나누어 개발권 또는 계획권을 설정하기도 한다.

(3) 국가계획

국가 전체를 지역적 대상으로 하는 계획으로서 가장 일반적이며 그만큼 중요한 의의를 갖는다.

(4) 국제계획

복수의 국가가 관련된 국제수준의 계획(공동개발)으로서 점차 많이 활용되고 있다. 또한 지역기구 혹은 국제기구가 중심이 되어 사회국가들의 협력과 공동의 번영을 위한 계획을 수립하는 경우이다.

4) 대상 분야별 분류

(1) 경제계획

경제의 성장, 균형발전, 안정화 등을 위한 계획이다.

- 서구 선진국은 2차대전 직후의 생산증대, 자립경제 후 물가안정, 균형성장, 국제협력증대 등 경제계획 중심에서 최근에는 환경문제, 국민복지문제에 주력하는 경향이 있다.

(2) 사회계획

경제성장으로 인한 부작용으로 소득격차 및 지역 간 격차의 심화, 사회계층간의 갈등, 환경오염, 비인간화, 가치관의 황폐화 등 바람직하지 못한 문제들을 해소하고 국민 복지를 증진하기 위한 계획이다.

(3) 물적 계획

공간 및 자연의 개발과 공중편익의 증진을 위해 수립하는 대부분의 도시계획과 농촌개발계획, 지역계획들이 여기에 속한다.

(4) 방위계획

전시기획은 군사작전, 평화 시에는 국방력을 증진시키기 위한 군사훈련과 경계, 무기체계의 연구개발 등이 있다.

4 기획의 필요성

사회복지조직에서는 목표를 설정하고 그것을 달성하기 위한 준비과정으로서 계획을 세우고 의사결정을 하는 기회 과정이 이루어진다. 사회복지조직은 정부의 보조금이나 기타 단체의 기부금으로 운영이 되기 때문에 서비스 제공에 있어서 효율성과 효과성을 달성할 책임을 가지고 있으며, 따라서 적절한 기획과 의사결정 과정이 필요하다. 또한 효율성, 효과성, 책임성, 사기진작 등을 확보할 수 있다는 측면에서도 중요하다.

1) 효율성 증진

체계적인 기획은 한정된 인적 · 물적 자원을 가진 사회복지조직에게 최소의 비용과 노력으로 서비스의 목표를 달성하도록 도와준다.

2) 효과성 향상

계획된 활동을 통해 클라이언트의 욕구충족과 제공된 서비스의 효과성을 얻어낼 수 있다.

3) 책임성 강화

사회복지조직은 국가보조금과 기부금으로 운영이 되는 만큼 서비스를 효과적이고 효율적으로 제공할 책임이 있으며 책임성을 갖기 위해서는 반드시 사전의 기획이 필요하다.

4) 기관과 구성원의 사기진작에 기여

기획 과정에 직원들이 참여함으로써 성취감과 인정을 얻을 수 있으며, 사기진작에 도움을 준다.

5) 사회복지조직의 목표의 모호성 감소

기획은 사회복지조직을 둘러싼 환경이 급변함으로써 수반되는 미래에 대한 불확실성을 감소시키고 조직의 목표를 재확인할 수 있도록 한다.

6) 문제해결을 위한 합리성 증진

기획은 문제해결과 의사결정의 근거가 될 수 있기 때문에 합리성을 향상시켜 준다.

5 기획에 활용되는 기법

1) 시간별 활동계획 도표(간트차트)

- 간트(Henry Gantt)가 고안한 차트
- 세로 바에는 세부목표/활동 및 프로그램, 가로 바에는 시간 기입
- 상대적으로 복잡하지 않은 사업을 계획할 때 주로 사용
- 단순 명료한 장점
- 세부적인 활동을 포함하지 않고 과업이나 활동 간 연결과정 미표시
- 과업간의 연관성을 알 수 없다

표 3-1 간트차트의 예

목 표		기 간											
프로그램		1	2	3	4	5	6	7	8	9	10	11	12
1	독거노인 긴급구호 시스템 운영												
	1-1. 책임자 및 실무자 임명												
	1-2. 긴급구호 자원봉사자 모집												
	1-3. 지역 내 지원업체 선정												
2	긴급구조 장비 및 비품확보												
	2-1. 긴급 전용 전화 개설												
	2-2. 긴급구호 호출 무전기 구입												
	2-3. 긴급구호관리 메인 컴퓨터 구입												
3	긴급구호 시스템 홍보												
	3-1. 방송 및 언론사 접촉												
	......												

2) 프로그램 평가 검토 기법(PERT)

① 미국 해군의 잠수함 건축과정에서 고안된 것으로 이 기법은 목표달성을 위하여 주요 세부목표와 프로그램의 상호관계와 시간계획을 연결시켜 도표화한 것이다.

② 명확한 목표를 가진 프로그램을 조직화하고 진행 시간표를 작성하고 예산을 수립하여 프로그램 진행사항을 추적해 나가는데 매우 유용한 기법이다.

③ 궁극적 목적으로 시작하여 이와 관련된 주요과업과 활동 들을 역방향으로 연결 각 과업과 활동들의 소요시간을 추정하여 기입한다.

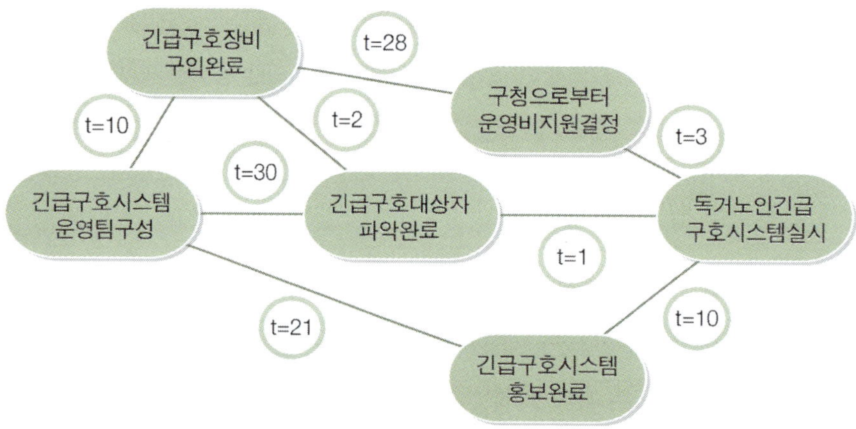

3) 월별 활동계획 카드(shed-U Graph)

① 미국의 레밍턴 랜드 회사에서 고안해 낸 것으로 간트 차트와 비슷한 성격이다.

② 카드의 위쪽 가로에는 월별, 해당 월 아래에 과업 기록이다.

③ 시간에 따라 변경하고 이동하는 것은 편리하지만 업무 간의 상관관계를 파악 하는데는 적절치 못하다.

모금사업 공모계획

6 월	7 월	8 월	9 월
• 지원처정보수집 • 프로그램기획	• 기획안작성 • 필요한예산산출	• 임시기획안자문 • 내용수정, 보완	• 프로그램 공모

‖ 그림 4-1 ‖ 월별활동계획 카드의 예

6 기획의 과정

기획의 과정은 학자에 따라 다양하게 제시되는데 여기서는 목표의 설정, 상황의 분석, 대안의 탐색, 대안의 비교 · 평가, 최종안의 선택, 그리고 계획의 집행 및 평가 6단계로 나누어 본다.

1) 목표의 설정

기획의 첫 과제는 달성하려고 하는 궁극적인 목적이 무엇인지를 정하고 그것을 구체화하는 일이다. 목표란 어떤 활동의 주체가 달성하고자 하는 바람직한 미래의 상태를 말한다. 목적(purpose)을 달성하기 위해 몇 가지 이상의 목표(goal)가 설정되고 목표를 달성하기 위해 구체적인 세부목표(objective)가 설정된다.

사회복지기관이나 시설에서 운영목표를 설정할 때는 민주적 과정을 통해 기관 내외의 전문가들과 광범위한 의견 교환을 가지며, 사회복지 수준을 현재보다 높은 수준으로 향상시킬 수 있는 정도로 환경적 요인을 고려하여 신중하게 결정해야 한다.

세부목표는 구체적이고 명료하게, 측정가능하게, 실현가능하게, 결과 지향적이며 시가 구조를 갖도록 구성되어야 한다. 또한 세부목표가 달성되었을 때 변화될 것으로 기대하는 집단이나 요소를 구체화하여야 한다.

2) 자원검토(정보수집/분석)

구체적인 세부목표가 설정되고 나면 설정된 목표를 달성하기 위해 장애요인과 문제점을 규명하기 위하여 정보를 수집하고 조사와 기관의 인적 · 물적 자원을 고려한다. 상황분석의 방법으로는 가장 먼저 관계정보 및 기존의 연구문헌을 조사하는 등 자료의 수집이다. 또한 관찰, 면접조사, 현장조사 등을 통한 광범위한 상황분석이 필요하다.

3) 대안모색(대안탐색)

목표설정과 자원검토가 끝나면 목표를 달성하기 위해 필요한 여러 가지 대안을 고려하는데 창의력이 특히 중요하다. 자유로운 집단토의 및 개인들 간의 대화, 수집된 정보, 전문가의 지도/조언, 자신의 과거경험, 조직이 취한 선례 등을 통하여 대안을 찾을 수 있다.

대안을 탐색하는 미래예측의 방법으로 첫째, 법칙이나 논리적 사유에 의한 연역적 예측, 둘째, 델파이(Delphi)기법 등을 이용한 주관적 질적 예측, 셋째, 추세분석이나 회귀분석 등의 통계적 기법을 이용한 계량적 예측의 도움을 받을 수 있다.

4) 대안들의 비교 · 평가

여러 대안들이 도출된 연후에는 각 대안의 장 · 단점 또는 비용과 효과를 비교 · 분석하여 의사결정자가 최선의 선택을 할 수 있는 기초를 제공해야 한다. 각각의 대안을 비교, 평가기준으로는 효과성(목적달성의 정도로 비교), 능률성(투입과 산출로 비교), 공평성(사회정의로서의 배분적 정의에 합치되는 정도로 비교), 실현가능성(기술적, 재정적, 행정적, 정치적, 시간적 실현가능성을 비교)을 들 수 있다.

각각의 대안들의 비교, 평가방법으로는 첫째, 효과적 혹은 능률적 결과에 대한 예측은 비용-편익(B-C)분석(금전적 가치인 비용과 편익의 비율을 비교, 분석하여 정책대안의 기준을 제시하기 위해 사용되는 기법)의 도움을 받을 수 있고, 둘째, 결과가 얼마나 바람직할 것인지의 공평성에 관한 판단은 복수목적분석(multiful objectives analysis : 금전분석상의 문제점을 보완하는 방안으로 질적 변수를 계량화하여 정책대안의 기준을 제시하는 기법)의 도움을 받을 수 있다(비교/평가 기준).

- **효과성** : 목적달성의 정도로 비교
- **능률성** : 투입과 산출로 비교

- **공평성** : 사회정의로서의 배분적 정의에 합치되는 정도로 비교
- **실현가능성** : 기술적, 재정적, 행정적, 정치적, 시간적 실현가능성을 비교

5) 최종안의 선택

비교·분석된 결과에 비추어 최선의 대안을 찾는 단계로 최고정책결정자의 개인적·주관적 가치판단이 최종대안을 선택할 때 어느 정도 영향을 미치는 것은 불가피하다. 이 때 규범윤리로는 목적론과 의무론이 운영되는데 목적론은 옳음을 좋음의 극대화로 보고 어떤 행위 어떤 정책이 옳으냐, 그르냐의 문제는 그 행위 정책이 인생의 궁극 목적 달성에 어느 정도 이바지하느냐 방해되느냐에 따라서 판단된다. 어떤 행위의 결과가 그러한 가치의 표준을 만족시킨다면 그 행위는 옳은 것이다. 의무론은 목적론과는 반대로 의무나 의(義)가 우선시 되어 옳음에 위배되는 것은 무가치한 것으로 규정한다.

일단 최선의 대안을 선택하고 난 다음에 그것이 과연 합리적인 결정인지를 검증하는 과정이 필요하다. 선택의 검증으로는 선택에 이르기까지의 분석과정과 근거자료를 재검토하거나 동의의 확보를 위해 공청회를 열거나 여론조사 등을 하기도 한다. 또한 선택된 대안, 즉 계획을 부분적으로 적용해 봄으로써 실제 효과와 문제점을 파악하여 전면적인 실시 여부를 결정짓는 이른바 시험적 시행 등을 통해 검증의 과정을 거친다.

6) 계획의 집행과 평가

좁은 의미의 기획과정은 최선의 계획결정에서 일단락되지만, 넓은 의미의 기획과정 속에는 수립된 계획을 실행하고 그 결과를 총괄 평가하여 환류(feedback)시키는 일련의 순환과정이 모두 포함된다.

제2절 의사결정

1 의사결정의 개념

조직은 목표를 달성하기 위한 여러 가지 수단·방법을 선택하고 이를 실천한다. 이를 합리적으로 하기 위해서는 조직의 모든 계층의 구성원들이 서로 정보를 교환하는 과정을 통하여 의사결정(decision making)을 해야 한다.

올바른 의사결정을 위해서는 두 개 이상의 선택 대안이 있어야 하고 각 대안의 장단점을 경제성과 효과성의 측면에서 비교하고 평가한 후에 그 중 하나를 선택하는 것이 바람직하다.

의사결정이란 계획수립과정을 통해서 일정한 목표를 설정하고 그 목표를 효과적으로 달성하기 위한 몇 가지 대안 중에서 가장 유리하고 실행 가능한 대안(alternatives)을 선택하는 합리적인 인간행동을 말한다. 의사결정은 개인은 물론 조직성과에 직접적인 영향을 미치고 자율적 조직기반을 구축하는 데 있어 핵심적인 활동이다.

사회복지행정에서의 의사결정이란 행동목적을 달성하기 위해 최선의 방안을 선택하는 행위(행동)이라고 규정할 수 있다.

2 의사결정의 방법

의사결정의 방법에는 여러 가지가 있는데 칼리슬(Carlisle)에 의하면 조직에서 의사결정을 하는 기본적인 방법은 다음과 같다.

1) 직관적 결정

합리성보다 감정(feeling)에 의존하여 가장 옳다고 느끼는 것을 결정하는 방법으로써 사회복지에 있어 직관적 결정은 직원의 채용, 해고와 같은 인사에 중요한 역할을 하기도 한다. 이때 결정은 결정자가 옳거나 최선의 것이라고 느끼는 것 또는 육감에 의하여 이루어지는 것이다.

2) 판단적 결정

개인이 가지고 있는 지식과 경험에 의존하여 결정하는 방법으로, 이는 일상적이고 정해진 절차의 일을 하는 가운데 이루어지게 되며 대부분의 의사결정은 판단적 결정에 의해 이루어진다.

3) 문제해결 결정

합리적인 절차를 통해 이루어지는 결정으로 즉각적인 결정이 불필요한 경우에 주로 사용되는 방식이다. 정보수집, 연구, 분석의 과학적이고 객관적인 과정이 포함된다.

3 사회복지행정의 의사결정 지침

1) 상황과 문제의 정의

객관적 현실과 이에 대한 주관적 판단을 구분하여 문제를 정의해야 한다. 대다수의 문제는 감추어진 것과 표면적으로 드러나는 것이 다를 수 있다. 때문에 문제에 관련된 환경과 심리적, 사회적, 문화적 요인을 비롯하여 직원과 구성원의 욕구도 파악해야 한다.

2) 사실수집과 사실조사

문제를 정확히 파악하고 나면 문제와 관련된 자료를 수집하고 조사한다. 다양한 방법으로 구한 자료를 통해 사실의 중요성을 객관화하고 우선순위를 정할 수 있다.

3) 대안형성

자료수집이 끝나면 이를 토대로 문제해결을 위한 여러 가지 대안 모색해야 한다. 이때 각 대안의 장단점, 성공가능성 여부, 비용, 기대효과 등을 고려하여 검토해야 한다.

4) 선택의 결과를 예상

각각의 선택과 우선순위를 예상하는 것과 함께 미래의 결과를 예상하는 것이 필수적이다. 각각의 대안은 특정 방향으로 선택되었을 때 어떤 결과들이 일어날 것인가를 고려하면서 선택되어야 한다.

5) 감정의 고려

의사결정에 있어서 감정이 종종 행동의 합리적 이유에 영향을 미치고, 특히 사회복지행정에 있어서 다양한 개인적 감정을 고려하는 것은 매우 중요하다.

6) 건전한 행동의 선택

이러한 5단계를 바탕으로 최종적인 결정을 내리게 되는데, 행정가들은 결정을 내리는데 있어 실수할 수도 있다는 것을 인식할 필요가 있다.

7) 계속적 지지와 추진

일단 결정이 내려진 후에는 그 결정을 지지하고 그것을 수행하기 위해서 무엇을 할 것인가에 관심을 모아야 한다.

8) 융통성

예상과 다른 결과가 나왔을 때 융통성을 가지고 계획과 과정을 변경시킬 필요가 있다.

4 의사결정 모형

1) 합리모형

최적의 대안을 모색하는 데 의사결정의 궁극적인 목적이 있다. 이때 최적의 선택을 추구하고 그것이 가능하다는 입장이 합리적 접근방법이다.

(1) 합리모형의 전제

첫째, 달성하려는 목적이 명확하게 규정되어 있어야 한다. 목표의 위계가 형성되어 있어야 한다.

둘째, 의사결정자들이 완전한 정보와 지식을 갖고 있어야 한다는 것이다. 목표달성에 기여할 모든 대안을 추출하고 그 비용과 효과를 분석할 수 있는 정보와 지적 능력을 가져야 한다.

셋째, 합리적 정책은 인간과 조직의 합리성을 전제로 한다. 기획의 각 단계에서 정책결정자들과 조직이 극히 객관적이고 가치중립적인 기준과 입장을 견지해야 한다.

넷째, 합리적 접근방법의 방법론적 모색은 확률이론, 통계학, 각종 계량기법 등을 이용한 컴퓨터의 활용과 이를 통한 객관적인 대안비교가 최상의 방법이다.

(2) 합리적 정책의 비판

명료한 목표, 완전한 정보, 합리적 선택기준 등을 바탕으로 총괄적 기획은 성립되어야 하는데 이러한 전제는 지나치게 이상적이고 규범적인 원리일 뿐이고 실제 현실에서는 기대하기 힘들다. 아주 단순하고 폐쇄적인 상황에서는 가능할지 모르나 급변하는 조직 환경 속에서는 비현실적이라는 비판을 면하기 어렵다.

2) 만족모형

합리모형이 지닌 현실적인 정책결정 과정에 영향을 줄 수 있는 개인적 · 형태적인 측면의 제약을 수정 · 보완한 모형이다. 인간은 여러가지 제한조건으로 합리성을 지닐 수 없기 때문에 합리적인 면과 불합리적인 면을 모두 가지고 있다는 것을 전제로 한다. 결과적으로 의사결정자들은 과거의 경험, 관습적 대안들을 토대로 하여 단순한 현실모델을 구성함으로써 만족할만한 해결책을 모색한다.

3) 점증모형

점증모형은 의사결정자가 완전히 새로운 것을 모색하는 것이 아니라 기존 정책에서 수정 또는 변화된 상황을 중심으로 모색하고, 점진적 차원에서만 관심을 가지고 소수의 대안만 고려하며 대안들 중에 핵심적인 대안만 제한적으로 평가한다.

(1) 점진주의 정책의 구체적 내용

첫째, 기존정책에서 소폭의 변화만을 시도한 정책을 채택하고 정책의 적용과 평가과정에서 나타나는 문제점을 지속적으로 수정 · 보완하게 된다.

둘째, 의사결정의 효율성은 정책내용에 따르기보다는 합의된 것에 의존한다.

셋째, 의사결정자들의 정보지식이 떨어질 뿐 아니라 자원도 희소하다는 것을 토대로 한다.

넷째, 목표설정에서 최종선택에 이르는 분석 · 평가 작업은 반복해서 연속적으로 행한다.

(2) 점진주의 정책의 비판

계획성이 부족하고 기회주의적 결정에 이르기 쉬우며, 획기적인 정책전환과 혁신을 요구하는 상황에 부적절하다. 또한 사회 내 기득권층의 이익에 봉사하여 약자계층을 간과할 우려가 있다.

4) 혼합모형

에찌오니(Etzioni)는 합리모형과 점증모형의 공과를 고려하여 두 이론의 한계점을 보완하는 적절한 시도로 혼합관조모형의 필요성을 주장하였다. 인간의 비합리적인 행동성향과 현실적 제약을 염두에 두고 합리모형과 점증모형의 지나치거나 이상적인 상황을 수정 · 보완하는 모형을 제시하였다. 하지만 두 모형의 단점을 보완하고 장점을 수정하는 점은 인정되나, 정책의 범위에 따라 합리모형의 이상주의와 점증모형의 보수주의 성향을 띠지 않는 경우가 있다.

5) 최적모형

드로어(Dror)는 기존의 규범이론이 지나치게 이상적이고 복잡하여 현실성이 부족하고 정책결정을 개선하는데 부적합하다고 보고 규범이론을 수정 · 보완하여 최적모형을 설정하였다.

의사결정 과정에서 합리성과 경제성을 고려하는 동시에 초합리석(직관, 판단력, 창의력)역시 중요하다고 보았다. 제한된 자원, 불확실한 지식, 정보부족 등으로 인해 합리적 결정에 한계가 발생하며 이를 극복하기 위해 초합리성이 요구된다는 것이다. 따라서 최적모형은 의사결정에 드는 비용보다는 효과가 더 높아야 한다는 것을 전제로 한다.

6) 쓰레기통모형(집합모형)

조직이나 집단 내 구성원 간의 응집력이 약하고 복잡하며 모호한 환경 하에서 이루어지는 의사결정을 쓰레기통모형으로 설명하는데, 이는 의사결정의 기회에 해결책, 참여자, 문제점 등의 요인이 합류되는 시점에서 의사결정이 이루어진다고 보는 것으로 합류시점은 의도적인 특성보다는 운이나 타이밍에 달려있고 우연이나 기회의 중요성을 강조하는 모형이다. 쓰레기통모형은 조직 활동의 전부를 설명하지는 못하지만 일부는 설명한다. 수시로 변화하는 조직의 상황을 설명하는 데 기여하고 시간적인 차원의 변화를 부각시켜 준다.

5 의사결정의 기법

1) 개인적 의사결정

정책을 결정함에 있어서 최고책임자가 수집한 자료와 정보 및 자신의 경험과 판단에 의해 혼자 의사결정을 내리는 방법이다.

2) 집단적 의사결정

정책결정이나 의사결정에 있어 부하직원이나 전문가들의 의견을 종합하여 최고책임자가 결정을 내리는 방법으로서, 여기에는 델파이기법, 소집단 투표 의사결정 방법(명목집단기법), 브레인스토밍 등이 있다.

3) 합의(Consensus)

의사결정의 기술로서 합의란 조직의 사람들이 모두 동일한 결론에 이를 때까지 계속하여 말하고 활동하는 것을 의미한다. 합의는 소집단에서 의사결정을 하는 데 유용한 기법이다.

모든 사람이 이슈, 전략, 전술, 다음 단계, 책임의 분배 등에 대해 동의함으로써 이루어진다.

모든 구성원들은 자신에게 발언권이 있고 자신의 의견이 경청되었고 존중받았다고 느낄 수 있어야 하며, 이와 동일하게 모든 구성원들은 다른 사람들의 의견을 경청하고 이해하고 최종적인 결정에 대해 긍정적으로 생각해야 한다.

제3절 의사소통

1 의사소통의 의의

둘 이상의 사람들 사이에 의견, 정보, 감정 등의 교환을 통하여 공통적 이해를 이룩하고 수신자 측의 의식, 태도, 행동 등에 변화를 일으키게 하는 일련의 행동을 의사소통이라 한다.

2 의사소통의 구성요소

1) 전달자

의사소통은 전달자, 즉 사상이나 아이디어를 가지고 있는 전달자에 의하여 비롯되며, 그의 메시지는 수용자가 이해할 수 있도록 해독되어지게 된다. 기호화의 방법으로는 언어적 상징(구두, 문서), 비언어적 상징(교통신호, 사이렌, 컴퓨터 언어)이 있다.

2) 메시지의 전달

대면적 대화, 서신이나 메모, 컴퓨터, 전화 또는 TV 등을 통하여 전달한다. 둘 이상도 가능하다.

3) 수용자

수용준비를 갖춘 다음 단계는 해독화 과정을 거쳐서 자기사상으로 전화되는 단계이다.

4) 의사소통의 효과로서의 변화

메시지 송신의 결과는 수신자의 지식, 태도 및 행동에 있어서의 변화를 동반한다. 의사소통의 목적은 변화를 가져오는데 있다.

5) 피드백

메시지 송신의 결과로 수신자의 반응을 송신자에게 전달해 줌으로써 메시지의 수신 여부나 의도한 반응이 나타났는지를 확인하게 해 주는 기능이다. 피드백의 여부에 따라 일방적, 쌍방적 의사소통으로 구분한다.

6) 잡음

의도한 메시지를 왜곡시키는 일체 요인을 일컫는다.

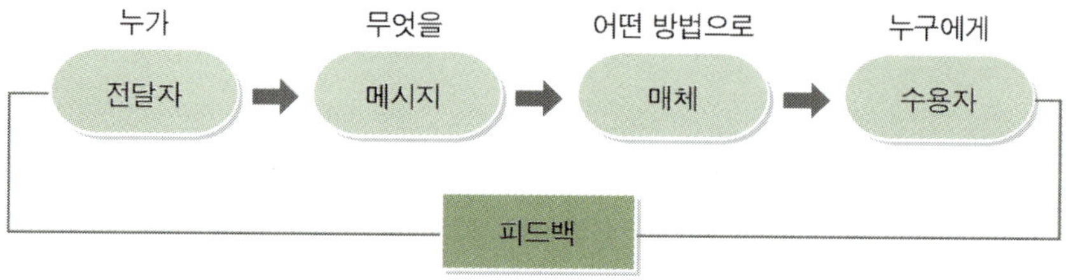

그림 4-2 **의사소통과정**

3 조직 내 의사소통

조직 내 의사소통은 공식적 의사소통과 비공식적 의사소통으로 나눌 수 있고, 의사소통의 네트워크 유형은 쇠사슬형, y형, 수레바퀴형, 원형, 리더가 없는 스타형, 리더가 있는 연결형 등으로 구분된다.

1) 공식적 의사소통

(1) 하향적 의사소통

조직의 위계 또는 명령계통에 따라 상위계층으로부터 하위계층으로 명령이나 지시 등을 한다.

(2) 상향적 의사소통

하위계층으로부터 상위계층으로 의견이나 정보는 물론 성과보고 등을 한다.

(3) 수평적 의사소통

동일수준의 지위에 있는 구성원이나 부서 간에 이루어지는 의사소통을 말한다.

2) 비공식적 의사소통

(1) 그레이프 바인 형성

구성원들은 감정적 친화, 학연, 입사동기, 지연 등에 의해 다양한 사람과 인간관계를 맺는다. 분파의식조장, 루머조장 등이 가능하다.

(2) 비공식 의사소통이 활용되는 경우

첫째, 필요한 정보와 주어진 정보 사이의 갭을 극복한다. 상호간의 불확실성으로부터 서로들을 보호한다. 둘째, 개인적인 문제나 감정의 문제를 해결한다. 셋째, 미워하는 사람을 음해하려 할 때 이용한다. 넷째, 새로운 정보를 가능한 한 빨리 조직 구성원들에게 전파시키고자 할 때 필요 한다.

(3) 비공식 의사소통의 순 기능적 역할

첫째, 조직의 이로운 정보의 확산에 유리하다. 둘째, 구성원들에게 소속감과 안정감을 제공한다. 셋째, 감정폭발을 억제할 수 있는 안전밸브의 역할을 한다. 넷째, 조직 관리에 대한 피드백의 원천이 된다.

3) 의사소통의 네트워크 유형

의사소통의 네트워크란 조직구성원 간 의사소통이 이루어지는 경로의 구조이다.

① **쇠사슬형** : 단순한 계층적 네트워크
② **y형** : 비교적 다수의 구성원을 대표할 수 있는 두 명의 인물이 존재
③ **수레바퀴형** : 집단 내에 중심적인 인물 또는 리더가 있어 구성원 간의 정보전달이 한 사람에게 집중되는 형태
④ **원형** : 동일한 수준의 구성원 간에 이루어지는 의사소통

예) 위원회

⑤ 리더가 없는 스타형 : 민주적 형태의 네트워크로서 집단 내에 리더나 중심인물이 별도로 존재하지 않고 각 구성원이 자유롭게 정보를 교환

⑥ 리더가 있는 연결형 : 각 구성원이 자유롭게 의사소통을 할 수 있으나 중심적인 인물이나 리더가 있는 네트워크의 형태

4 의사소통의 장애요인

효과적인 커뮤니케이션을 방해하는 요인들은 다음과 같다

1) 전달자와 수신자간의 행태의 차이

전달자와 수신자간의 가치관, 교육수준, 사회적 계층, 지위 등에서 차이가 나면 커뮤니케이션이 원활히 수행될 수 없다.

2) 전달자의 의식적 제한과 자기방어

전달자가 자기에게 유리한 내용만 전달하거나 상대방이 듣기 좋아하는 것만 전달하게 되면 커뮤니케이션의 장애가 일어난다.

3) 타 업무의 압박

업무가 너무 과중하여 전달자나 수신자가 의사를 잘못 전달하거나, 잘못 수신하는 경우가 있다.

4) 전문용어, 비어, 방언의 사용

전문적인 특수한 용어를 사용하거나 요즘 젊은이들이 사용하는 비어나 지방 사투리 등은 효과적인 커뮤니케이션을 방해한다.

5) 전달 과정에서의 유실

의사를 전달하는 과정에서 내용을 빠뜨리거나 수신자가 제대로 기억을 하지 못하게 되면 커뮤니케이션이 원활하게 수행되지 못한다.

제5장

리더십(지도력)

제1절 리더십(Leadership)
제2절 리더십이론

제1절 리더십(Leadership)

1 리더십의 정의

리더십(leadership)이란 조직의 공동목표를 달성하기 위해 구성원의 참여를 촉진시키는 영향력의 행사로서 집단과정이 초점이 되며 구성원들의 복종을 유도하는 사회적 기술이며 능력이다. 조직의 목표달성을 위해 구성원들을 일정한 방향으로 이끌어 성과를 창출하는 능력을 말한다.

2 리더십의 기능

1) 조직설계의 불완전성

모든 조직구성원들은 활동을 고려할 수 있는 완벽한 조직을 설계하는 것은 불완전하므로 조직구성원들의 바람직한 행위를 형성하고 이를 과업 지향적으로 통합할 수 있는 기능이 필요하다

2) 환경의 변화

리더십은 조직으로 하여금 변화하는 환경조건에 신속히 적응하게 함으로써 급변하는 환경 속에서 조직의 안정성을 유지하는데 도움을 준다.

3) 조직의 내부 역학

리더십은 갈등하는 조직단위들 사이에서 완충작용을 할 수 있다. 특히 리더십은 조직이 성장하거나 변화하는 시기에 다양한 조직단위를 내부적으로 통합하는데 도움을 준다.

4) 조직 구성원들의 특성

조직은 다양한 목표를 추구하며 조직 구성원들은 조직 내에서 다양한 욕구의 충족을 기대한다.

3 리더십 유형

1) 리더십 기본 유형

칼리슬(Carlisle)은 리더십을 지시형, 참여형, 자율형/자유형 등 3가지 유형으로 제시하였다. 그 중 자율형 리더십의 사용은 극히 제한되어 있기 때문에 주로 지시형과 참여형의 리더십이 사용된다.

(1) 지시적 리더십

명령과 복종을 강조하고 독선적이며 조직 구성원을 보상-처벌의 연속선에서 통제한다. 정책에 일관성이 있고 신속한 결정이 가능하여 위기 시에 기여하는 장점이 있는 반면 조직원의 사기저하와 경직성이라는 단점이 있다.

(2) 자율적 리더십(자유적 리더십)

방임적 리더십으로 대부분의 의사결정권을 부하 직원에게 위임한다. 일의 처리에 대한 정보제공이 부족하고 내부갈등에 개입이 어려워 혼란을 야기할 수 있는 단점이 있으며, 전문가 조직에 적합하다.

(3) 참여적 리더십

민주적 리더십으로 결정에 있어 부하직원을 결정과정에 참여시킨다. 동기 유발적이며 개인의 지식과 기술을 활용할 수 있는 장점이 있는 반면, 긴급한 결정이 어려운 단점이 있다.

4 리더십의 수준

1) 최고관리층의 리더십

사회복지조직을 이끌어 나갈 전반적인 책임을 지고 있는 사람들을 말한다. 정책을 해석하고 정책을 조직의 목표에 맞게 전환하며 필요한 재정적 · 정치적 지지를 획득하는 책임을 지고 있다. 이들의 두 가지 주요 과업은 내부 운영을 지시하고 조정하는 것과 환경과의 관계를 확립하는 것이다.

2) 중간관리층의 리더십

조직의 주요한 프로그램 부서를 책임지고 있는 사람들로서 최고관리층으로부터 내려오는 지시를 구체적인 프로그램 목표로 전환하고 이와 같은 목표를 달성하기 위해 여러 프로그램 전략 중에서 어느 것을 선택하고 그에 따르는 직원과 물자를 확보하고 내부 운영 절차를 개발하며 프로그램 활동을 감독, 조정, 평가하는 일을 한다. 이들의 두 가지 종류의 기술은 수직적, 수평적 연결 쇠로서의 기술과 개개 직원들의 욕구를 조직의 목표에 통합시키는 인간관계 기술이 필수적이다.

3) 하위관리층의 리더십

일선 직원들(사회복지사)과 매일 매일 정상적으로 접촉하고 있는 슈퍼바이저들을 말한다. 프로그램 수행을 감독하고 일선 직원들에게 업무를 위임 또는 분담시키고 서비스가 제대로 제공되고 있는가를 검토한다. 이들의 두 가지 종류의 기술로는 행정적, 교육적, 지시적인 전문기술과 공평에 대한 관심이 필요하다.

제2절 리더십이론

리더십에 관한 이론은 보편적 리더십 특성이론, 상황 적합적 리더십 특성이론, 보편적 리더십 행위이론 그리고 상황 적합적 리더십 행위이론으로 나누어 볼 수 있다.

1 전통적 리더십 이론

1) 특성이론(trait theory)

리더의 용모와 같은 신체적 특성과 판단력, 언어능력, 지능, 성격, 학력과 경력 등의 사회적인 배경 등과 같은 리더의 특성에 초점을 둔 이론으로서 성공적인 리더와 비성공적인 리더를 구분 짓는 중요한 특성이 존재한다고 가정한다. 즉, 리더는 천부적인 개인 특성을 지니고 있으며 리더가 자신만이 가지고 있는 우수한 자질이나 특성만 있으면 자신이 처해 있는 상황이나 환경이 변하더라도 언제나 효과적인 리더가 될 수 있다는 이론이다.

2) 행동이론(behavioral theory)

리더의 행동에 관심을 둔 이론으로서 성공적인 리더와 그렇지 않은 리더의 차이점은 리더십의 행동유형에 따라 구별된다는 관점이다. 여기에는 오하이오연구, 미시간연구, 블레이크와 머튼의 관리격자 이론이 있다.

(1) 오하이오연구

오하이오주립대학교 연구는 「리더 행동 기술 질문지」를 개발하여 리더의 행동을 구조주도행동과 배려행동이라는 2가지 차원에서 설명하였다.

이 연구에 따르면 첫째, 구조주도행위는 부하의 역할과 책임을 명확히 정의하는 행위로 구체적인 명령이나 지시 하에 공식적 관계나 과업을 중시하며 성공적인 목표의 달성을 집단을 조직화하려는 행동을 말한다. 둘째, 배려행위는 부하의 안정, 복지, 지위의 향상, 욕구 만족 등을 고려하는 행위를 의미한다. 연구 결과 4가지의 리더십 유형으로 구분되었는데, 그 중에서 높은 배려행동과 높은 구조주도행동을 동시에 추구하는 리더십이 과업 성과를 높이는 가장 이상적인 리더십으로 규정되었다.

(2) 미시간연구

미시간대학교 사회조사연구소에서 리더의 행동 유형에 따라 업무 성과와 만족도가 높아지는가에 대해 연구한 것으로 직무중심적 리더십과 구성원 중심적 리더십 유형을 찾아냈다. 결과적으로 구성원 중심적 리더십이 상대적으로 높은 생산성을 나타낸다는 결론을 도출했다.

(3) 블레이크와 머튼의 관리격자이론

관리격자이론은 블레이크와 머튼(Blake & Mouton, 1968)이 배려의 종축에는 「인간에 대한 관심」을, 구조주도라는 횡축에는 「생산에 대한 관심」을 대응시켜 구분하였다. 이 격자망은 종축과 횡축을 각 9등급으로 나누어 총 81개의 유형으로 구분하면서 무기력형, 컨트리클럽형, 과업형, 중도형, 팀형(단합형)의 5가지 리더십 유형을 제시하였다. 이 5가지 유형 중 인간과 생산에 높은 관심을 보이는 (9,9)형을 팀형이라 하여 가장 높은 성과의 리더십 유형으로 보았는데, 이 유형의 리더는 조직의 목표달성을 위해 조직과 구성원들의 상호 의존성과 공동체 의식을 강조함으로써 구성원들 간 신뢰와 존경의 관계가 형성되고 또 헌신하도록 유도하는 유형이다.

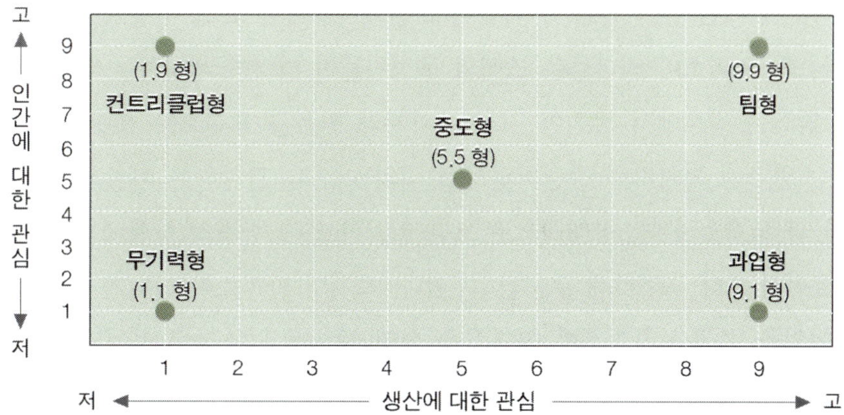

그림 5-1 블레이크와 머튼(Blake & Mouton)의 관리격자이론

3) 상황이론(situational theory)

성공적인 리더의 행동이나 특성은 상황변수에 따라 다름을 강조하여 리더의 권한, 리더가 수행하는 과제의 성격, 부하의 능력과 동기, 외부환경의 속성 등에 따라 효과적인 리더십이 변화한다고 주장한다.

2 최근의 리더십 이론

최근에 리더십의 특성론적 접근의 부활이라고 볼 수 있는 카리스마 리더십(House, 1977)과 변혁적 리더십(Bass, 1985)이 점차 관심을 받고 있다. 또한 힘과 권력에 의한 지배가 아니라 봉사적 태도를 통하여 타인의 더 높은 차원의 동력을 지닐 수 있게 동기화시키는 섬김의 리더십(Greanleaf, 1977; Spears, 1995; Wilkes, 1996)에 대한 관심이 비영리조직 현장에서뿐만 아니라 연구의 차원에서도 점차 부상하는 경향이 있다. 이 세 가지의 리더십 유형을 살펴보면 다음과 같다.

1) 카리스마 리더십이론

이 이론은 카리스마 리더의 특성으로서 높은 수준의 자기 확신, 선명하고 강한 비전,

자신이 비전에 대한 강한 믿음, 개혁적이고 변화지향적인 모습, 행동지향적인 태도 등을 제시한다. 즉, 카리스마 리더들은 조직의 구성원들이 리더가 제시하는 바를 수용할 수밖에 없게 만드는 방식에서 자신이 지니는 가치와 믿음을 표현으로 행동을 하고, 성공을 가져올 수 있다는 이미지를 창출하면서 조직의 미션과 관련하여 이상적 목적들을 제시하는 행동과 노력을 한다. 상대적으로 보다 열악한 조직 환경적 상황에서 카리스마적 리더십의 발현이 보다 용이하게 수용될 수 있다. 하지만 카리스마 리더가 조직 전체보다는 개인의 이익을 위해서 카리스마 리더십을 실행하는 경우 조직에 엄청난 해악을 가져올 수 있음이 지적된다.

2) 변혁적 리더십이론

변혁적 리더십은 부하직원의 신념, 욕구, 가치를 변화시켜 새로운 기회를 창출하려 하고, 그를 위해 부하직원의 높은 이상과 도덕적 가치에 호소함으로써 그들의 의식 수준까지 높이려 한다(Bass, 1985). 변혁적 리더는 카리스마를 지녀야 하며 조직 변화의 필요성을 감지하고, 그러한 변화를 이끌어 낼 수 있는 새로운 비전을 제시하는 능력이 있어야 한다. 이러한 변혁적 리더십은 다음과 같은 네 가지 차원에서 효과를 가진다고 설명한다. 첫째, 조직구성원을 추종자가 아닌 리더로서 개발시킨다. 즉 조직구성원이 조직에서 스스로 일을 수행하고 문제를 해결해 나갈 수 있게 만든다. 둘째, Maslow(1943)가 설명하는 낮은 단계의 욕구(안전의 욕구)에 조직구성원들이 머물지 않고 높은 단계의 욕구(자기존중 및 자아실현의 욕구)를 지향할 수 있게 조직구성원들의 관심을 높인다. 셋째, 조직구성원이 개인의 이해관계를 초월해서 조직의 공공의 선을 지향할 수 있게 만든다. 넷째, 조직구성원들이 소망하는 미래의 상태, 즉 비전을 이루기 위해 어려움을 극복하면서 높은 수준의 헌신을 실천 할 수 있게 만든다.

3) 섬김의 리더십(servant leadership)이론

섬김의 리더십은 최고관리자가 조직에서 군림하지 않고 구성원들을 섬기며, 그들이 일을 잘 수행할 수 있도록 적극적으로 동기부여를 하면서 리더십을 발휘하는 것이라 할 수 있다. 인간존중을 바탕으로 리더가 구성원들에게 봉사함으로써 구성원들이 잠재력을 발휘할 수 있도록 도와주고 이끌어 주는 것이 요체이다.

Spears(1998)는 21세기에는 권위적이고 위계적인 리더십은 점차 약화될 것이고, 개인적 관심과 배려, 공동체의식의 강조, 협동, 윤리성을 토대로 조직의 질을 향상시키고 근로자의 개인적 성장을 촉진시키는 리더십의 필요성이 부상할 것으로 예상하면서 섬김의 리더십이 갖는 의미를 강조한다. 섬김의 리더십은 주로 비영리조직 등의 서비스 조직의 리더십 연구에서 많이 고려되고 있다.

3 비영리조직의 리더십

비영리조직의 리더들에게 요구되는 관심사안과 담당해야 할 과업을 보면 다음과 같다.

① 정치, 경제, 사회적 환경변화를 인식하면서 조직의 비전을 확인하고 사명과 목표를 보다 구체화하고, 이러한 바탕 위에 올바른 서비스 수혜대상 선택 및 장기적 효과성 확보를 위한 조직의 포지셔닝을 위한 전략개발을 한다.

② 제한된 물적, 인적 자원 문제와 외부 환경변화에 대해 유연성과 혁신적 전략을 통한 신속한 적응과 조직 안정성 확보, 또한 장기적 측면에서 효과성 평가와 효율적 관리를 위한 지표개발을 한다.

③ 조직 사명의 효과적 수행을 위한 이사회 멤버의 구성, 효과적인 리더, 관리자와 전문적 스텝의 고용과 개발, 동기부여, 그리고 이를 통한 프로그램 질 향상 및 관리를 한다.

④ 조직의 건전한 재정 확보, 활동의 윤리성 확보, 활동에 대한 책임성을 확보한다.

⑤ 공공, 사적, 매스컴, 비영리 영역의 관계자들과 우호적 관계유지, 협력 및 연대구축을 위한 노력과 홍보를 한다.

⑥ 서비스 수혜자, 공공 및 사적 영역의 파트너, 기부자, 자원봉사자들의 상충되는 이해와 요구를 조정하고, 서비스의 효율적 제공을 위한 적절한 자원배분을 한다.

제6장

사회복지행정조직

제1절 공공 사회복지행정조직
제2절 민간 사회복지행정조직

제1절 공공 사회복지행정조직

1 중앙정부의 사회복지행정조직과 기능

우리나라의 경우 사회복지행정을 담당하는 중앙정부 차원의 복지전담 조직과 복지 분야를 담당하는 하위 부서를 두고 있는 지방정부 차원의 일반업무와 복지업무를 겸하고 있다.

| 표 6-1 | 중앙정부의 사회복지행정조직

구 분	복지전담 조직	복지겸무 조직
협의의 복지	보건복지부	행정자치부(공무원연금), 국가보훈처(보훈보상복지예우), 국방부(군인연금), 국토교통부(선원보험)
광의의 복지	고용노동부, 환경부, 미래창조과학부, 문화체육관광부	국토교통부(주택복지) 기타: 교정(법무부, 경찰청), 구조복지(법무부, 법원), 약자보호(공정거래위)

1) 복지전담 행정조직

(1) 협의의 복지전담 행정조직 : 보건복지부

우리나라의 보건복지부는 '사회보장기본법', '정부조직법', '보건복지부와 그 소속기관 직제'를 기반으로 한 총괄적인 복지전담 행정조직이다.

보건복지부 역사는 1945년 광복 이후 수립된 초대 정부의 경우 사회부에서 일부의 기능을 수행, 1946년 보건부를 신설, 1955년 보건사회부로 개편, 1994년 보건복지부 명칭 개칭, 2008년 2월 29일 보건복지부 확대 개편하였다.

26개 소속기관으로 국립의료원, 국립보건원, 국립정신병원, 국립소록도병원, 국립재활원, 국립결핵병원, 국립검역소 등이 있다.

① 보건복지부는 복지전담 행정조직

광의적 사회보장 분야를 담당하며, 이를 위하여 공공부조, 사회보험, 사회복지서비스를 총괄한다.

② 공공부조 중 구제복지에 해당하는 기능

행정안전부 및 각급 지방자치단체와 공유하며, 사회보험의 연금보험 중 공무원연금과 사립학교 교직원연금 및 군인연금은 각각 행정안전부와 교육과학기술부, 국방부와 공유하고 있다.

③ 사회보험의 국민건강보험 분야의 경우

지역의료보험은 기초자치단체와 공동으로 수행하고 있다. 특수직 연금보험인 선원보험은 국토해양부에서 주관하며, 산업재해보상보험과 고용보험은 노동부에서 전담한다.

④ 교육복지 관련 항목과 문화복지 관련

각각 교육과학기술부와 문화체육관광부가 전담한다.

(2) 광의의 복지전담 행정조직

노동복지, 환경복지, 교육복지는 광의의 복지에 해당하는 부분이다.

표 6-2 보건복지부의 소관 영역과 법률체계

분 야	법 률	계
기획조정	한국국제보건의료재단법	1
인 사	한국보건복지인력개발원법	1
보건의료정책	보건의료기본법, 의료법, 의료기사에 관한 법률, 시체해부 및 보존에 관한 법률, 식품위생법, 건강기능식품에 관한 법률, 약사법, 화장품법, 마약류관리에 관한 법률, 의료기기법, 장기 등 이식에 관한 법률, 인체조직안전 및 관리 등에 관한 법률, 응급의료에 관한 법률, 공공보건의료에 관한 법률, 혈액관리법, 대한적십자사조직법, 지방의료원의 설립 및 운영에 관한 법률, 실험동물에 관한 법률, 식품안전기본법, 어린이식생활안전관리특별법	20
건강보험	국민건강보험법	1
한의약정책	한의약육성법	1

분 야	법 률	계
기획조정	한국국제보건의료재단법	1
건강정책	국민건강증진법, 보건환경연구원법, 농어촌 등 보건의료를 위한 특별조치법, 공중보건장학을 위한 특례법, 공중위생관리법, 위생사에 관한 법률, 구강보건법, 지역보건법, 모자보건법	9
질병정책	전염병예방법, 검역법, 기생충질환예방법, 후천성면역결핍증예방법, 결핵예방법, 한센인피해사건의 진상규명 및 피해자생활지원에 관한 법률, 암관리법, 국립암센터법, 정신보건법, 건강검진기본법	10
보건산업정책	생명윤리 및 안전에 관한 법률, 보건의료기술진흥법, 한국보건산업진흥원법, 천연물신약연구개발촉진법, 첨단의료복합단지지정 및 지원에 관한 특별법	5
복지정책	사회보장기본법, 사회복지사업법, 농어촌주민의 보건복지증진을 위한 특별법, 국민기초생활보장법, 의료급여법, 긴급복지지원법	6
연금정책	국민연금법, 기초노령연금법, 국민연금과 지역연금의 연계에 관한 법률	3
사회서비스정책	외국민간원조단체에 관한 법률, 사회복지공동모금회법, 의사상자예우에 관한법률, 식품기부활성화에 관한 법률	4
저출산 고령사회정책	저출산·고령사회기본법, 고령친화산업진흥법	2
노인정책	노인복지법, 효행장려 및 지원에 관한 법률, 장사 등에 관한 법률, 노인장기요양보험법	4
장애인정책	장애인복지법, 장애인·노인·임산부 등의 편의증진보장에 관한 법률, 장애인 차별금지 및 권리구제 등에 관한 법률, 중증장애인 생산품우선구매특별법	4
아동복지정책	아동복지법, 실종아동 등의 보호 및 지원에 관한 법률, 보호시설에 있는 미성년자의 후견직무에 관한 법률	3
보육정책	영유아보육법	1

① 교육부 : 교육전담 사회복지행정조직

교육과학기술부는 일정 부문의 협의적 개념의 사회복지행정과 광의적 개념의 사회복지행정을 담당하고 있다. 협의의 사회복지행정은 공공부조 분야로서 국민기초생활보장대상자에 대한 교육비의 지원이 있다. 사립학교교직원연금관리공단의 감독을 통하여 사립학교교직원의 연금보험에 관여하고, 교육공무원의 연금보험에 관해서도 공무원연금관리공단과 관련되며, 공무원 및 사립학교교직원 의료보험에도 간접적이나마 관여 한다.

표 6-3 교육부의 사회복지행정 기능

구 분	영 역	사 례
협의의 사회복지행정 기능	공공부조	국민기초생활보장 대상자의 교육비 지원
	사회보험	사립학교교직원 연금보험
	사회복지서비스	아동복지, 청소년복지, 여성복지, 모. 부자복지, 노인복지
광의의 사회복지행정 기능	초중등교육, 고등교육, 평생교육, 지방교육행정, 교육정책, 교육정보관리 등	

사회복지서비스의 경우는 유아교육과 초등교육 및 중등교육을 통하여 모·부자복지와 아동복지 및 청소년복지에 부분적인 관련성을 가지고 있으며, 평생교육을 통하여 여성복지와 노인복지에 기여한다. 또한 산업교육을 통한 근로복지에도 기여하고 있다. 교육과학기술부는 교육복지를 전담함으로써 광의의 사회복지행정(초중등교육, 고등교육, 교육정책, 지방교육행정, 평생교육, 교육정보관리)의 기능을 수행하고 있다.

② 고용노동부 : 노동전담 사회복지행정조직

고용노동부는 근로 조건의 기준, 직업 안정, 직원훈련, 실업대책, 산업재해보상보험, 근로자의 복지후생, 노사 관계의 조정, 기타 노동에 관한 사무를 관장하는 중앙행정기관이다.

협의의 사회복지행정은 공공부조로서 기초생활수급자와 차상위계층의 취업 훈련, 사회보험으로서 산업재해보상보험 및 고용보험과 사회복지서비스로서 장애인과 여성 및 아동 근로에 대한 배려 등이 있다.

광의의 사회복지행정은 노동복지 일반-노사정책, 근로기준, 산업 안전, 고용 안정, 최저임금, 산업재해보상보험 심사, 노동위원회에 의한 판결, 노동 연수, 직업 안정 등이 있다.

| 표 6-4 | 고용노동부의 사회복지행정 기능

구 분	영 역	사 례
협의의 사회복지행정 기능	공공부조	저소득 취업애로계층 고용지원
	사회보험	산업재해보상보험, 고용보험
	사회복지서비스	장애인 · 여성 · 고령자 근로 및 고용촉진
광의의 사회복지행정 기능	노사정책, 근로기준, 산업안전, 고용안정, 최저임금 · 산업재해보상보험 심사, 노동위원회 판결, 노동연수, 직업안정 등	

③ 기타조직

문화체육관광부는 광의의 복지만을 전담하는 조직으로서 종교 관련업무, 청소년청책, 문화정책, 예술 진흥, 문화산업, 관광, 체육을 중심으로 삶의 질과 관련된 문화복지에 주력하고 있다.

환경부는 광의의 복지행정을 담당하는 조직으로서 환경정책, 자연 보전, 대기 보전, 수질 보전, 상하수도, 폐기물 관리를 통한 인간의 생존권적 기본권과 삶의 질 확보, 생태학적 환경 보전 등이 있다.

2) 복지겸무 행정조직

협의적 개념의 복지에 해당하는 공공부조, 사회보험 및 사회복지서비스를 담당하는 하위부서를 둔 협의의 복지겸무 행정조직은 행정자치부, 국방부, 국가보훈처, 국토교통부이다.

광의의 복지겸무 행정조직은 주거복지를 담당하고 있는 국토교통부다. 교정복지 및 피의자 복지를 담당하는 경찰청, 법무부, 법원 등이 있고, 소비자보호와 공정거래 기능을 맡고 있는 공정거래위원회가 있다.

(1) 행정자치부

행정자치부의 경우 연금복지과에서 공무원연금관리공단을 두어 공무원의 복지 업무를 관장하고 있다. 행정자치부를 통하여 2005년부터는 맞춤형복지제도를 도입하여 운영하고 있다.

(2) 국방부

국방부는 현역 군인에 한하여 복지를 제공하는 복지겸무 행정조직이다. 2009년 12월부터 현역 군인에 대한 복지를 담당하는 부서로는 인사복지실의 보건복지관 아래 복지정책과와 군인연금과가 설치되어 있다.

(3) 국가보훈처

국가보훈처는 국가 유공자, 제대 군인 보훈 대상자로 한하여 복지를 전담하는 복지 겸무 조직이다.

표 6-5 복지겸무 행정조직에 의한 협의의 복지 기능

조 직	복 지 기 능
행정자치부	공무원연금, 복지서비스(복리제도)
국방부	군인연금, 군인보험, 복지서비스(복리제도)
국가보훈처	보훈지원, 복지의료(의료 보호), 복지서비스(취업 알선, 교육, 대부 지원)

독립유공자 및 그 유족, 국가 유공자 및 그 유족, 참전유공자, 5·18민주유공자, 고엽제 후유의증 환자, 특수임무수행자, 장기제대군인에 대한 보훈, 보상·보호, 교육, 취업, 의료, 대부지원 사무를 관장한다.

(4) 여성가족부

여성가족부는 기존의 여성특별위원회 업무와 함께 보건복지부로부터 가정폭력, 성폭력 피해자의 보호, 윤락행위의 방지업무 및 일제하 일본군 위안부에 대한 생활안정지원, 노동부의 '일하는 여성의 집' 사무를 이관 받아 수행하였다.

여성정책의 기획·종합, 남녀차별의 금지 및 구제 등 여성의 지위와 권익뿐만 아니라 여성인적 자원의 성장 동력화를 통하여 국가경쟁력 제고 및 양성평등사회의 구현이라는 중요한 역할을 담당하는 국가기구이다.

(5) 국토교통부

광의의 사회복지의 하나인 주거복지와 관련된 행정조직이다. 2009년 12월부터 국토교통부 주택토지실 아래 주택정책과, 주택기금과, 주거복지기획과를 통하여 저소득계층 및 사회취약·보호계층, 청소년, 아동의 주거생활 안정 및 주거수준 향상을 위한 주책 관련 주거복지정책을 담당하고 있다.

표 6-6 광의의 복지겸무 행정조직에 의한 복지 기능

조 직		복지기능
주거복지		국토교통부 주택정책과, 주거복지기획과
기타 주변적 복지	(1) 교정·피의자 복지	법무부
	(2) 구제복지	법무부, 법원, 대한법률구조공단
	(3) 약자보호복지	공정거래위원회, 한국소비자원

(6) 광의의 복지겸무 행정조직

경찰청과 법무부에 의한 교정복지 및 피의자복지, 구제 복지, 약자 보호 복지가 있다. 소비자와 하도급자를 보호하는 공정거래위원회, 기획재정부 산하 한국소비자원이 있다.

3) 수단적 사회복지행정조직

광의의 사회복지행정이나 협의의 사회복지행정, 복지전담 혹은 복지겸무 행정조직이 모든 사회복지행정이 가능하도록 하기 위해서는 반드시 복지 재원과 복지 조직이 전제되어야만 가능하다. 중앙정부의 사회복지행정이 지방정부로 전달될 수 있는 시스템의 구축도 매우 중요한 전제 조건이라 할 수 있다.

기획재정부는 복지 재정을 확보하고, 이를 기능별·사업별로 분류하여 재원을 지원하는 수단적 사회복지행정조직이라 할 수 있다. 사회복지행정 인사를 충원하여 배치하고 복지 관련 조직을 편제할 수 있게 하는 행정자치부도 수단적 사회복지행정조직이라 할 수 있다.

표 6-7 수단적 사회복지행정조직의 기능

조 직	해당부서	기 능
기획재정부	예산실(사회예산심의관, 경제예산심의관)	복지재정 확보
행정자치부	인사실, 조직실(인사정책관, 조직정책관)	복지조직 편제, 복지인사 확보, 배정

4) 위원회조직과 정부 위촉조직

중앙정부나 각 지방자치단체에 설치된 각종 위원회조직과 정부 위촉조직도 직·간접적인 복지담당기관이라 할 수 있다. 2009년 말 부터 중앙정부에 설치된 위원회는 사회보장심의위원회, 건강보험정책심의위원회, 국민연금심의위원회, 국민연금기금운용위원회, 여성정책조정회의, 장기요양위원회, 아동정책조정위원회 등이 있다.

지방자치단체에 설치된 사회복지위원회는 시·도별 사회복지위원회, 중앙과 지방에 설치된 대표적인 사회복지관련 위원회는 보건복지부 소관의 중앙생활보호위원회(「국민기초생활보장법」 제20조), 특별시·광역시·도·특별자치도·시·군·구의 기초자치단체에 설치된 생활보호위원회가 있다.

보건복지부에 중앙보육정책위원회, 특별시·광역시·도·특별자치도 및 시·군·구에 지방보육정책위원회가 설치되어 있다.

5) 중앙정부의 주요 기능

표 6-8 중앙정부의 복지업무 현황

구 분		법 률	주관부서
사회복지서비스	노인복지	노인복지법	보건복지부
		고용상 연령차별금지 및 고령자 고용촉진에 관한 법률	고용노동부, 보건복지부
	장애인복지	장애인복지법	보건복지부
		장애인고용촉진 및 직업재활법	고용노동부, 보건복지부
		특수교육진흥법	미래창조과학부
		장애인·노인·임산부의 편의 증진보장에 관한 법률	보건복지부

구 분			법 률	주관부서
사회복지서비스	여성복지		여성발전기본법	여성가족부
			성폭력범죄의 처벌 및 피해자보호에 관한 법률	여성가족부, 법무부
	영유아복지		영육아복지법	보건복지부
			유아교육법	미래창조과학부
	아동복지		아동복지법	보건복지부
			입양촉진 및 절차에 관한 특례법	보건복지부
	청소년복지		청소년복지지원법	보건복지부
			청소년기본법	보건복지부
			청소년보호법	보건복지부
사회보험	연금보험	국민연금	국민연금법	보건복지부
		공무원연금	공무원연금법	행정안전부
		사립학교연금	사립학교 교직원연금법	교육과학기술부
		군인연금	군인연금법	국방부
	건강보험		국민건강보험법	보건복지부
	요양보험		노인장기요양보험법	보건복지부
	산재보험		산업재해보상보험법	고용노동부
	고용보험		고용보험법	고용노동부
공적부조	기초생활보장		국민기초생활보장법	보건복지부, 행정자치부
	의료급여		의료급여법	보건복지부, 행정자치부
	보훈급여		국가유공자 등 예우 및 지원에 관한법률	국가보훈처, 행정자치부
			일제하 일본군 위안부에 대한 생활안정 지원법	국가보훈처, 행정자치부

첫째, 국가보조금을 지원하는 역할이다. 지방정부나 민간사회복지기관에 국가보조금을 지원하여 이들의 복지활동을 돕는다. 둘째, 규제자로서의 역할이다. 사회복지 관련 법률을 통해서 민간사회복지시설을 규제한다. 셋째, 사회복지인력의 고용자로서의 역할이다. 사회복지인력을 직접 채용하여 사회복지실천을 수행하는 거대조직 중의 하나인

것이다. 넷째, 사회복지정책의 조정 · 통합이다.

다양한 사회복지 요구를 수렴할 수 있는 최상위 행정조직이며, 필요시 중앙차원에서 사회복지 프로그램과 서비스를 전국에 균등하게 제공하거나 또는 특정지역 및 계층에 집중할 수 있는 조정 · 통합의 권한을 가지고 있다.

2 광역자치단체의 사회복지행정조직과 기능

1) 복지전담 행정조직

우리나라는 복지 선진국처럼 복지 업무를 전담하는 특별지방행정기관인 사회복지사무소 제도가 시행되지 않고 있다. 협의의 사회복지인 공공부조와 사회보험, 사회복지서비스에 관한 업무는 자치단체의 경우 복지담당 하위 부서(보조기관)가 담당하고 있다.

광의의 사회복지의 경우 공무원의 처우에 관한 복지와 교육 및 환경, 문화를 담당하는 복지전담 행정조직은 광역자치단체의 직속기관과 특별집행기관, 광역자치단체의 직영시설이 담당하고 있다.

특별집행기관은 지방교육 자치에 관한 법률과 지방교육행정기관 직제에 의하여 규정되고, 교육위원회, 교육청, 공립도서관, 광역자치단체가 직접 설립 · 운영하는 공립공영 복지시설이다.

2) 복지전담 행정부서

복지전담 행정부서는 광역자치단체에 설치된 하위 부서를 의미하며, 협의의 복지전담 행정부서로서 사회복지행정 주무 부서라 할 수 있다.

협의의 복지전담 행정부서는 광역자치단체의 집행기관 안에 설치된 복지국, 복지건강국, 보건복지여성국, 복지환경국, 사회복지국, 복지여성국이다.

표 6-9 광역자치단체 복지전담 부서

광역자치단체	복지전담 행정부서	광역자치단체	복지전담 행정부서
서울특별시	복지국	강원도	보건복지여성국
부산광역시	복지건강국	충청북도	보건복지여성국
대구광역시	보건복지여성국	충청남도	복지환경국
인천광역시	여성복지보건국	전라북도	복지여성보건국
광주광역시	사회복지국	전라남도	복지여성국
대전광역시	복지여성국	경상북도	보건복지여성국
울산광역시	복지여성국	경상남도	보건복지여성국
경기도	복지건강국	제주특별자치도	보건복지여성국

3) 복지겸무 행정부서

광의의 복지를 겸무하는 광역자치단체의 행정부서는 행정관리 및 예산기능을 담당하는 부서들로서 복지예산 및 복지인력계획을 총괄하는 사무를 통해 간접적인 사회복지행정을 지원한다고 할 수 있다.

3 기초자치단체의 사회복지행정조직과 기능

서비스의 최종적인 전달은 기초자치단체가 담당하는 경우가 많다고 할 수 있다. 기초자치단체의 조직과 하위 부서에 대하여 살펴보면 다음과 같다.

1) 복지전담 행정조직

협의의 사회복지인 공공부조와 사회보험, 사회복지서비스에 관한 행정은 복지담당 하위 부서에 의하여 다루어진다. 보건, 교육, 청소년, 문화 및 광의의 사회복지의 경우 기초자치단체의 직속기관과 특별집행기관 및 직영시설의 복지전담 행정조직을 설치하고 있다.

(1) 직속기관 : 보건(지)소

기초자치단체를 기본 단위로 설치되는 보건소는 보건의료만을 담당하면서 기초자치단체의 집행기관과 매우 유기적인 성격을 갖는다. 선진적인 사회복지사무소 제도의 확대 실시의 경우 보건소 기능의 복합적 강화를 지적할 수 있다. 우리나라의 보건소, 보건지소 및 보건진료소 제도의 수립 · 운영의 총괄 주무부서는 보건복지부 건강정책국 건강정책과이다.

(2) 특별집행기관 : 교육청

교육청은 광의의 복지인 교육을 전담하는 특별집행기관이라 할 수 있다. 지방교육 자치에 관한 법률과 지방교육 행정기관 직제에 근거하여 그 설치를 규정하고 있으며, 광역자치단체 단위로 설치되는 상급 교육청의 전달기관적 성격을 갖는다.

교육청의 기능은 상급 교육청의 경우와 같이 관할 구역 내 유아교육과 초 · 중등교육, 체육 및 학예의 업무를 담당하고 있다. '학교 · 가정 · 지역사회'를 연계한 학교사회복지사업을 더욱 강화한 새로운 지역교육청 표준모델을 시험 운영 후 확대할 계획이다.

표 6-10 기능개편 시범교육청 조직개편도

교 육 장													
교육선진화 기획과						교육선진화 지원과							
학교 경영 지원팀	교육 능력 개발팀	교육 과정 지원팀	평생 교육 지원팀	건강 지원팀	에듀 서비스 센터	운영 지원팀	예산팀	재정 지원팀	학생 수용팀	교육 복지 협력팀	행정 정보화팀	학교 시설 지원팀	기능 개편 전담팀

자료 : 군포의왕교육청

(3) 기타 직영복지시설

기초자치단체는 사회복지전문기관으로 종합사회복지관, 청소년회관, 아동복지시설, 노인복지시설, 장애인복지시설, 여성복지시설, 가정(성)폭력상담센터, 아동학대예방센터, 정신보건센터, 노인학대예방센터, 쉼터, 주간보호소, 지역자활센터를 설치할 수 있다 (현장방문, 체험학습 중요함).

기초자치단체의 직영 복지시설은 보건복지부장관 및 광역자치단체의 장의 승인을 얻어 설치 · 운영할 수 있으며, 기초자치단체장은 사회복지전담 요원을 임용 · 위촉하여 사회복지전문 분야의 사업을 수행할 수 있다.

2) 복지전담 행정부서

기초자치단체의 복지담당 행정부서는 관련 실 · 국 아래 설치된 과 단위에 해당 한다. 기초자치단체의 복지전담 행정부서는 전담 행정부서와 겸무 행정부서로 구분할 수 있으며, 복지전담 행정부서는 협의의 복지를 전담하는 부서와 광의의 복지를 전담하는 부서로 구분할 수 있다.

(1) 협의의 복지전담 행정부서

기초자치단체의 경우 공공부조, 사회보험을 담당하는 사회복지과와 사회복지서비스를 담당하는 가정복지과, 사회과가 해당된다.

(2) 광의의 복지전담 행정부서

시 단위의 경우 관련 국(局) 내에 있는 위생, 환경, 청소, 녹지의 환경 관련과, 주택관련과, 문화공보 관련기관이 광의의 복지를 전담하게 된다.

군 지역의 경우는 환경 관련과, 주택 관련과, 문화공보 관련 기구가 광의의 복지를 전담한다.

3) 복지겸무 행정부서

복지겸무 행정부서는 복지서비스의 최종 전달 행정기관이다. 특히 동(洞)의 경우 대개 사회복지담당 직원이 주민센터의 주민생활지원 업무의 기능 속에 편제되어 복지 업무를 관장하고 있다.

❙표 6-11❙ 중앙정부의 복지행정조직

	복지전담조직	복지 겸무 조직
협의의 복지	보건복지부	행정자치부(공무원연금) 국가보훈처(공적부조, 사회복지서비스) 국방부(군인연금) 해양수산부(선원보험)
광의의 복지	노동부 환경부 교육인적자원부 문화관광부	건설교통부(주택복지) 구제복지(법무부, 법원), 약자 보호(공정거래위)

❙표 6-12❙ 보건복지부의 영역별 기능

영 역	기 능	담당부서
공적부조	국민기초생활보장 의료급여 재해구호	생활보장과 (행정자치부, 자치단체와 공동)
사회보험	연금보험(국민연금) 국민건강보험	사회보험국 보건정책국
사회복지서비스	영유아보육 아동복지 노인복지 장애인복지 모자복지 등	가정 · 아동복지과 노인보건과 장애인정책과 여성정책담당관

❙표 6-13❙ 광역자치단체의 복지행정 조직

구 분	복지행정 담당 조직	
복지전담행정조직	• 직속기관 지방공무원교육원 보건환경연구원 지방공립고등교육기관 • 직영 복지시설	특별집행기관 교육위원회 상급 교육청 공립 도서관

구 분	복지행정 담당 조직	
복지전담행정부서	• 협의의 복지전담 행정 부서 보건사회국 보건복지국 사회복지국 생활복지국 (사회)가정복지국 (사회)복지여성국	광의의 복지 전담 행정부서 환경보건국 환경국 환경관리실 환경녹지국 주택국 문화(관광, 체육)국
복지겸무행정부서	• 건설주택국 건설국 건설교통국 건설도시국	• 내무국 총무과, 인사과

| 표 6-14 | 기초자치단체의 복지행정 조직

구 분	복지행정 담당 조직
복지전달 행정조직	• 직속기관 : 보건(지)소 • 특별집행기관 : 교육청 • 기타 직영 복지시설 • 복지 담당 위원회 조직
복지전달 행정부서	• 협의의 복지 전담 행정 부서 : 시민 · 사회 · 생활국(사회복지 · 가정복지 · 사회과), 사회복지과 • 광의의 복지 전담 행정 부서 : 시민 · 사회 · 생활국(환경 관련 과), 건설교통 · 도시 · 상하수도국 (주택 관련 · 문화공보기관), 환경과, 주택과, 문화공보기구
복지겸무 행정 부서	사회위생과 등(최종 전달 행정기관)

제2절 민간 사회복지행정조직

1 민간 사회복지행정조직의 개념

클라이언트에게 제공되는 서비스의 다양한 선택기회와 질적 수준 및 전문성 제고, 서비스의 적시성 및 융통성 측면에서 다양한 내용과 규모를 가진 민간의 사회복지서비스 주체들을 활용하는 것이 훨씬 효율적이다.

사회복지의 수준이 높지 않은 사회일수록 공적 사회복지조직에서 제공하는 서비스보다는 민간 사회복지조직에서 제공하는 서비스가 접근성이 용이하고 국가의 복지 사각지대를 보완해 주는 기능을 하고 있다.

자발적인 민간단체나 종교단체, 사회복지 자원봉사조직도 넓은 의미에서 민간 사회복지조직에 포함될 수 있다.

2 민간 사회복지행정조직의 유형과 기능

한국사회복지협의회에서는 민간사회복지행정조직을 16개 분야로 분류하고 있는데 그 내용은 다음과 같다.

사회복지협의회, 직능별 협의회, 아동복지기관, 단체시설 및 보육원, 청소년 복지관, 부녀복지기관, 단체 · 시설, 여성회관 및 여성복지관, 노인복지기관, 단체 및 시설, 장애인복지기관, 단체, 시설, 아동 및 성인시설, 정신요양시설, 가족복지기관, 지역사회복지기관, 노숙인 복지시설, 산업사회 복지기관, 의료사회 복지사업기관, 갱생보호 사업기관 및 시설, 사회복지 상담기관, 자원봉사자 양성기관, 기타 사회복지 관련분야의 기관 등이다.

1) 사회복지협의체

사회복지협의체는 "복지와 보건에 관한 지역사회의 문제 해결에 필요한 계획을 수립하고 사업을 추진함에 있어서 주민의 관심과 전문가의 기술을 결합시키는 사회복지기관 간의 연합체"이며, 민간 사회복지행정조직이다.

사회복지협의체 회원들 간에는 아무런 법적 권한이나 강제력이 없으며, 오직 협력과 정만 존재한다.

사회복지기관 협의체 세 가지 유형은 다음과 같다.

첫째, 사회복지기관협의회로 지역사회 내의 사회복지기관, 사회복지를 담당하는 위원회 및 부서를 가진 여타 단체들의 협의체로서 우리나라에는 존재하지 않는다.

둘째, 지역사회복지협의회로 전문적 혹은 비전문적 개인과 사회복지기관을 단체회원으로 구성된 협의체이다. 우리나라의 한국사회복지협의회와 그 지부가 여기에 해당된다.

셋째, 직능별 협의체로서 아동복지시설협의회, 한국노인복지시설협회 다수의 직능별 협의체가 있다.

2) 한국사회복지협의회

한국복지 협의회는 민간 사회복지조직의 중심적 협의체로서, 사회복지시설 및 기관들과의 유기적인 협력과 시민들의 참여를 통하여 민간 사회복지발전과 시민의 복지증진에 기여하는 다양한 사업을 실시하고자 하는 법정 민간단체이다.

최초 설립은 1952년 한국사회 사업연합회로 출발하였으며, 1983년 사회복지사업법에 따라 법정 단체가 되었다. 한국사회복지협의회의 목적과 사업영역은 정관에 명시되어 있으며, 현재의 구체적인 사업내용은 출판사업, 홍보사업, 교육훈련사업, 전국푸드뱅크사업, 사회복지증진사업 등이 있다.

3) 사회복지시설

사회복지법인, 재단법인, 사단법인, 지역자활센터의 형태이며, 민법과 보건복지부의 비영리법인에 관한 관련 규정에 의해 설치 · 운영된다.

(1) 설립

실정법상 사회복지시설이란 사회복지사업법 제2조의 “사회복지사업”을 행할 목적으로 설치된 시설을 의미한다.

아동 · 노인 · 장애인 · 정신질환자 · 노숙인과 같이 별도의 시설에 입소하여 생활보호가 필요한 사람들을 대상으로 하는 사회복지생활시설과 자신의 주거를 가지고 있으면서 프로그램을 활용하는 사회복지이용시설로 구분된다.

사회복지시설은 국가 또는 지방자치단체, 사회복지법인 또는 비영리법인, 개인은 결격사유가 없는 한 누구나 사회복지시설을 설치. 운영할 수 있다. 국가 또는 지방자치단체 외의 자가 사회복지시설을 설치 · 운영하고자 하는 때에는 시장 · 군수 · 구청장에게 신고하여야 한다.

신고하지 않고 사회복지시설을 설치 · 운영할 경우 시설장에게는 1년 이하 징역 또는 300만 원 이하의 벌금에 처하는 조항을 엄격하게 적용하고 해당시설은 폐쇄조치하고 있다.

사회복지시설은 설립형태와 운영주체에 따라 공립공영시설, 공립민영시설, 사립공영시설, 사립민영시설, 개인설치시설 등으로 구분할 수 있다.

시설 및 서비스의 이용에 대하여 이용자 또는 부양의무자로부터 이용료를 수납하는지에 따라 유료시설과 무료시설로 구분할 수 있다.

(2) 운영

사회복지시설운영의 민주성 · 투명성 제고 및 생활자 권익 향상을 위해 사회복지시설 운영위원회를 설치 · 운영해야 한다.

시설운영위원회는 위원장 및 시설의장 각 1인을 포함하여 5인 이상 10인 이하 위원으로 구성되며 시설운영위원회 설치 대상시설은 원칙적으로 모든 사회복지시설을 대상으로 하며, 구체적인 사항은 보건복지부 사회복지시설 운영지침과 당해 지방자치단체장의 결정에 따른다.

시설운영위원회의 논의사항은 다음과 같다. 첫째, 사회복지 프로그램의 개발 · 평가에 관한 사항, 둘째, 시설종사자의 근무환경 개선에 관한 사항, 셋째, 시설거주자의 생활환경 개선 및 고충처리에 관한 사항, 넷째, 시설과 지역사회와의 협력에 관한 사항, 다섯째, 그 밖에 시설의 장이 부의하는 사항 이다.

사회복지서설은 관계법령 및 사회복지시설의 정관이 정한 목적과 사업범위 내에서 보건복지부장관이 정한 사회복지시설 운영지침과 당해 관할 지방자치단체장의 지도 · 감독에 따라 운영된다.

(3) 조직

사회복지시설은 시설의 종류에 따라 관계법령 및 보건복지부장관이 정한 사회복지시설 관리 지침이 정한 사회복지사 및 전문 자격인을 채용하고 보조금 및 인건비 보조를 받는 경우 이에 맞는 조직과 직제를 갖추어야 한다.

표 6-15 종합사회복지관의 조직

종 별	조 직	
종합사회복지관 [가] 형	복지부 총무부	가정복지담당, 아동복지담당, 청소년복지담당, 지역복지담당, 서무담당, 직업지도담당
종합사회복지관 [나] 형	복지부 총무부	가정복지담당, 아동복지담당, 지역복지담당, 서무담당, 직업지도담당
종합사회복지관 [다] 형	총무부	복지담당, 서무담당

직원의 채용은 공개모집을 원칙으로 하나, 세부적인 채용 및 선발기준은 당해 시설의 정관이나 채용내규에 따르며, 지방자치단체로부터 공익근무요원과 사회복무요원을 지원받아 시설운영과 수행 활동에 투입한다.

표 6-16 보조금 지급 사회복지생활시설의 직제

직위	노인시설	장애인시설	아동시설	정신보건시설
원장	시설장	시설장	시설장	시설장
사무국장	총무	총무	총무	총무 정신보건 전문요원
과장 및 생활복지사	과장 생활복지사 상담지도원 간호사 영양사 물리치료사	과장 간호사 영양사 사회재활교사 직업훈련교사	과장 생활복지사 상담지도원 간호사, 영양사 직업훈련교사 임상심리상담원	과장 간호사 영양사 작업직원
생활지도원	생활지도원 사무원	생활지도원 사무원	생활지도원, 보육사, 사무원	생활지도원 사무원

직위	노인시설	장애인시설	아동시설	정신보건시설
기능직	조리원 위생원	조리원 위생원	조리원 위생원	조리원 위생원
관리인	관리인 경비원	관리인 경비원	관리인 경비원	관리인 경비원

(4) 예산 · 회계

사회복지시설은 정부 보조금과 자체 수익사업에 의한 수익금 및 시설이용료, 후원금, 소속된 종교 및 학교 법인으로부터의 전입금의 수입을 가진다. 우리나라의 대부분 사회복지시설은 정부와 지자체의 보조금과 지원이 절대적이며 보조금 이외의 자체 수입 비중은 매우 낮은 것이 현실이다.

법인의 대표이사와 시설장은 후원금을 받은 때에는 〈소득세법시행규칙 제101조 20호의2〉 또는 〈법인세법시행규칙 제82조 제3항 3의3호〉에서 정하는 기부금영수증 양식으로 후원금 영수증을 후원자에게 즉시 교부해야 한다.

법인대표이사와 시설장은 연1회 이상 해당 후원금을 수입 및 사용내용을 후원금을 낸 법인 · 단체 또는 개인에게 통보하고 회계연도 종료 후 15일 이내에 후원금 수입 및 사용결과보고서를 관할 시 · 군 · 구청장에게 제출해야 한다. 예산총괄표, 예산서내역, 사업계획서를 관할 지방자치단체장에게 제출하여 광역단체장을 거쳐 보건복지부를 비롯한 주무부서에 제출해야 한다.

표 6-17 새울행정시스템의 온라인 보고 및 처리 과정

사회복지시설 ① 보고문서 작성	국가복지정보시스템 : 보조금정보, 회계정보, 후원정보, 입소자정보, 종사자정보, 예/결산정보
↑ ⑤ 처리결과통보	② 보고문서 연계 · 전송↓ ④ 보고문서 처리결과 공유↑
공무원 ③ 보고문서 접수 및 승인/반려처리	새올행정시스템 : 보고문서관리, 입퇴소관리, 종사자관리, 시설공지관리, 국가복지통합DB조회

사회복지법인 대표 및 사회복지시설의 장은 업무 효율성 및 표준화, 회계 투명성 확보를 위해 국가정보시스템인 '새올행정시스템'을 사용해야 한다.

새올행정시스템의 기능으로서는 첫째, 회계관리, 인사 관리, 급여 관리, 예산 관리, 세무 관리, 자산(비품, 소모품)관리의 통합회계 관리기능, 둘째, 생활인 및 이용자 관리, 셋째, 고객(후원자, 봉사자, 방문자) 관리, 후원금 관리, 자원봉사 관리 등 통합고객관리기능이 있다.

제7장

인적자원관리

제1절 인사관리
제2절 직원 능력개발
제3절 동기부여

현대사회의 대규모조직들은 조직에 참여하는 인력을 관리할 인사제도를 필요로 하고 있는데, 일반적으로 인사기능을 인사행정(public personnel administration), 사기업의 인사기능을 인사관리(personnel management)라고 한다. 여기에서 사회복지행정의 인사기능을 인사행정으로 볼 것인가, 아니면 인사관리로 보아야 할 것인가 하는 문제가 제기된다.

사회복지조직은 그 조직의 특성상 공공복지조직과 민간복지조직 및 공동복지조직으로 구성되어 고객들에게 복지서비스를 전달하고 있다. 그리고 사회복지행정의 역사적 발달 과정을 보면, 공·사복지기관의 구분없이 이를 포괄적으로 사회복지행정의 연구대상으로 삼아 왔고, 또한 인사행정에 있어서도 인사관리라는 용어를 자주 사용하고 있다. 따라서 사회복지행정의 인적자원관리(human resource management)는 단순한 인사관리의 차원을 넘어서 더 높은 수준의 인적자원을 개발하는 측면이 있으며, 또한 행정을 광의로 해석하여 공·사복지조직의 구분 없이 인사관리를 원칙으로 하면서 인사행정의 이론들을 원용하면서, 본 장에서는 인사관리, 직원능력개발, 슈퍼비전, 동기부여, 직무평가로 나누어 기술하고자 한다.

제1절 인사관리

1 인사관리의 의의

사회복지행정에서 인사관리는 사회복지조직의 목표를 효과적으로 달성하기 위하여 사회복지행정 활동에 필요한 인적 자원을 최대한 활용하기 위한 관리 활동이다.

따라서 인사관리는 수많은 인재 중에서 유능한 인재를 사회복지행정조직에 흡수(동원)하고, 동원되어 그들의 능력을 계속적으로 육성·개발하며, 높은 근무의욕을 유지시켜 사회복지행정 목표를 효과적으로 달성하는 기능이라고 할 수 있다.

그리고 인사관리제도란 이러한 기능의 기준이 되는 여러 관행이나 제도를 총칭하는 것이다. 즉 시험제도 · 임명제도 · 승진제도 · 보수제도 · 교육훈련 제도 등이 여기에 해당되는 관행이나 제도이다.

2 인사관리의 기능

인사관리는 인적 자원의 관리를 통해서 사회복지행정의 목표달성을 가능케 할 뿐만 아니라 사회복지행정체제의 유지와 적응에 필요한 기능을 수행한다.

인사관리의 기능에는 인력계획, 경력관리, 보수 및 퇴직금, 보건, 안전 및 복지후생, 사기와 인간관계관리, 복무와 근무규율, 노사협조, 인사관리 정보체계 등이 포함되며, 이를 크게 나누어보면 다음과 같다.

첫째, 채용의 관리이다. 인적 자원의 확보는 우선 채용으로 이루어지며, 여기에는 모집 · 선발 · 임용 등이 포함된다. 따라서 사회복지행정의 목표활동에 적합한 인력을 확보하기 위하여 우수한 인재를 채용하여야 한다.

둘째, 능력발전의 관리이다. 능력발전이란 사회복지행정가의 직무수행 능력을 유지 · 향상시키고 발전적 가치관이나 태도를 확립시키는 것을 말한다. 여기에는 훈련 · 근무성적평정 · 승진 · 전직 · 전보 등이 포함된다. 현대 인사관리는 임용당시의 능력을 유지함은 물론, 새로운 변동이나 수요에 대한 대응능력을 발전시켜 나가기 위해 이들의 능력발전을 중요시하고 있다.

셋째, 근무의욕의 관리이다. 근무의욕의 문제는 사기를 비롯하여 보수 · 연금 · 고충처리 · 제안제도 등이 포함되는데 사회복지행정가의 근무의욕은 공적 · 민간복지기관을 막론하고 복지서비스의 질과 직접적인 관계가 있으므로 이들의 근무의욕을 고취시키는 것은 인사관리의 중요한 기능이다.

넷째, 근무규율의 관리이다. 사회복지행정가는 사회전체에 대한 봉사자로서 공공의 이익을 위하여 직무를 수행함에 있어서 공직의 윤리와 사회복지사의 윤리강령을 잘 준수하여야 할 것이다.

따라서 이들에게는 무거운 책임성과 윤리성이 강조되지만, 신분보장도 함께 이루어지도록 하여야 한다.

3 인사관리의 과정

1) 충원계획 수립

충원은 직원이나 클라이언트들과 원만한 인간관계를 이루어 나갈 수 있는 유능한 사람을 채용하는 것으로 단기 · 중기 · 장기적 차원으로 직원 충원계획을 수립하여 수행해야 한다.

2) 모집과 선발

선발의 책임은 기관장이나 중간관리직 또는 인사위원회 등 다양하다. 선발의 절차는 직무분석 → 직무명세서 작성 → 지원자 모집공고 → 지원자의 자질파악 → 선발 → 합격통지 등의 순으로 이루어진다.

(1) 모집

모집은 공석 중인 직위에 자격을 갖추어 지원한 사람들을 유치하는 과정이다. 전문적으로 유능하고 클라이언트 및 다른 직원들과 원만한 대인관계를 맺을 수 있는 능력을 지닌 직원을 고용하며, 모집을 위해서는 해당 직무에 대한 직무분석이 선행되어야 하고 어떤 업무를 수행해야 하는지에 대해 수술되어 있는 직무기술서 및 직무명세서를 작성해야 한다.

직원의 전문적 능력은 이전 경험과 훈련에 관련되고, 다른 사람과의 원만한 관계 유지 능력은 경험, 훈련, 인성의 특성에 기인한다고 볼 수 있다.

(2) 선발

선발은 모집활동을 통하여 응모한 지원자 중에서 다양한 기법을 적용하여 조직이나 직무에 적합한 지원자를 채택하고 부적격한 지원자를 거부하는 조직적 활동으로, 직원선발에서는 조직의 요구와 기대, 채용될 사람의 요구가 중요하다.

사회복지조직에서 직원 선발은 조직문화에 기초하여 선발되어야 하며 전문성과 원만한 인간관계, 클라이언트 및 직원들을 보호할 수 있는 능력이 고려된 사람을 선발해야 하며, 선발기법으로 시험이 있는데 시험은 객관성과 타당성을 갖추어야 한다.

① **필기시험** : 관리가 용이하고 시간과 경비절약, 객관도, 타당도를 높일 수 있다.

② **실기시험** : 실제근무와 같은 조건에서 같은 도구나 기구를 써서 일을 해보는 것이다. 타당도가 높다는 장점이 있으나 많은 사람을 한번에 테스트하기 어렵고 채점의 객관도나 신뢰도에 문제가 있을 수 있다.

③ **면접시험** : 필기시험에서 알아보기 어려운 태도, 성격, 창의성, 협조성 등을 파악 하기 위한 것이다. 면접관의 선입견이 개입될 가능성이 있으므로 면접관의 훈련, 면접조사 방법의 개발 등이 필요하다.

3) 임용

기관운영자의 승인에 의해 직위에 임명되며 관리자는 기관이나 부서의 목적과 서비스를 재해석하여 전달하고 새로운 직원에게 구체적인 책임을 자세하게 설명하여야 한다.

또한 직원의 구체적 책임과 기관의 목적, 조직구성, 직원, 이사회, 지역사회 등과 보수, 부가급여, 근무시간, 휴가, 직원회의, 위원회의 구조, 직원개발 계획, 타 기관과의 관계 등을 포함한 직무에 관한 정보와 의무도 설명되어야 한다.

- **엽관주의** : 임용기준을 임용권자의 혈연·지연·학연 등 귀속적인 데에 두는 것
- **실적주의** : 개인의 객관적인 능력·자격·실적 등에 바탕을 두고 누구에게나 차별없이 동등한 기회를 부여하는 것

4) 오리엔테이션(신입직원훈련)

오리엔테이션은 신규채용자를 대상으로 하는 훈련으로 기관과 그 서비스 및 지역사회를 새로운 직원에게 소개하는 과정이다.

5) 평가

다양한 양식을 통해 직원의 직무평가를 하여 전문직을 발전시키는 방법이며, 업무수행 평가를 통해 직원에게 자신이 얼마나 업무를 잘 수행하는지를 알리고, 업적에 의한 봉급인상의 결정, 훈련필요성의 발견, 승진 후보자의 확인, 업무향상에 대한 장애나 문제점의 파악, 직무개선 방법의 토의기회 제공 등에 활용한다.

6) 승진

승진은 직무에 대한 직원의 업무수행 결과에 기초하여 지위와 보수를 발전시키는 것을 의미한다. 건전한 행정은 승진의 기준과 절차를 명확하게 규정한다. 승진과 봉급 인상에서 중요한 요소는 근무연한(경력)이나 업무수행능력이며 시험성적, 교육훈련성적, 상벌사항 등이 기준으로 활용될 수 있다.

7) 해임

해임이란 어떤 지위나 맡은 임무를 그만두게 하는 것을 뜻하는데, 개인과 기관 모두를 위해서 되도록 짧은 시간에 공정하게 이루어져야 한다.

제2절 직원 능력개발

1 직원 능력개발의 의의와 필요성

직원 능력개발은 사회복지조직에서 활동하는 직원들의 소양과 능력을 개발하고 직무수행에 필요한 지식과 기술을 향상시키며, 가치관과 태도를 바람직한 방향으로 변화시키기 위한 교육 및 훈련활동을 말한다.

직원 능력개발의 1차 목적은 직원들이 새로운 지식과 기술의 진보에 따라 효과적인 서비스를 제공하고, 전문적 태도를 심화시킬 수 있는 기회를 제공하는 것이며, 2차 목적은 함께 토론하고 감정을 공유하며 함께 활동하는 등의 상호작용을 통해 이해와 연대감을 높임으로써 조직효과성을 제고하는 것이다.

2 직원 능력개발의 종류

1) 신규채용자 교육(오리엔테이션)

새로운 직원에게 조직과 조직의 서비스 및 지역사회를 소개하는 과정으로 적응훈련 또는 기초훈련 이라고도 하며, 조직의 역사와 임무, 목적, 기본정책, 규정, 조직구조, 급여, 보상체계 등이 소개된다.

2) 일반 직원 훈련

직무수행 향상을 위한 교육훈련으로 현재 근무하고 있는 직원들에게 필요한 새로운 기법을 습득하게 되는 등의 직무수행 능력을 향상시키는 것을 목적으로 하며, 장기적이고 지속적으로 실시되어야 한다.

3) 감독자 훈련

슈퍼바이저(일선의 지도 감독을 맡고 있는 관리자 : 과장, 계장)에 대한 훈련으로서 업무수행에 필요한 지식과 리더십, 의사전달, 인관관계, 인사관리 등에 걸치고 있고 훈련방법으로는 강의, 토의, 사례발표 등이 이용되고 있다.

4) 관리자 훈련

최고 계층에 속하는 중·고급 관리자에 대한 훈련으로서 정책 수립에 관한 것과 리더십에 관한 훈련을 받게 된다. 교육방법으로는 사례발표, 회의, 토의방법, 신디게이트(소그룹/조별 연구 발표)가 이용될 수 있다.

5) 멘토링

상위 단계의 업무에 대해서 경험이 많지 않은 구성원들에게 경험을 공유시키면서 역량개발을 유도하는 방법이다. 멘토와 멘티의 지속적인 상호작용이 필요하며, 멘토링의 기능으로는 경력 관련 기능, 심리사회적 기능, 역할모델 및 네트워크 기능이 있으며, 성공적인 멘토링 프로그램으로는 자발적인 참여, 절차상의 유연성, 능력과 의지를 갖춘 멘토 선택, 목적에 대한 명확한 이해 등을 들 수 있다.

6) 경력(career) 개발

경력개발이란 구성원들의 경력에 대한 욕구, 가치지향, 강점과 제한점 등에 대한 파악과 함께 경력의 목표형성과 행동계획 수립을 위해 지원하는 것, 유용한 정보와 관련된 업무경험 등을 제공하는 것을 의미한다. 경력개발을 위해서는 조직구성원과 관리자 그리고 조직 시스템이 함께 움직이는 과정이 필요하다. 또한 인사관리 체계 내에서 경력개발 프로그램을 체계회시키는 것이 필요하다.

3 직원 능력개발의 방법

1) 강의

직원들을 일정한 장소에 모아놓고 강사가 일방적으로 강의를 하고 대상자들은 이것을 듣기만 하는 것으로서, 직원들의 전문성 유지 및 향상을 위해 체계적으로 교육하는 것이다.

2) 토의 및 회의

소수의 사람들이 주제발표를 한 다음 여러 사람이 찬반논쟁을 벌이는 방법이다.

3) 역할연기(role playing)

여러 직원들 앞에서 2인 또는 그 이상의 직원들이 실제로 연기한 후 여러 직원들이 평가, 토론하여 사회자가 결론적인 설명을 하는 방법이다.

4) 사례발표

직원들이 돌아가면서 구체적이고 현실적인 사례를 발표하고 이에 다른 직원들이 평가와 집단토의를 하는 방식으로 문제를 해결하는 방식이다.

사례발표의 장점으로 첫째, 분석적 사고력과 문제해결 능력을 개발시키며, 둘째, 자유로운 토의가 가능하고, 셋째, 발표능력을 기를 수 있으며, 넷째, 독단을 피할 수 있다는 장점이 있다. 단점으로는 첫째, 많은 피훈련자들을 동시에 훈련시키는 것이 불가능하며, 둘째, 준비과정에 많은 노력과 시간이 소요된다.

5) 집단행동

집단적으로 격리된 장소에서 1-2일 합숙훈련을 하는 것으로 성인의 태도와 행동변화에 효과적이다.

6) 신디케이트(syndicate)

직원들을 10명 내외의 소집단으로 나누고 각 집단별로 동일한 문제를 토의하여 해결방안을 작성하고, 다시 전체가 모인 자리에서 각 집단별 문제해결 방안을 발표하고 토론하여 하나의 합리적인 문제해결방안을 모색하는 방법이다(조별토의, 반토의).

7) 순환보직

일정한 시일의 간격을 두고 여러 다른 직위나 직급에 순차적으로 직무를 바꾸어서 담당함으로써 지식과 경험을 축적하는 방법을 말한다. 이러한 훈련방법은 여러가지 보직을 담당하는 과정에서 시야와 경험을 넓히고 관리능력을 향상시키는 장점이 있는 반면에, 전보가 번번히 이루어지는 경우 업무수행의 전문성과 능률성을 저하시키고 행정의 일관성을 해칠 우려가 있다.

8) 패널토의

토의법의 하나로서 사회자의 진행에 따라 정해진 태마에 대하여 지식과 경험이 풍부한 여러 명의 전문가가 토의를 하고 연수자는 그 토의를 듣는 학습방식이다.

9) OJT(On the Job Training)

직장훈련, 현장훈련, 직무상훈련 등 근무현장 내에서 이루어지는 훈련이다.

실제 직무를 수행하면서 선임자로부터 대면지도, 개별지도, 훈련 지도를 통하여 직무수행 능력을 개발하는 것이다.

10) 포럼(form)

토의법의 하나로 특정 주제에 관하여 새로운 자료와 견해를 제공하여 그들로 하여금 관심을 높이고 나아가 필요한 정보를 제공하여 문제를 명확하게 한 후 각자의 의견을 표명하도록 촉진하는 것이다. 주로 사람들이 잘 모르는 주제에 대해 전문가가 정보를 제공하고 그에 대한 의견을 교환한다.

11) 임시대역

공연에서 배역을 대신 연기하는 것에서 온 용어로 상사의 부재 시에 대비하여 직무수행을 대리하게 하는 방식이다.

4 역량강화

1) 역량강화의 개념

역량강화란 사람, 조직, 지역사회가 자신들의 주변 일들에 대한 통제성을 획득하고 기관이나 사회의 민주적 과정에 관여하는 기제 또는 과정을 의미한다. 사회복지조직이 제공하는 서비스의 질적 수준을 향상시키고 조직전체의 역량강화를 위해서 직원들의 역량강화가 반드시 필요하다. 역량강화 개념을 인적자원관리에 적용한다면 직원의 직무성과와 관련하여 현재는 비록 부족할지 모르지만 지지, 지원, 기회가 주어진다면 직원의 조직활동과 직무성과는 향상될 것이라 기대하는 것이다.

2) 역량강화의 방법

(1) 클라이언트에 대한 태도

클라이언트에 대해 갖는 관념이 부정적이고 희망적이지 않으면 클라이언트를 위한다는 자신의 활동이 부담스럽고 결국 자신도 소진될 가능성이 크다. 역량강화를 위해서는 클라이언트를 자원, 능력 그리고 장점을 가지고 스스로 문제를 해결할 수 있는 힘을 가진 존재로 볼 수 있어야 한다.

(2) 보상의 적절한 사용

보상의 적절한 사용을 통한 직원의 동기부여와 사기진작이 역량강화를 가능하게 하는 중요 한 수단이 될 수 있다.

(3) 자기성찰과 자기관리

자기성찰과 자기관리는 직원이 스스로 자율성을 가지고 자신의 활동 및 역할을 규정하고 스스로 성과를 설정하여 관리해 나간다는 측면에서 역량강화를 위해 중요한 기술이다.

5 슈퍼비전

1) 슈퍼비전(supervision)의 의의

슈퍼비전은 사회복지조직이나 기관에서 직원이 서비스를 효과적이고 효율적으로 전달하기 위하여 지식과 기술을 잘 사용할 수 있도록 상급자가 하급자에게 도움을 주는 활동이다. 여기에서 슈퍼비전을 주는 사람인 슈퍼바이저(superviser)의 역할은 슈퍼비전을 받는 상대방인 슈퍼바이지(supervisee)를 지지하고, 또한 이들에게 용기를 북돋워 주며 정보를 제공하고 의견을 들어주는 것이다. 따라서 슈퍼비전은 잘 훈련되고 경험과 능력이 있으며 전문직업적 태도 및 지식과 기술을 갖추고 있는 사람이 경험 · 지식 · 기술이 부족한 사람들에게 도움을 줄 수 있다는 전제 위에서 이루어진다. 그러므로 슈퍼비전은 사회복지 현장에서 근무하는 사회복지사의 발전과 향상에 있어서 가장 중요한 역할을 하게 되며, 특히 경험이 없는 신규 사회복지사에게는 큰 도움을 주게 된다.

2) 슈퍼비전의 원칙과 슈퍼바이저의 능력

(1) 슈퍼비전의 원칙

슈퍼비전의 기본적 원칙은 여러 가지로 살펴 볼 수 있으나, 여기에서는 주요한 몇 가지만 다음과 같이 제시하고자 한다.

① 슈퍼바이저는 그들이 속해 있는 사회복지조직과 서비스에 대한 정확한 지식 · 원칙 · 기술을 가르치고 목적과 목표를 선택할 수 있도록 해야 한다.

② 슈퍼바이저는 슈퍼바이지에게 정규적으로 교육과 습득의 경험을 제공하고, 사회복

지사 의 도움이 필요할 때는 언제나 도움을 줄 수 있는 기회를 마련해야 한다.

③ 평가와 책임의 원칙성을 지켜야 한다.

(2) 슈퍼바이저의 능력

슈퍼바이저는 효과적인 슈퍼비전을 하기 위해서 다음과 같은 조건과 자질이 요구된다.

① 풍부한 지식과 다양한 실천기술을 보유해야 한다.

② 슈퍼비전을 위한 접근의 용이성이 있어야 한다.

③ 진지한 자세와 솔직성을 겸비해야 한다.

④ 사회복지지식의 효과적인 전달능력이 있어야 한다.

3) 슈퍼바이저의 역할

카두신(A, Kadushin)은 사회복지조직에서 슈퍼바이저의 역할을 3가지 영역으로 정의하였다.

① 행정적인 상급자로서의 역할

하급자가 기관의 정책이나 과정, 규정 등을 잘 지키고 있는지를 감독하는 역할이다. 업무를 처리하고 조직의 통제와 책임성을 유지하는 행정적 과정을 강조한다.

② 교육자로서의 역할

직접 서비스를 제공하는 일선 사회복지사에게 전문적인 지식과 기술을 증진시키는 역할로 전통적인 교육기능을 강조한다.

③ 상담자로서의 역할

클라이언트의 문제로 인해 감정적으로 소진된 사회복지사에게 사회적 지지를 제공하는 역할이다. 사기진작을 진작시키고 좌절과 불만에 대한 도움을 제공하며, 전문가로서의 가치를 느끼고 소속감과 직무수행에 있어 안정감을 갖도록 한다.

4) 슈퍼비전의 유형

구분	행정적 슈퍼비전	교육적 슈퍼비전	지지적 슈퍼비전
의의	사회복지사에게 지시, 지도, 행정적 업무를 돕는 역할	사회복지사에게 전문적 지식과 기술 등을 증진시키는 역할	사회복지사에게 스스로 업무할 수 있도록 용기를 주고 지해주는 역할
내용	• 직원의 채용과 선발 • 사회복지사의 임명과 배치 • 업무계획 • 업무위임 • 업무에 대한 모니터링 • 업무의 협조 • 의사소통 촉진 • 행정적 수장 • 변화매개자	• 교수 • 학습의 촉진 • 훈련 • 경험과 지식의 공유 • 정보제공 • 명확화 • 안내 • 문제해결법 원조 • 전문적 성장 제고 • 조언 · 제안 · 문제해결 원조	• 스트레스 유발상황 방지 • 사회복지사의 스트레스 해소 • 사회복지사의 신뢰 형성 • 관점의 공유 • 결정에 대한 책임 공유 • 성공을 위한 기회 제공 • 동료를 통한 지지 제공 • 업무관련 긴장의 완화

5) 슈퍼비전의 방향

국가관이나 사회환경의 변화와 더불어 사회복지의 개념도 변화하고 있는데, 사회복지행정도 이러한 변화에서 예외는 아니다. 사회복지행정은 서비스 제공기관을 중심으로 클라이언트에게 어떠한 형태로 서비스를 전달하느냐 하는 문제를 중심으로 변화와 개선이 이루어져 왔고 도 앞으로도 이루어질 것이다.

그리고 사회복지에 대한 국가의 책임이 증대됨에 따라 국가에 의한 사회복지사업에 대한 지도 · 감독도 강화될 것으로 전망된다. 그러나 사회복지에 대한 국가책임의 증대가 곧바로 국가의 지도 · 감독 강화로 연결된다는 것은 사회복지사업의 자율성을 침해하는 결과를 가져올 수 있다. 그러므로 사회복지에 대한 국가의 책임은 증대되는데 이에 따른 지도 · 감독은 적절한 자율성과 책임성을 동시에 보장할 수 있는 범위 내에서 최소화되어야 할 것이다.

제3절 동기부여

1 동기부여 요인

사회복지기관의 종사자들에게 동기부여를 하기 위해서는 다음과 같은 요인들이 고려되어야 한다.

1) 개인적 관심

수행할 직무에 대한 담당자의 관심이 무엇보다 중요하다. 이를 위해 사례와 경험을 서로 나누게 하고 기관운영에 중요한 계획 · 결정과정에 직원들을 참여시킬 필요가 있다.

2) 시간 관리

사회복지사들이 창의적으로 계획을 세우고 서비스의 질적 향상을 도모하기 위한 시간을 갖는 것이 필요하며, 관리자는 이러한 시간에 가치를 부여해야 한다.

3) 행정적지지

구성원이 공통 목표를 위해 함께 일한다는 것을 공식적인 기회를 통해 느끼도록 해야 한다. 행정책임자는 문제가 발생했을 때 이를 수용하고 해결하도록 도우며, 격려와 후원을 잊지 말아야 한다.

4) 책임과 권한의 명확화

책임이 명확할수록 그에 따른 권한이 주어질수록 책임완수가 잘 되고 긍정적 감정을 가지게 된다.

5) 승인과 감사

책임자로부터 활동이 준수되고 있고, 직원이 성취한 부분에 대하여 감사와 인정을 표현하는 환류(feedback)가 필요하다.

6) 성취기회의 부여

가치 있는 일을 할 기회가 주어지도록 하는 것이 중요하다.

2 동기부여 이론

행동이란 일반적으로 목표 지향적이고 무엇인가 달성하고자하는 욕구에 의하여 동기가 유발되고 난 다음에 행동을 하게 되는 것이다.

1) 내용이론

(1) 욕구단계이론(need hierarchy theory, A. H. Maslow)

메슬로우의 욕구계층 이론은 가장 널리 알려진 동기부여 이론이다. 메슬로우는 인간을 동기부여 시킬 수 있는 욕구가 계층을 형성하고 있다고 파악한다. 그는 이러한 욕구들이 낮은 단계에서 높은 단계로 순서가 정해질 수 있으며, 각 단계의 욕구가 만족됨에 따라 이전 단계의 욕구는 더 이상 동기부여의 역할을 수행하지 못하고 다음 단계의 욕구가 행위를 동기 부여시킬 수 있는 요인으로 작용하게 된다고 가정하였다.

메슬로우의 욕구단계는 생리적 욕구, 안전욕구, 소속 및 애정욕구, 존경욕구, 자아실현욕구로서 하위 단계에서 상위단계의 욕구로 계층을 이루고 있다.

① 생리적 욕구

생리적 욕구(physiological needs)는 욕구계층의 최하위에 위치하고 있으며, 삶 그 자체를 유지하기 위한 기초적인 인간의 욕구로서 음식, 배설, 성욕 등이 여기에 포함된다.

② 안전욕구

생리적 욕구가 어느 정도 충족되면 안전욕구(safety needs)가 나타난다. 이러한 욕구는 근본적으로 신체적인 위험과 기초적인 생리적 욕구의 박탈로부터 자유로워지려는 욕구이다.

③ 소속 및 애정욕구

생리적 욕구와 안전 욕구가 어느 정도 충족되면 어디에 소속되거나 다른 구성원들과 친교 또는 애정을 나누고 싶어 하는 소속 및 애정욕구(belongingness and love needs)가 나타난다.

④ 존경욕구

사회적 욕구가 기본적으로 충족되면, 다른 구성원들로부터 존경을 받고자 하는 존경욕구(esteem needs)를 느끼게 된다. 여기서는 자기를 중요하다고 느껴야 할 뿐만 아니라 다른 사람으로부터 인정을 받는 것을 포함한다.

⑤ 자아실현욕구

자아실현욕구(self-actualization needs)는 인간 욕구 계층의 최상위에 위치하고 있으며, 존경의 욕구가 어느 정도 충족되면 나타나는 자기 발전을 위해 자신의 잠재력을 극대화시키려는 욕구이다.

(2) ERG 이론(C. P. Alderfer)

알더퍼는 메슬로우의 5단계가 현실적인 조직생활에는 적용하기가 매우 모호하다는 점을 비판하면서 욕구단계이론을 보다 단순화하여 존재욕구, 관계욕구, 성장욕구 등 세 가지 욕구의 범주를 제시했다. 알더퍼는 각 욕구는 순서대로 나타나는 것이 아니라 어느 시점에서 어떤 욕구든 나타날 수 있다고 보았다. 다만, 고순위 욕구가 좌절될 경우 저순위 욕구가 중요해진다는 좌절-퇴행-접근을 주장했다.

① **존재욕구**(existence needs)

메슬로우의 생리적 욕구나 일부 안전의 욕구와 같이 인간이 자신의 존재를 확보하는데 필요한 욕구이다. 조직에서의 급여, 복지후생 및 육체적 작업조건, 물질적 욕구 등이 해당된다.

② **관계욕구**(relatedness needs)

개인이 주변 사람들과 의미 있는 인간관계를 형성하고 싶은 욕구를 말한다. 메슬로우의 안전에 대한 욕구, 사회적 욕구, 자기존중의 욕구 중 일부 등이다.

③ **성장욕구**(growth needs)

메슬로우의 자기존중의 욕구와 자아실현의 욕구를 뜻하는 것이다. 개인의 잠재력 개발과 관련된 욕구이다.

(3) 동기-위생 이론(motivation-hygiene, F. Herzberg)

허즈버그는 조직구성원에게 불만족을 주는 요인과 만족을 주는 요인은 서로 다른 차원으로서 '상호독립적'임을 지적하였다. 이를 풀이하면 불만족요인이 충족되었다고 해서 만족된 상태가 되는 것이 아니라 단지 불만족이 아닌 상태/불만족이 감소된 상태가 되는 것이며, 마찬가지로 만족요인이 충족되지 않는 것은 불만족을 의미하는 것이 아니라 만족이 아닌 상태일 뿐이라고 보았다. 따라서 불만족요인인 위생요인이 충족됨으로써 만족하는 것이 아니라, 만족요인에 해당하는 동기요인의 충족을 통해 동기가 부여된다고 주장했다.

① **동기요인** : 성장 하고자 하는 욕구로서 갖추어졌을 경우 만족을 주는 요인으로서 직무를 통한 '정신적 성장' 및 '자기실현'욕구와 관련된다. 달성, 인정, 일에 대한 책임, 승진 등이 이에 해당하며, 그 가운데 일에 대한 책임, 일 그 자체, 승진의 3가지 요소가 일에 대한 의욕과 정열을 지속시키는 요인이라고 보았다.

② **위생요인** : 고통을 회피하고자 하는 욕구로서 갖추어지지 않을 경우 불만족을 초래하는 요인으로서 주로 '환경적 요인'과 관련된다. 일 그 자체보다는 직무환경요소, 즉

봉급, 작업조건, 감독 그리고 안정 등과 직접 관련되어 있다. 위생요인은 충족되더라도 만족을 느끼지 못하고 불만족만 없게 하므로 종업원들을 동기화 시키지는 못한다.

(4) 표출욕구이론(Manifest Need Theory, H. Murray)

인간은 일정한 물리적, 사회적, 문화적 환경으로부터 영향을 받는 존재이므로 그의 지위나 그가 속해 있는 조직 또는 그 조직 내에서 부여받은 역할 등으로부터 영향을 받게 된다. 인간의 욕구는 학습을 통해 형성되며, 일단 형성된 욕구는 잠재해 있다가 주위 환경이나 상황이 적합하게 되면 표면으로 표출된다.

(5) 성취동기이론(D. McClelland)

작업환경에 관련된 동기를 성취욕구, 권력욕구, 친교욕구로 구분한다. 인간의 퍼스낼리티는 인간의 행동을 동기화 시킬 수 있는 잠재력이 있는 여러 가지 욕구로 구성되어 있다고 보고 이 욕구들은 서열이 개인마다 다르다.

① **성취욕구** : 우수한 결과를 얻기 위하여 높은 기준을 설정하고 이를 달성하려는 욕구로서 어려운 일을 달성하려는 욕구, 장애를 극복하여 높은 목표를 이루려는 욕구, 다른 사람들과 경쟁하여 이기고 싶은 욕구, 자신의 능력을 최대한 발휘하고 싶은 욕구 등이 있다.

② **권력욕구** : 권력욕구가 강한 사람은 타인에 대하여 영향력을 미치거나 통제하려는 생각과 논쟁에 이기려는 강한 의지가 있다.

③ **친교욕구** : 타인과 친교관계를 맺고 이를 계속 유지하는 등 타인과 다정하고 따뜻한 관계를 갖고 싶어 한다.

2) 과정이론

왜, 어떻게 직무수행행동을 선택하게 되는지에 대한 선택의 과정을 이론화한 것이 과정이론이다.

(1) 형평성이론(Adams)

아담스의 형평성이론은 조직원이 받는 보상(산출)과 자신이 기울인 노력(투입) 사이에 차이가 있는 것을 인지하면 불공평함을 느껴 이를 줄이려는 동기가 생긴다는 이론이다. 조직원은 다른 사람의 투입 대비 산출 비율과 자신의 투입 대비 산출을 비교하여 크거나 작다면 불공평함을 느껴 그 차이를 줄이는 방향으로 동기가 부여된다는 것이다.

① 기본요소

- **투입** : 조직으로부터 보상이 자신에게 제공되기를 기대하면서 조직에 투여한 능력, 기 술, 교육, 경험, 사회적 지위
- **산출** : 투입의 대가로 수익이나 비용을 말함(보수, 승진, 직무만족, 학습기회)
- **준거인물** : 비교대상
- **형평성과 불형평성** : 본인의 투입에 대한 산출의 비율과 비교 대상의 투입에 대한 산출의 비율을 비교하면서 발생

② 3단계의 과정

- 본인과 타인간의 직무 보상과 투입이 비교된다.
- 공평, 불공평을 결정한다(공평은 만족을, 불공평은 불만족을 수반한다).
- 불공통하면 이를 감소시키기 위해 행동(동기유발) 한다.

(2) 기대이론(브룸)

인간이 행동하는 방향과 강도는 그 행동이 일정한 성과로 이어진다는 '기대(E)'의 강도와 실제로 이어진 '결과(I)'에 대해 느끼는 '매력(V)'에 달려 있다. 사람은 행동에 앞서서 행동의 결과에 대해 생각하고 특정의 결과가 이루어질 확률(가능성)을 고려해서 행동하며 그 선택은 결과를 초래하는 인지된 매력에 의해 영향을 받는다고 가정한다.

① 주요 개념

- 유의성 : 특정한 보상에 대해 개인이 느끼는 선호도(승진, 성취감, 신분보장)
- 수단성 : 특정한 성과 달성 시 바람직한 보상이 주어지리라고 믿는 정도(인센티브)
- 기대감 : 일정한 노력이 어떤 성과를 초래할 가능성에 대한 주관적 확률분포

② 동기부여 과정에 대한 설명

기본적으로 일정한 행동을 작동시키는 동기는 성과에 대한 유의성과 자신의 행동이 그런 성과를 초래하리라는 기대감에 의해 결정된다.

③ 성과관리체제에의 적용

직원의 동기부여를 위해서는 근무성적평정결과와 개인들이 가치 있게 생각하는 보상 체계를 분명하게 연계시켜 근무실적에 대한 매력을 높임과 동시에 업무의 자기완결성이나 자율성을 고려한 탐구조 등의 도입을 통해 자신의 노력으로 그러한 성과를 초래할 수 있다는 기대를 높이는 것이 필요하다.

3 직무만족

1) 직무만족의 개념

직무만족이란 직무수행자가 그 과정에서 경험하거나 직무수행 결과로 얻게 되는 성취감 등의 욕구만족 함수를 말한다.

2) 직무만족의 종류

(1) 내적만족

직무의 난이도, 도전감, 중요성, 다양성, 책임 등 직무 그 자체의 내재적 가치가 주는 만족감을 말한다.

(2) 외적만족

보상, 작업환경, 승진 등 직무수행 결과에 따라 직무 외적으로 부여된 가치가 주는 만족감을 말한다.

4 소진(burnout)

1) 소진의 개념

전에는 헌신적이었던 전문직업인이 직업에서 경험하는 스트레스와 고통들에 대한 반응으로써 직무에서부터 멀어져가는 과정을 말하며 직업의 이상, 열정, 목적의식이나 관심을 점차적으로 상실해 가는 과정을 말한다.

첫째, 인간관계와 관련된 직무스트레스가 많은 직종의 종사자들에게서 나타나는 부정적 현상, 둘째, 과도한 스트레스에 장기간 노출되어 신체적, 정서적, 정신적 기력이 고갈된 상태가 되어 직무수행 능력이 덜어지고 비인격화된 행동을 보이며 개인적 성취결여를 보이는 현상, 셋째, 어느 순간 나타나는 극적 현상이 아니라 점진적인 과정으로 직무스트레스를 받으면 긴장, 피로, 자증의 단계에 이르게 되고 결국 정서적 거리, 위축, 경직, 냉소주의의 방어적 대처를 띠게 되는 것이다.

2) 소진의 단계

소진을 연구하는 대부분의 학자들은 소진이 어느 날 갑자기 나타나는 하나의 현상이라기보다는 점진적인 과정이라고 설명하고 있다. 소진은 개인적 특성과 기관의 직무환경 등에 따라 차이가 있을 수 있고 단계가 진행되는 소요시간이 길거나 짧을 수 있으며 각 단계가 중첩적으로 나타날 수도 있다.

(1) 열성의 단계

희망과 정열을 갖고 많은 시간과 노력을 투자하는 단계이다.

(2) 침체의 단계

보수, 근무시간, 근무환경에 신경을 쓰고 개인적 욕구충족을 중요시하는 단계이다.

(3) 좌절의 단계

자신의 직무수행 능력과 일 자체의 가치에 의문을 갖는 단계이다. 클라이언트와 직접적인 접촉을 피하고 피로, 두통, 복통 등의 경험을 호소 하는 단계이다.

(4) 무관심 단계

정신적 · 신체적으로 기권상태에서 클라이언트에게 무관심해지거나 그 직업을 떠나는 단계이다.

3) 소진 방지 전략

(1) 개인적 차원

① **직접행동** : 환경적 스트레스 요인을 통제(워크숍, 근무시간 자유선택제, 임금인상, 휴가, 역할교대 등)

② **완화행동** : 환경적 요인에 대한 변화를 꾀할 수 없을 때 혼란을 경감시키기 위한 행 동(중재, 긴장완화, 운동, 여가활동 등)

(2) 조직적 차원

① 조직의 사명, 목적, 목표를 분명히 하고 이를 구성원들과 공유

② 비효율적인 서류 업무 및 부수적인 업무 감소

③ 다양한 근무제도 도입

④ 지속적인 슈퍼비전

⑤ 정서적지지

제8장

사회복지행정의 재정관리

제1절 사회복지재정에 대한 이해
제2절 예산의 수립 및 관리
제3절 결산

제1절 사회복지재정에 대한 이해

1 사회복지재정의 의의

사회복지재정이란 사회복지를 위하여 투입되는 경제적 자원을 지칭한다. 사회복지재정의 주체는 주로 정부가 되지만 민간복지단체도 수입과 지출의 주체가 되기도 한다. 그리고 정부의 사회복지재정은 중앙정부의 재정과 지방정부의 재정으로 구성된다.

일반적으로 재정은 자원배분기능, 소득재분배기능, 그리고 경제적 안정과 성장기능 등의 경제적 역할을 수행하는데 사회복지재정도 마찬가지다. 여기에 사회복지재정의 경우는 재정의 3대 기능 중 소득재분배기능이 강한 것이 특징이다.

우리나라의 사회복지재정은 예산 분류상 사회개발비로 표시된다. 사회개발비에는 문화 및 체육, 인력개발 및 인구대책, 보건 및 생활환경 개선, 사회보장, 주택 및 지역개발 등의 기능별 예산이 포함되며 사회복지재정의 수입원은 주로 조세수입에 의존하고 있다.

2 사회복지조직재정의 구성

사회복지재정은 재정의 한 부분으로서 재정이 지니는 일반적 구조와 특징을 그대로 갖는다. 그러나 정부의 복지재정과 민간복지재정의 구조와 특징은 조금 다르다. 예컨대, 정부의 복지재정은 예산회계법의 적용을 받고 민간사회복지조직은 사회복지법인 · 재무회계규칙의 적용을 받는다.

1) 사회복지재정의 수입

사회복지정책의 집행을 위하여 필요한 복지재정은 여러 가지 방법에 의하여 조달된다. 그 수입의 종류는 정부의 재정수입과 수익자부담금 및 기부금의 세 가지로 크게 분류할 수 있다.

사회복지재정의 수입은 일반세 또는 목적세로 충당되며 복지재원의 마련을 위한 조세는 소득의 재분배 효과를 가지고 있는데 여기에는 근로소득세, 건강보험, 연금보험 등이 포함된다.

사회복지 서비스의 재원은 국비와 지방비로 나누어 부담비율을 각각 달리하고 있으며, 민간의 기부금도 복지의 중요한 재정수입 중 하나가 될 수 있다.

한편, 복지재정의 수입원이 되는 자선단체의 기부금은 자발적이고 순수한 동기로 내는 것이 일반적인데 적십자회비와 같이 준조세적 성격을 띠는 것도 있고 연말에 민간기업에서 납부하는 불우이웃돕기 성금이나 수재민 구호성금 등은 다소 타의적 성격을 가지고 있는 경우가 많다.

2) 사회복지재정의 지출

사회복지재정의 지출은 복지 서비스의 제공을 위하여 필요한 경비이다. 선진복지국가들에서는 정부나 민간복지기관이 다양한 복지서비스를 위하여 많은 금액을 지출하고 있다. 우리나라의 경우도 경제발전과 소득수준의 증가에 따라 이런 지출이 지속적으로 증가추세를 보이고 있다. 우리나라의 예산분류상 복지재정은 사회개발비로 분류되는데 이 개념이 너무나 포괄적이어서 이중에는 순수한 복지재정으로 간주하기 어려운 부분도 적지 않다.

표 8-1 복지재정의 구성내역

주 체	성 격	수 입	지 출
국 가	강제적	조세	복지지출(행정비, 기여금, 보험료 등)
	자발적	사용료 재산수입 기금수입	보조금(민간시설 지원비, 연구조사비 등)
법 인	강제적	기여금	법정보호비, 보험료 등
	자발적	사용료 수익사업 재산수입 기부금품 출연금	관리운영비 복지사업비

3 중앙정부의 사회복지재정

중앙정부의 복지재정은 일반회계와 특별회계 그리고 기금의 세 가지 부문으로 구분할 수 있다. 이런 구분은 예산원칙에서 볼 때 예산단일성의 원칙에 위배되는 것이지만 각 나라마다 현실적 필요에 의해서 두 가지의 예산제도를 인정하고 있다.

예산분류에 따른 복지재정을 살펴보면, 조직별 분류를 할 경우 문화관광부와 보건복지부, 환경부, 노동부, 국가보훈처 등의 예산에 해당되며, 기능별 분류에 의하면 사회개발비에 해당한다. 또한 복지재정은 지출 대상이나 품목별 분류 혹은 성질별 분류에 의하여 더욱 세분화될 수 있다.

표 8-2 예산분류의 주요 내용

분류기준	품목별	조직별	기능별	성질별
주요항목	인건비 물건비 경상이전 자본지출 보전재원 정부 내부지출 기타 예비비	대통령실 국회 대법원 보건복지부 국가보훈처 등	방위비 교육비 사회개발비 경제개발비 일반행정비 지방재정교부금 채무상환 기타 경비	경상계정 자본계정

우리나라 예산 추이를 살펴보면, 기능별 예산 항목의 경우, 방위비의 비중이 압도적으로 높게 나타나는 것에 비하여 사회개발비는 상대적으로 낮게 책정되어 있음을 알 수 있다.

1) 일반회계

일반회계예산은 일반적인 세입으로 일반적인 국가활동에 사용되는 예산이다. 즉 일반적인 국가활동에 관한 세입 · 세출을 포함하는 예산인데, 국가 고유의 기능을 수행하기 위해 필요한 예산으로서 조세수입을 재원으로 하고 국가의 존립 · 유지 및 경제발전을 위해 지출되는 예산이다. 일반회계예산에 있어 일반적인 세입이란 조세수입을 말하는데,

조세수입에는 내국세 · 관세 · 방위세 · 교육세 · 전매수입세가 포함된다. 세출구조를 기능별로 보면 일반행정비 · 방위비 · 교육비 · 사회개발비 · 경제개발비 · 지방재정교부금 · 채무상환비 등으로 구분된다.

2) 특별회계

특별회계예산이란 특정한 수입으로서 특정한 목적에 충당하기 위한 예산을 말한다. 여기에서 복지재정의 특별회계란 특정의 복지지출을 위한 특정수입을 별도로 관리하는 것이다. 이러한 특별회계에는 원호특별회계, 국립의료원 특별회계, 군인연금 특별회계, 산재보험 특별회계, 국민복지연금 특별회계, 체신보험 특별회계, 문화재관리 특별회계, 교육환경개선 특별회계 등 여러 가지가 존재한다.

3) 기금

복지재정의 한 부문을 차지하고 있는 것 가운데 「예산회계법」 제7조의 규정에 의하여 특정의 목적을 위한 자금을 운영할 필요가 있을 때 법률로써 설치 · 운영하고 있는 것이 공공기금이다.

표 8-3 복지재정의 전체적 구성

구분	수입	용도 또는 수담자
공적부조	조세 보호기금 재해구호기금 등	기초생활보장 비용 의료보호 비용 재해 구호, 국가유공자 예우, 의사상자 보호 등 비용
사회보험	기여금(정률) 부담금(정률) 보험료(정률) 기타 수입	연금가입자(국민연금만 정부부담 전무) 보험가입자(공교 · 지역의보만 정부 부담) 특수지역의보 가입자(군인보험만 정부 부담)
사회복지 서비스	중앙 : 지방 = 1 : 2	

4 지방자치단체의 복지재정

1) 지방 복지재정의 의의

지방 복지재정이란 복지와 관련된 지방재정이라 정의할 수 있다. 그러므로 넓은 의미의 지방 복지재정은 광의의 복지에 소요되는 일체의 지방재정을 말한다. 그러나 우리나라는 광의의 복지 가운데 노동과 환경은 특별지방행정기관을 통해 중앙재정이 담당하며, 보건과 교육 및 문화, 주택 등은 중앙재정과 지방재정이 분담하고 있다. 물론 협의의 복지인 사회보장은 중앙재정과 지방재정이 분담하고 있다.

지방자치의 의의 가운데 하나가 지역주민의 복지수요에 대한 대응성 있는 적절한 공급이라면, 지방재정 가운데 가장 중요한 부분은 다름 아닌 이 지방 복지재정이다. 실제로 지방재정 지출 가운데 협의의 복지재정이라 할 수 있는 사회복지비의 비중은 광역자치단체 기준 대략 20% 내외를 차지할 정도로 높은 수준이다. 여기에다 광의의 복지재정을 더하면 그 비중은 더욱 높아진다. 결국 복지재정의 의의는 중앙정부보다 지방자치단체에서 더욱 크며, 지방재정 가운데에서도 복지 관련 재정의 비중과 의의 또한 매우 크다.

표 8-4 지방재정의 일반적 수지 항목

<table>
<tr><th colspan="3">수입</th><th>지출</th></tr>
<tr><td>지방세</td><td>취득세
등록세
면허세
주민세
재산세
자동차세
농지세</td><td>도축세
마권세
담배소비세
종합토지세
도시계획세
공동시설세
사업소세</td><td rowspan="3">의회비
일반행정비
사회복지비
산업경제비
지역개발비
문화, 체육 및 교육비
민방위비
지원 및 기타 경비</td></tr>
<tr><td>세외수입</td><td>재산수입
사용료 수입
이월금
교부금</td><td>사업장 수입
과년도 수입
융자 회수금
잡수입 기타</td></tr>
<tr><td>지방교부세</td><td></td><td></td></tr>
</table>

수입			지출
조정교부금			
보조금			
지정재원	지방세 융자금 수입 재산미각 수입	보조금 사용 부담금	

5 민간복지기관의 복지재정

1) 민간 복지재정의 의의

민간 복지법인의 재정은 협의의 사회복지 가운데 공적부조와 사회복지서비스를 제공하지만 주로 정부로서 적절하게 제공하기 어려운 후자에 치중된다. 곧 복지법인은 자체 재정과 정부부담금의 범위 안에서 다양한 형태의 복지 서비스를 제공하고 있는 것이다.

2) 민간 복지재정의 수입과 지출

민간복지재정의 지출은 사회복지법인의 사업비와 운영비로 대분 되고, 운영비는 인건비와 물건비 등으로 구분하며, 사업비는 수익사업비와 비 수익사업비 등으로 구분된다.

| 표 8-5 | 민간 복지재정의 수지

수입	지출
법인부담금 정부부담금 및 보조금 수익자부담금 수익금 기부금 외국 원조 사회복지사업기금 지원	사업비 수익사업비 비수익사업비 운영비 인건비 물건비

먼저 각 사회복지법인은 전체 예산 가운데 20% 이상을 자체의 법인부담금으로 충당하도록 되어 있다. 그러나 현실적으로 전혀 부담금을 내지 못하는 복지법인이 전체의 23.5%에 이르는 등 법적 강제가 실효성을 거두고 있지 못하다.

정부부담금이란 당연한 정부의 책임사업을 대행하는 조건으로 각급 정부가 사회복지법인에 부담하는 재원을 말하고, 보조금은 포괄적인 행정상의 목적을 위해 복지법인에 지원하는 재원을 말한다.

일종의 수익자 부담의 원리에 따라 법인이 운영하는 시설의 이용자로부터 징수하는 수익자 부담금도 민간 복지재정의 한 항목이다. 이는 비교적 의도적으로 수익사업을 전개하여 얻는 수익금과는 구별되는 항목이다. 그리고 다양한 형태의 기부금과 해외원조도 복지법인의 수입이 된다.

제2절 예산의 수립 및 관리

1 예산

1) 예산의 개념

예산은 독립적인 실체에서 행할 장래 일정기간의 계획된 지출과 그 지출을 위한 자금조달 계획으로, 일반적으로 다음 1년 동안의 조직목표를 금전적으로 표시한 것으로 1년 동안의 재정활동에 대한 감시 장치를 제공하는 것이다.

그로스(Gross)는 예산을 행동의 과정이라고 말하고 금전적인 의미로 표현된 조직의 청사진을 나타낸다고 말한다. 예산은 수입 · 지출의 종류 및 금액을 계통적 · 조직적으로 편성한 예정적 계산이며, 사업계획의 내용과 방향을 계수적으로 표시한 것으로서 재정의 규모, 내용, 방향을 알 수 있게 해준다.

2) 예산의 원칙

① **공개성** : 예산과정의 주요한 단계는 국민(지역주민)에게 공개하여야 한다.

② **명료성** : 국민이 쉽게 이해할 수 있도록 합리적인 관점에서 분류되고 수지의 추계가 명확하고 수입의 유래와 용도가 분명하게 표시되어야 한다.

③ **사전의결** : 예산을 집행하기 전에 사전승인을 받아야 한다.

④ **정확성** : 예산과 결산은 가급적 일치해야 한다.

⑤ **한정성** : 정해진 목적을 위해 정해진 금액을 정해진 기간 내에 사용해야 한다.

⑥ **통일성** : 모든 수입을 하나의 공통된 일반세원에 포함하여 지출해야 한다(특정 세입과 특정 세출을 직접 연결시켜서는 안 된다).

⑦ **단일성** : 독립된 복수의 예산이 있게 되면 전체적인 관련성이 불명확하게 되어 혼란을 야기하므로 가능한 한 단일하게 편성해야 한다.

⑧ **포괄성(완전성)** : 예산총계주의 원칙으로 모든 세입 · 세출은 예산에 나타나야 한다.

⑨ **연례성** : 예산은 회계연도 단위로 작성되어야 하며, 이를 예산단연주의라고 한다.

⑩ **배타성** : 예산에 있어서는 재정적인 문제만을 취급해야 하고 입법문제는 배제한다.

3) 예산 편성의 과정

(1) 조직의 목표설정

단기적이고 관찰과 측정이 가능해야 하며, 구체적인 세부목표가 장기적인 목표에 부합하는지를 검토하여 수립한다.

(2) 기관운영에 관한 사실 확인

과거와 현재 기관 운영에 관하여 이용할 수 있는 기본적인 정보를 입수하고 연구하는 과정이다. 조직의 운영에 관해 이용할 수 있는 자료, 즉 부서별, 개인별 업무내용과 프로그램 실적, 프로그램 평가, 조직 내외의 가용자원, 재정현황 등이 기본적인 정보가 될 수 있다.

(3) 운영대안의 검토

회계연도 내에 가능한 재원을 활용하는 여러 가지 대안을 검토한다.

(4) 우선순위의 결정

조직의 목표와 효과성, 효율성, 시급성, 재정의 가용성 등 기존의 운영방법과 새로 설정된 운영방법을 비교하여 우선순위를 결정해 이 과정에서 어느 것이 기관의 정책 및 목표와 일치하는가를 살펴본다.

(5) 예산에 관한 최종적인 결정

전체 기관과 기관 내에서 활동하는 개인들의 잠재력과 요구를 고려하여 부서들의 요구를 조정하여 최종적인 결정을 내린다.

(6) 적절한 해석과 홍보

예산안이 최종적으로 확정되면 민간기관의 경우 이사회, 정부기관의 경우 예산담당 부서에 제시하여 예산청구의 필요성을 합리적으로 설명하고 홍보하여 최종적인 예산승인을 얻는다.

2 예산집행

1) 예산모형

(1) 항목별예산(Line-Item Budget: LIB)

대개 1회계연도를 기준으로 작성하는 가장 기본적인 예산형식이며, 사회복지기관에서 가장 많이 사용되고 있는 형식이기도 하다.

예산을 수입과 지출의 항목별로 혹은 지출항목별로 구체적으로 제시하며 점증주의 적 특성과 함께 예산이 어떤 부분에 사용되었는지를 나타낸다.

예산항목	전년도예산	금년도예산	비고
급여	0000	000000	
교육비			
출장비			
계	0000	0000	

① 장점

- 전체 예상 지출 항목들을 수직으로 나열하여 사용하기에 간편하고 단순하다.
- 지출근거가 명확하므로 예산 통제에 효과적이다.
- 지출이 예산 항목별로 정리되어 회계에 유리하다.

② 단점

- 전년도 예산을 기준으로 하기 때문에 예산증감의 신축성이 없다.
- 전반적인 인상률을 적용하므로 예산증감 기준의 타당성이 희박하다. 즉, 왜 그 비용이 요구되는지에 대한 근거를 알 수 없다.
- 프로그램 목표나 내용, 결과 등과의 연결성이 없기 때문에 프로그램의 사회적 책임성이라는 요구를 충족시키기 어렵다.

(2) 성과주의예산(Performance Budget: PB)

기능적 예산 관리라고도 하는데 개별지출 항목들을 조직활동과 연결시키는 것이 특징이다. 기능적 예산은 기관이 제공하는 서비스나 재화의 비용을 강조하여 예산을 수립하는 방식으로 기관이 제공하는 구체적인 프로그램의 비용을 포함해서 서비스나 재화의 비용을 계산하며, 직접비용 외에 간접비용을 계산하여 예산에 포함시키는 방식이다.

예산항목	전년도예산	금년도예산	비 고
0. 집단식사제공프로그램 3,000원 x 100회 = 300,000원 0. 오락프로그램 5,000원 x 50회 = 250,000원		300,000 250,000	
계			

① 장점

- 프로그램의 목표와 운영에 대한 모니터링이 가능하다.
- 성과물이 예산할당의 기준이 되기 때문에 프로그램의 효율성을 기할 수 있다.
- 단위비용을 계산하여 합리적 자금배분이 가능하다.

② 단점

- 직접비용과 간접비용을 계산해야 하므로 범위를 정하는 것이 쉽지 않다.
- 비용 산출의 단위(시간, 횟수, 클라이언트 수)설정과 단위비용을 책정하는데 어 려움이 있다.

(3) 프로그램기획예산(Planning-Programming-Budgeting System: PPBS)

목표달성을 위한 장기적인 계획을 수립하고 그 계획을 연차적으로 실행하기 위해 예산을 사업별로 편성함에 따라 프로그램과 예산이 통합되는 방식이다.

프로그램 목표를 중심으로 기획하고 예산을 수립하는 과정으로 프로그램 중심이자 산출을 중심으로 한 방식이다.

① 장점

- 목표와 프로그램을 명확히 알 수 있고 재정자원을 합리적으로 배분할 수 있다.
- 프로그램 계획과 예산 수립의 괴리를 막을 수 있고 프로그램의 효과성 증대가능

② 단점

- 장기적인 계획에 의해 프로그램 목표와 재정계획이 뒷받침되어야 한다.
- 결과에만 치중하여 과정을 무시하고 의사결정이 중앙집권화 될 경향이 있다.

- 예산수립이 전체 조직의 비전에 의해 좌지우지될 가능성이 높다(집권화 원인).

※ 500,000원 프로그램 총비용으로 노인에 대한 영양을 유지하거나 개선하는 것

(4) 영기준예산(Zero-Based Budget: ZBB)

전년도 예산과는 무관하게 영(0)의 상태에서 기존의 프로그램이나 신규 프로그램의 정당화를 역설하고 프로그램의 우선순위에 따라 예산을 편성하는 형식으로서 현재의 프로그램의 효과성과 효율성, 시급성에 따라 예산의 증감을 결정하므로 점증주의적 특성을 갖지 않는다.

① 장점

- 관례적 예산 책정을 탈피한다는 점에서 예산절약과 프로그램의 쇄신에 기여하는 점이 있지만, 예산절약은 과정상에 나타나는 장점일 뿐 궁극적인 목표는 아니다.
- 재정자원의 합리적인 배분과 탄력적인 특성을 갖는다.
- 프로그램의 효과성과 효율성에 기여한다.

② 단점

- 의사소통, 의사결정, 프로그램평가에 대한 관리자의 전문성과 객관성이 요구된다.
- 합리성만을 강조하므로 심리적인 요인을 무시하는 경향이 있으며 장기적인 프로그램의 예산계획으로는 부적절하다.

3 정부보조금

한국에서는 사회복지 증진에 대한 국가책임이 현실적으로는 민간법인에 대한 보조금의 형태로 이루어지고 있다. 또한 사회복지법인의 경우에도 자체 재정이 빈약한 상황에서 그 운영비의 대부분을 국가보조금에 의존하고 있는 상황이며 최근에는 사회복지공동모금회(사랑의열매) 활동이 증대되고 있다.

1) 보조금 지급대상

사회복지법인, 사회복지사업을 수행하는 비영리법인, 사회복지시설 보호대상자를 수용하거나 보육 · 상담 및 자립지원을 하기 위하여 사회복지시설을 설치 · 운영하는 개인 등이 보조금 지급 대상에 포함된다.

2) 보조금의 사용제한

보조금은 원칙적으로 그 목적 이외에는 사용하지 못하게 되어있다. 그러나 예산 집행에 탄력성을 부여하고 사업계획이나 여건 변동에 다른 집행의 효율화를 기하기 위하여 예산의 목간적용과 세출예산의 이월이라는 제도를 인정하고 있다.

(1) 예산의 전용

사회복지법인 및 사회복지시설 재무회계규칙 제 16조 1항을 보면 “법인의 대표이사 및 시설의 장은 관 · 항 · 목 간의 예산을 전용할 수 있다. 다만, 법인 및 시설(소규모 시설은 제외한다)관간 전용 또는 동일 관내의 항간 전용을 하려면 이사회의 의결 또 는 시설 운영위원회의 보고를 거쳐야 하되, 법인이 설치 · 운영하는 시설인 경우에는 시설운영위원회에 보고한 후 법인이사회의 의결을 거쳐야 한다(개정 2012. 8. 7).

(2) 세출예산의 이월

법인의 대표이사 및 시설의 장은 법인회계와 시설회계의 세출예산 중 경비의 성질 상 해당회계연도 안에 지출을 마치지 못할 것으로 예측되는 경비와 연도내에 지출 원인행위를 하고 불가피한 사유로 인하여 연도 내에 지출하지 못한 경비를 각각 이사회 및 시설운영위원회의 보고를 거쳐 다음연도에 이월하여 사용할 수 있다.

(3) 보조금의 환수

국가 또는 지방자치단체가 이미 교부한 보조금이라도 사위 · 기타 부정한 방법으로 보조금의 교부를 받은 때, 보조금을 사업목적 이외의 용도에 사용한 때, 법인이 사회복지사업법 또는 사회복지사업법시행령을 위반한 때에는 그 전부 또는 일부의 반환을 명할 수 있다.

3 재정원천 및 수입추정 방법

1) 정부 측 재정원천

- 정부보조금(일률적보조금)
- 그랜트(선택적보조금)
- 정부의 위탁(계약)
- 정부로부터 받는 서비스 비용

2) 민간 측 재정원천

- 일반기부금
- 기금조성기부금
- 결연 후원금
- 특별행사(만찬, 공연, 특별모금방송)
- 유증
- 개인 및 타 조직으로부터 받는 회비
- 동료회원 조직으로부터의 기부
- 지역공동모금의 배분
- 서비스요금(유로서비스요금), 자체수익사업(건물임대, 이자증식, 특별사업)

제3절 결산

1 결산의 의의

결산이란 일정기간(회계기간 또는 사업연도)이 경과한 시점의 재정상태 및 일정기간 동안의 경영성과를 파악하고, 재무상태의 변동을 밝히기 위해 장부마감을 하고 결산서를 작성하는 절차를 말한다.

2 결산의 절차와 제출서류

1) 결산서의 작성제출(사회복지법인 및 사회복지시설 재무 · 회계규칙 제19조)

(1) 결산보고서 제출

사회복지법인의 대표이사 및 시설의 장은 법인회계와 시설회계의 세입 · 세출 결산 보고서를 작성하여 각각 이사회의 의결 및 시설운영위원회의 보고를 거친 후 다음연도 3월 31일까지 시장 · 군수 · 구청장에게 제출하여야 한다.

(2) 시 · 군 · 구의 공고

시장 · 군수 · 구청장은 제1항에 따라 결산 보고서를 제출받은 때에는 20일 이내에 법인 및 시설의 세입 · 세출 결산서를 시 · 군 · 구의 게시판과 인터넷 홈페이지에 20일 이상 공고하고, 법인의 대표이사 및 시설의 장으로 하여금 해당 법인 및 시설의 게시판과 인터넷 홈페이지에 20일 이상 공고하도록 하여야 한다. 〈신설 1998.1.7, 2009.2.5, 2012.8.7〉

(3) 제2항에 따른 공고는 「신문 등의 진흥에 관한 법률」 제2조제1호에 따른 신문 또는

「잡지 등 정기간행물의 진흥에 관한 법률」 제2조제1호에 따른 정기간행물에 게재하는 것으로 갈음할 수 있다. 〈개정 2009.2.5, 2012.8.7〉

2) 결산보고서에 첨부하여야 할 서류

(1) 결산보고서에는 다음 각 호의 서류가 첨부되어야 한다. 다만, 단식부기로 회계를 처리하는 경우에는 제1호부터 제3호까지 및 제14호부터 제23호까지의 서류만을 첨부할 수 있다.

1. 세입·세출결산서
2. 과목 전용조서
3. 예비비 사용조서
4. 대차대조표
5. 수지계산서
6. 현금 및 예금명세서
7. 유가증권명세서
8. 미수금명세서
9. 재고자산명세서
10. 기타 유동자산명세서(제6호 내지 제9호의 유동자산외의 유동자산을 말한다)
11. 고정자산(토지·건물·차량운반구·비품·전화가입권)명세서
12. 부채명세서(차입금·미지급금을 포함한다)
13. 제충당금명세서
14. 기본재산수입명세서
15. 사업수입명세서
16. 정부보조금명세서
17. 후원금수입명세 및 사용결과보고서(전산파일을 포함한다)
18. 후원금 전용계좌의 입출금 내역
19. 인건비명세서
20. 사업비명세서
21. 기타비용명세서(인건비 및 사업비를 제외한 비용을 말한다)
22. 감사보고서
23. 법인세 신고서(수익사업이 있는 경우에 한한다)

- **단식부기** : 개개재산의 변동만을 단독으로 기록 · 계산하는 것으로 상식적인 기장을 하는 부기법이다. 재산이나 자본의 정확한 계산을 하는 것보다는 오히려 기장기술이 간편한 것을 바라는 소규모조직에서 쓰이고 있다.
- **복식부기**: 개개의 재산변동을 다른 것과의 유기적 관련으로 파악하여 대차평균의 원리 아래서 조직적 · 합리적으로 기록 및 계산하는 것으로 이론적 · 실천적으로 많은 특징을 가지고 있다. 오늘날 지배적인 기술체계로 되어 있으며 주로 수익 사업을 하는 영리기업이나 지방공기업에서 사용하고 있다.

3 회계 관리와 회계감사

1) 회계의 개념

회계란 금전 거래 등 어떤 조직체의 재정적 활동과 수지에 관한 사실 확인과 그 결과를 여러 가지 사건들의 관점에서 본 기록과 분류 및 요약의 기술이며, 재정적 거래를 분류, 기록, 요약하고 그 결과를 해석하고 표준화한 기술적 방법을 의미한다. 회계의사결정에 유용한 정보제공을 목적으로 한다.

2) 회계 관리의 분류

(1) 재무회계

내부 및 외부 정보 이용자의 경제적 의사결정에 유용하도록 일정기간 동안의 수입과 지출 사항을 측정하여 보고하는 것을 의미한다. 거래자료 기록, 시산표 작성, 분개작성, 결산 등을 주요 내용으로 한다.

(2) 관리회계

행정책임자가 행정적 의사결정을 하는 데 필요하도록 재정관계 자료를 정리하는 것으로 예산 단위의 비용을 계산하여 예산의 실행성과를 분석하는 것을 내용으로 한다.

3) 주요 회계활동

(1) 기록업무

수입과 지출에 관한 기록 장부를 마련하고 회계원칙에 따라 장부에 기록하는 것이다.

- 사회복지조직의 회계에서 법인회계, 수익사업회계는 필요한 경우 복식부기에 의하도록 하고 시설회계는 단식부기에 의하도록 규정하고 있으며, 법인이 수익사업을 실시한 경우 복식부기로 회계업무를 처리한다(사회복지법인재무·회계규칙).

(2) 정리업무

장부에 기록된 회계사항을 월별, 분기별로 종결하여 정리하는 업무로서 재정상태를 파악하기 위한 재정보고서 작성에 필요한 절차이다.

(3) 재정보고서 작성 및 발행

사회복지조직의 재정상태를 파악하고 재정자원의 사용현황을 알리기 위해 일정한 약식의 보고서를 작성하여 시설 내부 및 이사회에 보고하는 것을 말한다.

4) 회계장부

법인 및 시설에는 다음의 회계장부를 둔다.

- **현금출납부** : 일정 기간 동안의 현금의 입·출금을 기록한 장부
- **총계정원장** : 분개 작성을 마친 후 합계잔액 시산표를 작성하기 위해 자산, 부채, 자본, 수익, 비용에 속하는 모든 계정을 기록
- **재산대장**
- **비품관리대장**

5) 회계감사

회계감사란 조직의 수입·지출의 결과에 관한 사실을 확인하고 검증하며 이를 보완하기 위하여 장부 및 기타 기록을 체계적으로 검사하는 것을 말한다. 사회복지조직의 회계업무는 조직의 예산서의 규정과 보조금 예산관리에 대한 법률, 사회복지법인 및 사회복지시설 재무·회계규칙, 사회복지 법인 및 시설 기부금 관리지침, 사회복지사업법 운영지침, 공익법인의 설립·운영에 관한 법률, 보건복지부 소관 비영리법인의 설립 및 감독에 관한 법률의 규정을 준수해야 한다.

(1) 목적에 따른 분류

① 규정준수(순응)감사

기관의 재정운영이 적절한 절차에 따라 시행되며, 재정이나 다른 보고서들이 적절하게 구비되었는지, 조직에 적용된 각종 규칙과 규제들은 잘 준수되고 있는지를 확인하는 과정을 말한다. 주로 품목별 예산형식에서 각 항목별로 지출이 바르게 이루어지고 있는지를 요구하는 방식으로 사용한다.

② 운영 회계감사

예산과 관련하여 바람직한 프로그램 운영의 산출 여부, 조직의 목표를 달성하는데 있어서 효과성과 효율성 등의 문제에 관심을 갖는 감사를 말한다.

(2) 주체에 따른 분류

① 내부감사(자체감사)

조직의 최고행정책임자와 같은 조직 내부의 관리자가 감사한다.

② 외부감사

정부의 감독관이나 공인회계사가 감사한다.

(3) 대상조직에 따른 분류

① 정부기관에 대한 감사

정부의 감독관인 감사원이 실시한다.

② 법인에 대한 감사

법인의 감사, 외부의 회계기관 및 감독관청이 실시한다.

③ 사회복지조직에 대한 감사

당해법인, 외부회계기관 및 감독관청이 실시한다.

6) 후원금 관리

사회복지법인과 그 법인이 설치 · 운영하는 사회복지시설에서 후원금 영수증을 남발하고 자체 계좌 등을 이용한 모금으로 인해 후원금의 모금 · 결과보고에서 투명성이 확보되지 않아 사회복지법인 및 사회복지시설 재무 · 회계규칙을 개정하여 후원금 관리를 개선했다.

(1) 영수증 발급

법인의 대표이사와 시설의 장은 후원금을 받은 때에는 「소득세법 시행규칙」 제101조 20호의2에 따라 기부금영수증 서식 또는 「법인세법 시행규칙」 제82조제7항제3호의3에 따른 기부금영수증 서식에 따라 후원금영수증을 발급하여야 하며, 계좌입금을 통하여 후원금을 받은 때에는 법인명의의 후원금전용계좌나 시설의 명칭이 부기된 시설장 명의의 계좌를 사용하여야 한다. 〈신설 2009.2.5, 2012.8.7〉

(2) 후원금 수입·지출 공개

법인의 대표이사와 시설의 장은 제19조 및 제20조에 따른 결산 보고서를 제출할 때에 별지 제19호 서식에 의한 후원금 수입 및 사용결과보고서를 관할 시장 · 군수 · 구청장에게 제출하고, 시장 · 군수 · 구청장은 제출받은 후원금 수입 및 사용결과보고서를 제출받은 날부터 20일 이내에 인터넷 등을 통하여 3개월 동안 공개하여야 하며, 법인의 대표이사 및 시설의 장은 해당 법인 및 시설의 게시판과 인터넷 홈페이지에 같은 기간 동안 공개하여야 한다. 〈신설 1998.1.7, 2009.2.5, 2012.8.7〉

제9장

사회복지서비스 전달체계

제1절 전달체계의 개념 및 원칙
제2절 서비스 전달체계 개선전략
제3절 공공과 민간의 역할분담

제1절 전달체계의 개념 및 원칙

1 전달체계의 개념

사회복지서비스 전달체계(delivery system)란 서비스의 제공자와 클라이언트를 연결시키기 위한 체계적이고 조직적인 장치이다.

전달체계란 좁은 의미에서는 사회복지사(서비스전달자)와 서비스를 받는 고객(클라이언트, 수혜자) 사이의 대면적 상호관계를 통하여 일정한 장(setting)에서 서비스(개입)를 전달(실천)하는, 즉 서비스 전달업무를 실제로 집행하는 사회적체를 말한다.

좀 더 넓은 의미에서 보면 사회복지를 전달하는 집행체계가 상부의 행정체계로부터 규제, 지원 및 감독을 받으며 서비스를 전달하게 된다. 그러므로 서비스 전달체계는 전자와 클라이언트가 상호관계를 이루면서 서비스를 직접 전달하는 집행체계와 서비스 전달을 기획, 지시, 지원 및 관리하는 행정체계 모두를 포함한다고 볼 수 있다.

2 서비스 전달체계의 구분

1) 구조기능적 구분

구조기능적 구분이란 서비스를 공급하는 자(정부, 기관, 시설, 단체, 개인 등)들 상호간에 구조와 기능이 어떻게 나누어져 있는가를 보는 것이다. 서비스 전달체계는 구조기능상 행정체계와 집행체계로 구분될 수 있다.

이러한 전달체계는 정책마다 서로 상이하게 구성되어 있는데, 예를 들어 공공부조의 경우 최종집행이 읍 · 면 · 동주민센터를 통해 이루어지므로 시 · 군 · 구까지가 행정체계, 읍 · 면 · 동 이 집행체계가 된다. 하지만 사회복지서비스의 경우 시 · 군 · 구가 민간기관에 위탁하여 전달하는 경우가 많아 이때에는 시 · 군 · 구가 행정체계, 민간기관이 집행체계가 된다.

2) 운영주체별 구분

전달체계의 운영주체에 따라서 민간 전달체계와 공공 전달체계로 구분해 볼 수 있다. 공공(공적) 전달체계는 정부(중앙 및 지방)나 공공기관이 직접 관리 · 운영하는 것이며, 민간(사적) 전달체계는 민간(또는 민간단체)이 직접 관리 · 운영하는 것이다. 그러나 민간이 위탁형태로 운영하고 있어도 공공 기관의 일부 지원과 통제를 받기 때문에 운영주체의 엄격한 구분은 어렵다. 또한 어떤 주체가 더 효율적인가에 대한 비교도 각각의 장단점이 있으므로 큰 의미는 없다.

(1) 서비스 전달체계의 운영주체

분 류	담 당	적 용	내 용
공공전달체계	정부, 공공기관이 관리	보건복지부 → 특별시 · 광역시 · 도 → 시 · 군 · 구 → 읍 · 면 · 동 → 대상자	재정안정 관료적 복잡성
민간전달체계	민간(또는 민간단체)	복지재단, 자원봉사단체, 사회복지시설, 개인 등	재정취약 융통성, 창의적, 유연성 사회변화와 요구에 민감함

3 서비스제공(전달체계)의 기본원칙

1) 평등성의 원칙

클라이언트의의 연령, 성별, 소득, 지역, 종교나 지위에 관계없이 모든 국민에게 사회복지서비스를 평등하게 제공해야 하는 절대적 평등과 서로 다른 조건에 맞게 다르게 제공하는 상대적 평등이 있다.

2) 재활 및 자활 목적의 원칙

클라이언트의 재활, 자활 또는 사회복귀를 위한 서비스가 제공되어야 한다.

3) 적절성의 원칙

클라이언트의 욕구충족이나 문제해결 및 서비스 목표를 달성하기에 충분한 양과 질의 서비스가 제공되어야 다.

4) 포괄성의 원칙

클라이언트의 욕구는 다양한 문제와 관련되어 있으므로 다각적인 접근과 서비스 제공이 필요하다. 포괄성을 달성하는 방법으로 다음의 4가지 방법이 있다.

- **일반적 접근방법** : 한 명의 전문가가 다양한 문제를 취급. 전문성이 떨어지는 단점
- **전문적 접근방법** : 다수의 전문가가 한 사람의 한 가지 문제씩 접근. 통합조정한계
- **집단적 접근방법** : 다수의 전문가가 팀을 구성하여 접근. 전문가 사이의 갈등 예상
- **사례관리 방법** : 한 사람의 전문가가 책임지고 필요한 서비스나 전문가를 연결

5)지속성의 원칙

클라이언트에게 서비스가 끊어지지 않고 지속적으로 제공될 수 있어야 하며 복합적인 욕구에 대해서는 지역사회 내 연계를 통해 지속적으로 제공되어야 한다.

6) 통합성의 원칙

클라이언트의 문제해결을 위해 필요한 서비스 프로그램들은 서로 연계되어 서비스가 중복되거나 누락되지 않아야 한다.

7) 책임성의 원칙

사회복지조직은 서비스 제공에 대해 위임받은 조직이므로 서비스 전달에 책임을 져야

한다. 책임의 대상은 국가(중앙정부)와 지방자치단체, 소비자(클라이언트, 수혜자) 등이다.

8) 접근용이성의 원칙

서비스 제공자는 잠재적 복지대상자를 발견해낼 수 있어야 하며, 복지대상자가 지리적 · 심리적으로 서비스를 쉽게 이용할 수 있어야 한다.

4 행정적인 측면에서의 기본원칙

1) 기능분담의 체계성의 원칙

상부-중간-하부로 연결되는 기능상의 분담이 체계성과 일관성을 유지해야 한다.

2) 전문성에 따른 업무분담의 원칙

전문가, 준전문가, 비전문가의 업무분담이 요구된다.

3) 책임성의 원칙

사회에 대한 책임, 복지대상자에 대한 책임 및 전문가에 대한 책임으로 이는 서비스의 효과성이 연결된다.

4) 통합조정의 원칙

업무 수행 시 관계기관 및 관계자들 간에 연계 · 조정이 원활해야 한다.

5) 지역사회참여의 원칙

지역사회 주민의 참여를 비롯하여 자원동원, 활용 및 전체의 복수의식 증대에 기여해야 한다.

6) 조사 및 연구의 원칙

서비스의 효과성·효율성을 평가하거나 프로그램의 개발 등을 위한 조사 및 연구기능을 수행해야 한다.

제2절 서비스 전달체계 개선전략

1 서비스 전달체계 개선의 주요전략

1) 의사결정의 권위와 통제의 재구조화

(1) 협조체제 구축

전달체계의 기관을 중앙집권화 또는 연합화 하여 전달체계를 통합적이고 포괄적인 것으로 발전시키는 전략이다.

중앙집권화는 행정적인 통일화를 의미하는데, 즉 사회복지 관련 업무를 하나의 통일된 전달체계로 통합하는 것이다.

연합화는 전달체계 기관 간의 자발적 상호 호혜적 공조체제이며, 이는 주로 각 기관이 가지고 있는 자원을 지역적으로 집권화 하는 것으로 중앙집권화에서와 같은 행정적 통일화는 이루어지지 않는 것이다.

(2) 시민참여 체제의 도입

의사결정의 권위를 전달체계의 기관과 클라이언트에게 재분배하는 전략이다. 의사결정 과정에 시민들을 참여시킬 경우 클라이언트의 욕구에 보다 적절히 반응할 수 있으며, 접근용이성 및 서비스에 대한 책임성을 보장할 수 있다는 취지에서 선택되는 전략이다.

2) 업무분담의 재 조직화

(1) 전문가 역할부여

서비스 대상자가 사회 계층적 · 문화적 · 인종적으로 서비스를 전달하는 전문가와 다를 경우 상호 이해와 접근이 용이하지 않을 수 있다. 따라서 서비스 전달이 어려운 경우 서비스 전달 전문가와 클라이언트를 중간에서 연결하여 줄 수 있는 사람을 찾아 그에게 전문가 역할의 일부를 부여하는 것을 말한다.

(2) 전문가의 조직적 상황에서의 분리

서비스 전달체계가 관료적 특성이 강하여 전문가로서 전문성 발휘나 자율성 발휘를 저해할 경우 그러한 조직적 상황에서 벗어나 전문성과 자율성을 발휘할 수 있도록 만드는 것이다.

3) 전달체계의 구조변경

(1) 접근촉진

서비스에 좀 더 쉽게 접근할 수 있도록 하는 전략으로 하나의 서비스에 대한 접근을 한결 용이하게 만들어주는 별도의 서비스를 마련하는 것이다.

(2) 전달체계 중복화

의도적으로 같은 서비스 전달체계를 중복시키는 것으로 클라이언트의 서비스 선택권을 강화 하기 위해 혹은 거리가 멀어 어려운 서비스의 경우 같은 서비스를 제공하는 조직이나 기관을 근거리에 중복하여 두는 것이다.

2 서비스 배분방법

1970년대 이후 사회복지비용의 증대와경제성장의 둔화에 따라 제한된 자원을 가지고 보다 많은 사람들의 사회적 욕구를 충족시킬 수 있도록 배분하는 것이 중요한 관심사가 되어 왔다. 또한 서비스에 대한 수요가 공급을 초과하는 경우 제한된 자원을 효율적으로 배분하기 위한 전략이 필요하다.

1) 공급억제 전략

(1) **클라이언트에 대한 제한강화** : 수혜자격 요건을 강화하여 서비스 이용률을 저하시키는 것

(2) **서비스의 희석화** : 클라이언트와의 접촉시간 단축, 사례의 조기종결, 전문가의 질을 낮추거나 자원봉사자로 대체하는 등의 방법이 있다.

2) 수요억제 전략

서비스의 접근에 물리적, 시간적 및 사회적 장벽을 제거하지 않거나 또는 장벽을 생기게 하는 것이다. 예를 들어, 서비스에 대한 홍보 및 마케팅을 하지 않거나 대기자 명단제 도입, 교통이 불편한 장소와 시간 배치 등의 방법으로 수요를 억제할 수 있다.

3 서비스 통합성 증진을 위한 전달체계 개선전략

1) 종합서비스센터

장애인종합복지관이나 종합사회복지관처럼 하나의 서비스 기관 내에서 복수의 서비스가 제공될 수 있도록 하는 곳이다.

2) 인테이크(intake)의 단일화

클라이언트의 다양한 욕구를 종합적으로 평가하여 적절한 서비스 계획을 개발하도록

인 테이크를 전담하는 창구를 개발하는 방법이다.

3) 종합적인 정보와 의뢰 시스템

전달체계들을 단순 조정하는 방법으로 각기 독립성을 유지하면서 서비스 제공을 강화하는 방법이다.

4) 사례관리

사례관리자가 중심이 되어 조직들 간의 네트워크를 이용하여 클라이언트를 관리하고 욕구를 만족시켜주는 방법이다.

5) 트레킹(tracking)

서로 다른 각각의 기관과 프로그램에서 다루었던 클라이언트에 대한 정보를 서로 공유할 수 있게 하는 시스템이다. 이 시스템을 행하면 클라이언트가 받은 서비스의 경로와 행적을 추적해서 정보를 알 수 있게 된다.

제3절 공공과 민간의 역할분담

1 공공과 민간의 역할분담

1) 민간의 역할

민간(사적) 부문에는 사회복지 활동가 조직 및 사회복지기관, 종교단체, 경제계, 전문가단체, 학계, 지역시민, 사회단체 등이 있으며 이러한 다양한 주체들의 자발적인 참여와 실천활동을 통해 자원조사 활동, 사회적 약자들 및 가족에 대한 물질적·비물질적 지원 제공의 일선 역할 수행이 이루어져야 한다.

2) 공공의 역할

공공영역에서는 사회적 요구는 많으나 시장기구에 의하여 적절한 공급이 어렵거나 또는 민간이 제공하기 어려운 서비스들을 제공해야 한다.

공공 영역은 공공과 민간의 역할분담에 기반한 민간 영역의 활성화를 추구하여야 한다. 예를 들어, 민간 사회복지 시설이나 기관의 활성화 방안이 적극 마련되어야 한다. 이를 위해서는 정부 담당 업무 중 민간에서 담당할 수 있는 업무는 과감하게 민간으로 이양해야 하며, 민간 기관에 대해 권한과 의무를 위탁할 경우에는 명확한 계약관계에 기반하여 관계를 정립해 나가야 한다.

(1) 중앙정부의 역할

중앙정부는 복지체계의 전반적인 정책방향 및 기준을 설정 · 제시하고 민간의 참여확대를 포함한 복지체계 구축에 필요한 법이나 제도 마련, 각종 사업의 시범실시 및 확대, 재정확보 · 운용, 그리고 다양한 지역복지 모델에 대한 평가 · 확산 등의 역할을 담당한다. 또한 지방자치단체, 산하단체 및 기관에 대한 심사, 조정 및 평가업무 등을 담당한다. 업무 중 각종 인 · 허가사무, 단순업무는 지방자치단체나 공공단체 및 민간단체에 이양 또는 위임하는 것이 좋다.

(2) 지방정부(지방자치단체)의 역할

지역사회 내 문제해결을 위한 조사 및 기획, 정책 우선순위 선정, 지역 내 다양한 자원의 조정 및 동원, 민간 자원과의 협력관계 구축, 살기 좋은 지역 만들기/건강마을 만들기/문화마을 만들기 등의 제반 마을 만들기 운동 주도 · 참가 · 후원 등의 역할을 담당한다.

(3) 지방재정분권화의 부정적 결과

지방재정의 분권화로 지방자치단체들 간 사회복지 수준의 격차가 발생하고, 분권교부에 따른 지방재정이 약화되고, 타 지역 거주자의 시설입소가 제한되며, 복지시설 종사자 처우개선에 대한 불안감이 조성되는 등의 문제점이 지적되었다. 또한 지방정부는 재정

자립도가 낮기 때문에 중앙정부의 지원을 받을 수밖에 없지만 그만큼 중앙정부의 간섭과 통제를 받기 때문에 자율성이 낮아진다. 장기적으로 지방정부 자체의 사회복지 재원을 마련할 수 있는 별도의 방안들이 모색되어야 할 것이다.

2 사회복지 역할분담의 필요성과 원칙

1) 국가부문의 필요성

국가 부문을 통한 사회복지의 제공이 필요한 이유는 전통적으로 시장이 초래하는 비효율적 자원배분과 분배상의 불평등, 즉 시장실패와 관련하여 강조되어 왔다. 특히 공공재와 외부효과의 문제는 국가를 통한 자원배분, 즉 공공복지의 필요성을 옹호하는 이론적 기반이 되어 왔다. 공공재의 제공, 또는 특정의 재화나 서비스가 외부효과를 가지게 될 경우에 시장은 그 재화나 서비스를 효율적으로 배분할 수 없으므로 국가를 통해 이루어지는 것이 더 효율적이라고 말할 수 있다.

(1) 중개자의 역할

중개자로서 정부는 다양한 제공 주체들과 복지욕구를 가진 사회 구성원 간의 연계를 중개하는 역할을 수행해야 한다. 정보기술의 발전에 따라 중개자로서의 역할 수행은 점차 용이해질 수 있다.

(2) 중재자의 역할

중재자로서 정부는 여러 제공 주체들이 가진 갈등구조의 문제, 가령 자원의 소유자와 비소유자 사이의 불평등 문제를 조정해야 한다. 이것은 마치 소득의 불평등한 분배에 대해 재분배 장치를 국가가 마련하듯 연대재의 불평등한 분배에 대한 재분배의 장치를 마련해야 한다.

(3) 제공자의 역할

서구적 복지국가 체제의 국가가 수행했던 기능이지만, 우리나라 복지체계에서도 여전히 핵심적인 국가의 기능이다. 중개자와 중재자의 역할을 정부가 충실하게 수행한다 하더라도 복지욕구를 충족시킬 수 없는 사회적 취약계층은 존재할 것이며, 그들의 복지욕구는 국가주도의 사회복지를 통해 충족되어야 한다.

2) 민간전달체계의 필요성

(1) 정부가 제공하는 서비스가 미치지 못하는 자에 대한 서비스의 제공

정부에서 제공하는 서비스의 대부분은 클라이언트의 자격기준을 심사하여 선별하기 때문에 서비스가 필요함에도 불구하고 누락되는 경우가 있는데, 이들을 위한 서비스를 제공하기 위하여 존재한다.

(2) 정부가 제공할 수 없는 서비스의 제공

클라이언트의 욕구가 날로 다양해지는 현실에서 정부의 서비스는 1차적인 욕구충족에 목표를 두고 있는 만큼 민간 사회복지 전달체계에서는 공공 기관보다 다양하고 질 높은 서비스를 제공할 수 있다.

(3) 동일 종류의 서비스에 대한 선택의 기회 제공

정부에서 제공하는 서비스와 동일할 경우 지리적, 기호적으로 시간상 편리한 여건을 선택할 수 있게 하여 공공 기관과 민간 기관 사이의 경쟁을 유발함으로써 서비스의 질을 높일 수 있다.

(4) 사회복지서비스의 선도적 개발 및 보급

민간 전달체계는 행정적으로 융통성이 있고 의사결정 라인이 신속하므로 환경의 변화와 클라이언트의 새로운 욕구를 민감하게 파악하고 새로운 프로그램을 개발하고 보급하는 데 유리한 입장이다.

(5) 민간의 사회복지 참여 욕구 수렴

지역사회 내 인적·물적 자원을 쉽게 동원할 수 있고 자원봉사자, 후원자의 형태로 민간의 사회복지 참여를 유도한다.

(6) 정부의 사회복지 활동에 대한 압력단체 역할

민간 기관의 경우 연합체를 형성하여 정부의 서비스를 감시하거나 건의할 수 있고 새로운 서비스를 위한 영향력을 행사할 수 있다.

(7) 국가의 사회복지비용 절약

국민의 복지욕구는 나날이 높아가지만 서비스의 공급은 한정되어 있는 실정에서 민간 사회복지 전달체계가 대신하므로 비용의 절약을 가져올 수 있다.

3) 역할분담의 원칙

(1) 역할분담의 원칙

① 공공재의 성격이 강하거나 외부효과가 큰 복지재는 국가에 의해 제공되어야 한다.
② 사유재의 특성이 강하거나 내부효과가 큰 복지재의 분배에는 시장의 핵심적 행위자들, 가령 기업조직 등의 적극적인 참여가 필요하다.
③ 연대재의 특성이 강하거나 연계효과가 큰 복지재의 분배에는 자원부문, 즉 각종 시민사회조직이나 자조집단 등의 적극적인 참여가 필요하다.

(2) 각 주체들 간의 역할분담 원리

① 각 주체들 간의 역할분담은 제공되는 사회복지재화의 속성에 따라 이루어져야 한다.
② 재화나 서비스의 공공재적인 성격의 정도와 그것들의 외부효과의 정도를 고려해야 한다.
③ 재화나 서비스를 소비자들이 선택하는 데 있어 이러한 재화들에 대한 정보를 소비

자들 이 많이 갖고 있지 않거나 혹은 갖기에는 비용이 많이 들 경우 공공 부문에서 제공하는 것이 바람직하다.

④ 평등이나 공평성의 가치를 추구하는 서비스의 경우 민간 부문보다 공공 부문에서 제공하는 것이 바람직하다.

⑤ 어떤 재화나 서비스는 그 속성상 여러 부문에서 보완적으로 제공되는 것이 바람직하다.

4 사회복지 전달체계의 문제점

1) 공공 사회복지 전달체계의 현황과 문제점

(1) 현행 공공 전달체계

공공부조 및 사회복지서비스는 아직 별도의 전담기구가 설치되지 않고 행정자치부의 지방행정 전달체계를 이용하고 있다.

(2) 현행 공공 전달체계의 문제점

① 일선 행정체계의 획일성으로 사회복지전담공무원의 전문성을 발휘하여 자율적으로 업무를 수행하기 어렵다.

② 지역사회복지협의체에서 공공과 민간 간의 연계를 강화하고 지역 밀착형 사업을 기획 하고자 노력하고 있으나 여전히 상의하달식 수직적 체계로서 지역특성과 욕구를 반영한 복지서비스를 제공할 여건이 미흡하다.

③ 상담 등 전문적 대인서비스를 제공하기에는 사회복지전담공무원의 업무가 과중하며 여건이 미비하다.

④ 상급자인 일반 행정공무원의 이해 부족으로 업무의 질적 향상이 곤란하다.

⑤ 복지제도의 전반적 발달이 미흡하며 여러 가지 사회·문화적 요인이 전달체계의 발달을 지체시키고 있다.

⑥ 전달체계 내에 자문위원회, 심의위원회 등 다양한 위원회들이 존재하지만 형식적으로 운영되고 있어 서비스의 효과성, 효율성 향상에 도움이 되지 못하고 있다.

⑦ 국민기초생활보장법 실시 이후 자산조사 등 사회복지전담공무원과 전문인력의 부족은 결국 서비스의 질을 저하시키고 있어 인력문제는 조속히 해결방안을 찾아야 할 것이다.

2) 민간 사회복지 전달체계의 현황과 문제점

하나의 예로 대표적인 민간 사회복지 전달체계인 사회복지관을 살펴보면, 정부의 재정지원을 받는 과정에서 민간 기구로서의 독자성과 자율성을 확보하지 못하고 있으며, 그에 따라 사회복지 전달체계에서 차지하는 위치와 성격이 불분명해지고 있다. 또한 지역사회 조직화 기능보다 직접적인 서비스 제공 기관으로서의 기능이 강조되고 있다는 점, 기존의 공공 및 민간 전달체계의 역할 분담과 조정 및 연계 등을 통한 효율화가 이루어지지 못하고 있다는 점도 지적되고 있다.

(1) 조직 구조상의 문제점

① 대부분의 민간 기관이나 시설들이 운영에 필요한 자원의 대부분을 정부보조금에 의존함에 따라 그 운영에 있어서 정부의 지도·감독을 받게 된다. 이는 민간 기관이나 시설이 정부의 정치적 흐름에 영향을 받게 되는 문제와도 연결된다.

② 생활시설은 아직도 정부의 지원수준이 낮고, 시설의 종별·지역별 분포가 불균형하며, 재정상태 및 전문인력 확보가 미비하다.

③ 지역 주민의 참여와 시설의 개방화·사회화가 충분하지 못하다.

(2) 관리운영상의 문제점

① 사회복지 협의기구들이 조정자로서의 역할과 기능을 충분히 수행하지 못한다.

② 생활시설의 재원이 빈약하여 클라이언트의 단순 수용보호에 그쳐서 목표달성이 어렵다.

(3) 전달인력상의 문제점

① 사회복지조직 전문종사자의 처우가 열악하여 전문성과 책임성 추구의 한계가 있다.

② 직원의 빈번한 이직과 교체로 서비스의 지속성이 부족하다.

제10장

프로그램 개발과 평가

제1절 욕구조사

제2절 프로그램 설계

제3절 사회복지 프로포절 작성

제4절 프로그램 평가

제1절 욕구조사

1 욕구와 욕구조사

1) 욕구의 정의

욕구는 결정적 책임이 있는 사람들이 필요하다고 여기는 것과 현재에 존재하는 것 사이의 차이로서 본능적이거나 충동적으로 뭔가를 하고 싶거나 얻고 구하고 싶어 하는 생리적 · 심리적 상태를 말한다. 또한 욕구는 사회적, 정치적, 경제적 환경에 의해 형성된 규범적 개념이라고 할 수 있다.

2) 욕구조사

욕구조사는 해당 지역 안에 있는 사람들의 욕구 수준을 확인하여 이를 수량화, 계량화하는 것을 의미한다. 욕구조사는 일반적인 기준에 따라 부족한 지역사회의 재화와 서비스를 발견하고 규명하기 위한 관점을 가지고 자원분배에 투입할 자료수집에 대한 체계적 분석 과정이다.

이러한 욕구조사는 클라이언트의 잠재적인 수요를 파악하고 예산 등 프로그램을 운영하는데 필요한 자원을 할당하는 기준을 세우고 진행 중인 프로그램의 운영 상황을 파악하며 지역사회 내의 타 기관들 간의 상호관계를 파악하기 위해 활용될 수 있다.

2 욕구이론

1) 폰시오엔

폰시오엔은 지역사회의 우선적인 책임은 구성원의 생물학적 · 사회적 · 정서적 · 정신적 요소를 포함한 기본적인 생존의 욕구를 충족시키는 것이라고 주장했다.

2) 메슬로우

욕구를 계층 구조로 정의하고 하위 단계의 욕구가 충족된 후에만 상위단계의 욕구가 발생한다고 보았다.

- **생리적 욕구** : 인간에게 있어 가장 기본적인 욕구인 의식주와 관련된 욕구
- **안전욕구** : 추위, 질병, 위험 등으로부터 자신을 보호하는 욕구
- **소속 및 애정욕구** : 가정을 이루고 친구를 사귀는 등 애정 및 소속감 욕구
- **존경욕구** : 소속단체의 구성원으로 명예나 권력을 누리려는 욕구
- **자아실현욕구** : 자신의 재능과 잠재력을 충분히 발휘해서 자기가 이룰 수 있는 모든 것을 성취하려는 최고 수준의 욕구

3) 브래드쇼

(1) 규범적 욕구

전문가의 판단에 의해 규정된 욕구로서 정부 차원에서 공표하는 최저임금이나 최저생계비도 이에 해당한다. 강점은 계량화가 쉽고 구체적인 변화의 표적을 만들어낼 수 있다는 것이며, 단점은 여러 욕구 단계가 지식 · 기술 · 가치변화에 따라 변화하기 쉽다는 것이다.

(2) 인지적 욕구

개개인이 느끼는 욕구로서 사람들이 욕구로 생각하거나 선호하는 것으로 주로 사회조사를 통해 응답자에게 그들이 선호하는 것을 물어보는 방식으로 욕구를 파악한다. 사람의 기대에 따라 각각 기준이 불안정하고 수시로 변경될 수 있다는 단점이 있다.

(3) 표출적 욕구

서비스의 수요에 기초한 욕구로서 사회복지서비스에 가장 많이 이용되는 욕구의 개념으로 수요에 의해 느껴진 욕구가 행동으로 표출된 것이다. 강점은 인지한 욕구를 실제로

행동에 옮기게 되는 상황을 강조하는 것이며, 단점은 욕구를 가진 모든 사람이 서비스를 원하는 것은 아니라는 점이다.

(4) 상대적 욕구

다른 사람이나 타 지역과 비교해서 정해지는 욕구로서 이 욕구는 특정한 기준에 의해 발생하는 것이 아니라 한 지역의 욕구와 유사한 다른 지역에 존재하는 서비스와 차이에서 측정되는 비교욕구로서 비슷한 다른 지역에서 서비스가 제공되지만 해당 지역에서는 제공받지 못한 욕구를 파악하는데 도움이 된다.

3 욕구사정을 위한 자료수집 방법

① 지표분석 방법

정부기관이나 사회복지관련 조직의 기본 자료를 분석하여 욕구를 알아내는 방법이다.

② 사회조사 방법

전화조사, 면접조사, 설문지조사, 클라이언트와 전문가의 서신 등을 포함한 다양한 방법으로 지역사회 내에서 충족되지 않은 욕구에 대한 정보를 수집한다.

③ 지역사회집단접근

사회조사, 시민조사의 방법으로 가장 널리 쓰이는 욕구조사 방법이다. 전체 지역사회나 하위 지역사회에서 개인 인터뷰, 우편설문지, 전화인터뷰 등을 한다.

④ 델파이기법

필요한 정보를 갖고 있다고 여겨지는 전문가들로부터 몇 차례 우편조사를 사용해 자료를 수집하여 욕구조사를 실행하는 방법이다.

⑤ 명목집단 기법

한 장소에 모이지만 말없이 아이디어를 적어내고 그 후에 발표를 통해 아이디어 공유가 시작된다.

⑥ 핵심정보제공자 기법

지역사회 내의 엘리트, 지식인(지역사회 내의 여론지도자, 영향력 있는 개인)을 찾아내어 지역사회 욕구에 대한 그들의 의견을 활용하는 방법이다.

⑦ 참여관찰

지역사회 욕구사정자로 하여금 계속적인 활동과 지역을 돌아다니며 정보수집하는 것이다.

⑧ 공식 인터뷰

지역사회의 쟁점들에 관한 전문적 지식을 가진 주요 정보제공자들과 사전 계획된 대면이나 전화면접 등을 통해 이루어진다.

⑨ 비공식 인터뷰

지역조사자들이 지역주민이나 유지들과의 자연스러운 만남을 통해 향후 전개될 조사의 방향이나 기본 요소들을 인식할 수 있는 지역사회 욕구사정의 방법이다.

⑩ 지역사회포럼(지역사회공개토로부터 가치나 태도, 의견 등을 직접 청취하여 수집하는 방법으로 수집하는 정보의 내용을 사전에 결정하지 않기 때문에 자유로운 지역사회의 의견들이 포럼을 통해 도출될 수 있다는 장점이 있다.

⑪ 초점집단 기법

지역사회 집단의 이해관계를 대표하는 사람 등 소수의 응답자와 집중적인 대화를 통하여 정보를 찾아내는 면접조사이다.

제2절 프로그램 설계

1 프로그램 설계의 개념

프로그램 설계는 프로그램 개발과정에 있어 하나의 산출물인 동시에 방법이다. 산출물로서 프로그램 설계는 특정한 목표를 달성하기 위해 프로그램 수행자들의 최소한의 행동양식들을 규정하는 문서이다. 프로그램을 진행하는 과정에서 지속적인 지침이 되는 문서로서 정확하고 논리적이며 일관성 있게 작성되어야 한다.

방법으로서 프로그램 설계는 진행상 중요한 결정을 내리는데 필수적인 기준으로직원의 채용과 같은 진행상의 결정을 내리는데 지침이 되는 분석인 도구와 같은 것이다.

2 프로그램 설계의 중요성

1) 사명과 관련된 명확한 프로그램 목표설정

직원과 클라이언트가 프로그램의 목적과 기대효과를 명확히 이해하도록 함으로써 프로그램을 지지하고 상호간의 갈등을 해소하도록 한다.

2) 프로그램의 효과성 향상

조직의 수행능력을 개선시킴으로서 클라이언트의 욕구와 문제해결에 있어 의도한 성과의 달성을 용이하게 해준다.

3) 프로그램의 효율성 향상

프로그램의 비용과 노력을 최소화하는 수준을 파악하도록 함으로써 직원들이 너무 적은 자원으로 너무 많은 성과를 이뤄내도록 강요하는 것은 피하도록 한다.

4) 외부의 지지도 향상

다른 조직, 전문가, 클라이언트 등 다양한 이해관계자들이 프로그램에 대해 이해하게 됨으로써 프로그램에 대한 인지도와 지지도가 높아진다.

5) 업무의 효과성 및 직무만족도 향상

직원의 역할과 역할기대가 분명해지고, 불필요한 회의와 서류작업들이 감소함에 따라 궁극적으로 직무만족도가 향상된다.

6) 클라이언트의 역량강화

관례에 따라 서비스를 제공하거나 다루기 쉬운 클라이언트만을 선정하여 서비스를 제공하는 것을 지양하고 복합적인 문제를 가진 클라이언트에게도 혜택을 부여하는 등 클라이언트의 참여를 독려하고 역량을 강화시킨다.

3 프로그램 설계과정

1) 문제 확인 및 욕구사정

프로그램 개발의 필요성과 타당성이 객관적으로 이해될 수 있는 문제의 문제 및 욕구의 규모와 심각성, 필요성을 제기하고 현존 서비스들의 중복이나 결함을 파악한다. 문제는 반드시 욕구로 변형되어야 한다.

2) 목적과 목표의 설정

문제를 분석하고 욕구사정을 마치고 난 후 문제를 가진 사람들의 욕구를 충족시킴으로써 문제를 줄이거나 제거하기 위해 실현가능하고 구체적인 목표를 설정한다.

3) 프로그램 설계 및 구성

프로그램 설계는 프로그램의 목표를 달성하기 위해 필요한 여러 가지 서비스들을 기획하고 이를 프로그램 내에 통합하는 과정이다. 세부목표별로 어떤 단위 프로그램을 제공할 것인가가 정해지면 서비스 대안들을 전달하기 위한 방법을 결정해야 한다. 설정된 구체적인 목표들을 단계별로 달성하기 위해 적절한 대안을 선정하여 해당 과업과 책임을 결정한다.

4) 예산편성

프로그램을 구성하였다면 프로그램을 운영하는데 필요한 예산의 편성작업이 수행되어야 한다. 조직의 장/단기적이고 구체적인 목표에 초점을 맞추어 예산을 수립하되 항목별 예산, 성과주의 예산, 프로그램기획 예산, 영기준 예산 등 다양한 예산 모형을 고려하여 예산을 편성한다.

5) 프로그램 평가 계획

목표달성의 여부에 대한 평가 계획으로 수적으로 평가할 수 있는 목표의 식별, 월별/연도별 업무수행상황 점검, 부족한 사항 등을 분석하기 위한 계획을 수립한다.

제3절 사회복지 프로포절 작성

1 표지

표지는 대개 정해진 양식이 제공되는데 이미 정해져 있는 내용들이라 프로포절 작성자들이 소홀할 수 있으나 경쟁력 있는 프로포절을 하려면 세심한 부분까지 차별화를 해야 한다.

1) 기관

법인 특성, 연혁(신청 프로그램과 관련된 실적을 강조해서 제시), 조직기구표 등을 제시한다.

2) 프로그램

프로포절 전체의 내용을 함축적으로 담고 있는 중요한 부분으로서 여기서 프로포절의 핵심내용을 전달 할 수 있어야 한다. 사업명, 사업의 중요성, 프로그램의 대상, 목적, 방법 등을 제시한다.

대상에는 사회복지의 사각지대에 있었던 사람들이 포함되고, 목적을 통해서 서비스의 필요성이 강조되어야 하며, 방법에는 프로포절의 적절성과 전문성이 제시되어야 한다. 사업명에서 많은 심사위원들이 프로포절의 감을 잡는 만큼 사업명을 정하는 데에도 심사숙고해야 한다.

2 문제의 분석

프로그램은 사회문제로부터 출발한다. 프로포절 작성자는 사회현상을 사회문제로 파악할 수 있는 통찰력을 지녀야 하고 문제의 심각성은 객관적인 자료와 함께 제시해야 한다.

문제분석과 함께 제시할 수 있는 것이 프로그램의 효과성인데, 이 프로그램이 실제로 실행되었을 때 대상자와 지역사회에 어떤 변화가 일어날 것이며 비용효과는 어느 정도인지 제시하는 것이 바람직하다.

문제의 원인과 실태가 제대로 파악되어야만 다음 단계인 프로그램의 목표와 대상이 구체화될 수 있다.

사회적 문제와 개인적 문제에 대한 명확한 설명은 목적의 확립과 문제의 개선에 대한 욕구를 규정하기 위한 기초 작업이다. 불완전한 문제의 분석은 필연적으로 모호하거나 실행 불가능한 목적을 세우고 그릇된 개입전략과 불명확한 서비스의 대상화를 야기한다.

3 대상자 선정

대상은 일반집단 → 위기집단 → 표적집단 → 클라이언트집단 순으로 좁혀가야 한다.

1) 일반집단

대상집단이 속한 모집단으로 서비스를 제공하는 행정구역내의 일반 사람들을 포함한다.

예) 서울시내 취업연령층의 발달장애인 : 1,000명

2) 위기집단

일반대상 중에서 문제에 노출되었거나 문제를 겪은 경험이 있는 사람들로 구성한다.

예) 경제적으로 어려워 취업이 절실히 요청되는 저소득층의 장애인(인구의 10%) : 100명

3) 표적집단

프로그램 제공을 통한 문제해결의 대상으로 삼는 인구집단을 의미하며 반드시 서비스가 제공되어야하는 대상이다. 위기집단으로부터 표적대상을 추출할 때는 기준을 정하여 문제의 심각성이 높은 집단을 선정하되 지리적으로 접근이 가까운 사람들로 한정해야 한다.

예) 지원고용이 가능하다고 판단되는 경도의 장애인(80%) : 80명

4) 클라이언트 집단

제출하는 프로포절에서 제공될 프로그램에 직접 참여하게 되는 사람들을 의미하며 자발성이 강조되어야 한다. 표적집단과 클라이언트 집단은 동일할 수도 있다.

예) 일반 교통수단을 이용하여 복지관에 다닐 수 있는 장애인 : 50명

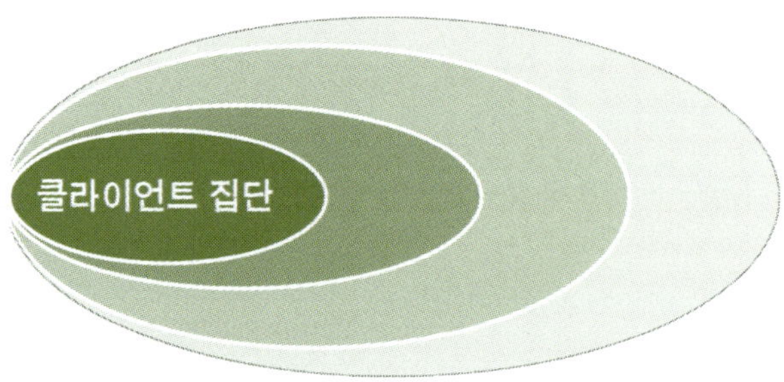

4 목표설정

1) 목적과 목표

(1) 목적(purpose)

프로그램을 통해 궁극적으로 달성하고자 하는 포괄적이고 추상적인 지향점이다.

(2) 목표(goal)

목적을 좀 더 구체화하여 방향성을 제시하는 것이지만 여전히 추상적인 용어로 표현되며, 장기적인 목표를 의미한다.

- **상위목표** : 장기적인 결과를 뜻함
- **하위목표** : 1년 이내의 단기목표(구체적, 측정가능, 달성가능, 결과지향적, 시간적 한계)

2) 세부목표(objectives)

프로그램을 통해 달성하고자 하는 구체적인 목표로 프로그램의 성공여부는 세부목표의 달성여부와 관련 있다. 가능한 구체적이고 현실적이며, 측정 가능한 언어로 표현되어야 하며, 달성 가능한 목표여야 한다. 시간적 한계가 명확한 단기적인 목표를 의미한다.

① 세부목표의 8가지 기준

- 클라이언트 중심적이고 결과 지향적이어야 한다.
- 명확하게 설정되어야 한다.
- 긍정적이어야 한다.
- 현실적이어야 한다.
- 단일기준을 설정해야 한다.
- 측정이 가능해야 한다.
- 시간변수(시간의 제한)를 갖는다.
- 목표와 연관되어 있어야 한다.

3) 목표들의 위계

(1) 소비자목표

얼마나 많은 소비자들이 서비스를 받게 될 것인지를 구체화하는 것으로 실제 목적을 성취할 것인지, 전달된 서비스의 양이 얼마나 되는지를 구체화하려고 시도하지 않는다.

(2) 산출목표

산출목표는 프로그램 시행으로 인해 직접적으로 발생하는 산출물로 주로 서비스를 제공 받는 사람 수로 표시된다.

(노숙자 126명이 가정 복귀 프로그램에 참여하고 있다)
(참여자의 참석률을 80% 이상으로 한다.)

(3) 활동목표

얼마나 많은 서비스가 제공될 것인가를 구체화하는 것으로 서비스의 단위가 규정되고 헤아려질 수 있게 해야 한다. 활동목표는 프로그램의 목표달성을 위해 투입된 구체적 활동으로 주로 3시간, 5회기, 7번 등의 서비스 단위로 표시된다.

당해 연도에 68건의 인터뷰와 ,7번의 지역사회 모임을 실시할 것이다.

(4) 성취목표

무엇이 어느 정도 성취되어야 할지를 목적이 성취될 숫자로 구체화하는 것이다. 성과와 관련되므로 성과목표라고 한다. 성취목표는 프로그램으로 인해 나타난 변화로 표시되며 주로 클라이언트의 변화 양상으로 기술된다.

클라이언트의 자아존중감이 향상될 것이다. 참여자의 취업률을 60% 이상으로 한다.

(5) 영향목표

프로그램이 문제 지표들에 대해 얼마나 많은 영향을 끼칠 수 있는가를 구체화하는 것으로 주로 지역사회 파급효과를 나타낸다.

18개월 내에 직업훈련 프로그램에 등록된 청소년들의 50%를 정규직에 취업시킴 으 로써 지역사회 내 청소년 실업률을 낮출 것이다

5 활동내용

1) 프로그램의 구조

세부목표를 중심으로 프로그램 내용과 수행을 위한 방법 매개물, 직원, 클라이언트의 역할 등을 구체적으로 명시한다.

2) 담당인력

슈퍼바이저, 스태프, 담당인력, 자원봉사자를 포함하되 실명으로 기재하는 것을 원칙으로 한다. 담당인력의 경력이나 학력은 프로그램의 수행능력을 평가하는 기준이므로 구체적으로 기재한다.

3) 일정표

프로그램의 진행일정에 관한 것으로서 기간, 간격, 소요시간 등을 포함한다.

6 예산수립

- 예산계획은 프로그램의 총예산을 인건비, 관리비, 기자재 및 집기 구입비, 수용비, 사업비 등의 항목으로 나누어 각 항목의 산출근거를 구체적으로 제시한 것이다.
- 원칙적으로 프로그램 예산은 직접경비와 간접경비를 구분해서 제시해야 한다. 직접경비는 신청프로그램을 위해서만 직접 현금으로 새롭게 지출해야 되는데, 간접경비는 기관의 기존 시설이나 인원 중 신청 프로그램에 활용될 부분의 비용을 의미한다. 기존 인력 및 시설을 이용할 경우 신청 프로그램에 할당되는 비율을 근거로 간접경

비를 계산 한다.

- 대부분의 기금들은 직접경비만을 지원하는 것을 원칙으로 하고 있으나 사회복지공동모금회의 경우 신청금액의 20%까지 인건비를 신청할 수 있도록 하고 있어 간접경비 중 인건비의 일부를 지원받는 것이 가능하며 나머지 간접경비는 자부담으로 처리하면 된다.

제4절 프로그램 평가

1 프로그램 평가의 개념

프로그램 평가는 사회복지 실천과 조사의 공통영역이다. 프로그램 평가의 주요 목적은 과학적사고, 방법, 측정, 분석을 사용하여 사회복지서비스를 질적으로 향상시키고 사회문제를 효과적이고 효율적으로 해결하고자 하는 것이다.

프로그램 평가는 일반적으로 행정운영 체계로 불리며, 프로그램의 총체적인 측면이나 결과 뿐 아니라 프로그램의 형성이나 과정도 강조한다. 또한 프로그램 평가는 프로그램이 의도된 결과를 달성하고 측정 가능한 영향을 성취할 수 있는 정도를 사정하는 것이다.

2 프로그램 평가의 유형

1) 평가목적에 따른 분류

(1) 총괄평가

프로그램 투입에 대한 총체적인 판단을 내리기 위한 평가이다. 주로 사업이 종료된 후 그 사업이 지역사회에 미치는 영향을 추정하는 조사활동이다.

(2) 형성평가

프로그램의 수행 및 전달과정 중에 실시하는 평가로 과정평가라고도 한다. 형성평가는 사업내용의 수정·변경 여부의 결정에 도움을 주고, 사업의 효과나 부작용의 경로를 밝힘으로써 총괄평가를 보완하는 기능을 수행하며 모니터링도 이에 속한다.

(3) 통합평가

형성평가와 총괄평가를 혼합한 방식이다.

(4) 메타평가

평가에 대한 평가 내지는 평가의 결과이다. 메타평가는 평가에 포함된 정보의 질에 대한 판단 자료가 되며, 평가활동의 영향 또는 평가결과의 활용도를 파악하고 장래에 적합한 평가자를 선정하는 데 지침이 된다.

2) 평가주체에 따른 분류

① **자체평가** : 프로그램 담당자 스스로 행하는 평가이다.
② **내부평가** : 프로그램을 직접 담당하지 않은 기관 내부자에 의해 이루어지는 평가이다.
③ **외부평가** : 프로그램을 담당하는 기관의 외부자에 의해 이루어지는 평가이다.

3) 평가기준에 의한 평가

(1) **효과성 평가** : 제공된 프로그램과 서비스에 의해 의도했던 목표들이 달성되었는지를 평가하는 것이다.
(2) **효율성 평가** : 투입된 비용에 비해 산출된 서비스의 양(산출물 또는 성과)을 비교하고 평가하는 것이다.
(3) **노력성 평가** : 얼마나 많은 양의 서비스가 제공되었는지, 어떤 활동들이 있었는지를 평가하는 것이다.
(4) **공평성 평가** : 프로그램의 효과와 비용이 사회집단 간에 공평하게 배분되었는지를

평가하는 것이다.

3 프로그램 평가의 요소

(1) **투입** : 사회복지 프로그램에 필요한 인적 · 물적 자원 및 물품
(2) **과정/전환** : 사회복지 프로그램에 투입이 진행되는 동안 제공되는 구체적인 서비스 활동
(3) **산출** : 사회복지 프로그램 활동에서 생성된 서비스 및 생산물(참가자 수, 자원봉사자 수, 후원금)
(4) **성과** : 사회복지 프로그램 종결 후 클라이언트의 변화와 관련된 내용(삶의 질의 변화 등 질적측면)
(5) **환류** : 사회복지 프로그램 투입에 대한 재검토 및 사회복지 프로그램 수행 전반에 관련

4 평가의 필요성

① **경영통제** : 자원들이 조직의 목표들을 성취하는 데에 효과적으로 획득되고 사용되는지를 행정관리자가 확인하는 과정이다.
② **피드백** : 일선 업무 담당자들이 자신들이 수행하고 있는 활동을 되돌아볼 수 있게 하는 정보를 제공하기 위해 평가한다.
③ **서비스개선** : 평가를 통해서 클라이언트의 변화된 정보, 새로운 서비스 기술, 충족되지 못한 욕구를 파악하여 서비스의 변화와 개선이 이루어질 수 있다.
④ **책임성** : 프로그램을 수행하는 데 필요한 제반 사항을 잘 준수하고 좋은 산출결과를 이끌어 낼 수 있는가를 알 수 있도록 해준다.

제11장

사회복지조직의 책임성과 마케팅

제1절 사회복지조직의 책임성

제2절 책임성의 관리

제3절 사회복지 시설평가

제4절 사회복지 마케팅

제1절 사회복지조직의 책임성

1 책임성의 정의 및 대상

1) 책임성의 정의

책임성이란 활동의 결과에 대한 책임감과 함께 과정에 있어서의 정당성도 갖추어야 함을 의미한다. 사회복지조직은 효과성뿐만 아니라 효율성도 중시하여야 하며, 권한의 원칙이나 영향력 등의 정당성까지도 고려해야 한다. 따라서 책임성을 확보하기 위해서 사회복지조직은 클라이언트와 기관 혹은 사회복지사와의 관계같이 조직 내부에서의 책임성과 함께 조직과 외부 지역사회와의 관계에서 정당성을 획득해야 한다.

사회복지조직의 책임성은 사회복지조직이 국가나 사회로부터 사회복지서비스 전달에 대해 위임받은 바를 충실하게 수행했는지를 판단할 수 있는 하나의 원칙이다.

2) 책임성의 주체

(1) 공공(정부)

정부는 빈곤·공공의료 등 사회서비스, 사회 원조가 필요한 부분에서 재정정책, 법률 정비, 행정적 시도 등을 통해 복지국가 모델을 향한 노력을 해야 할 필요와 책임이 있다.

(2) 사회복지조직

사회복지조직은 사회복지전달체계의 하나로서 공공이나 민간의 자금을 이용하여 각종 프로그램, 원조기술로 사회복지서비스를 직접 실천하는 곳이므로, 경제적 효율성 및 윤리적 책임을 다해야 한다. 이를 위해서는 객관적인 평가기준을 마련하고 회계감사 절차를 통해서 조직을 통제하며 실천방법에 있어서 평가를 받아 책임성을 다해야 한다.

사회복지조직은 전문직의 이미지를 향상시키고 공공정책에 영향을 주며, 클라이언트와 전문사회복지사의 이익을 옹호하고 사회복지사의 보상을 개선하기 위한 일을 계속해야 한다.

(3) 사회복지전문직

전문직특성에 대해서 그린우드(Greenwood)는 체계적인 이론, 권위, 지역사회의 인가, 윤리강령, 전문가문화 등의 5가지 구별되는 특성이 있다고 언급하였다.

벡(Beck)은 전문직을 다양한 상황에서 습득되고 적용될 수 있는 지식체계를 갖추고 있는 사람이라고 정의했다. 흔히 자격시험이나 면허시험 등을 통과해야만 전문직의 대열에 동참하게 되나, 사회복지 전문직은 지식을 점검하는 시험통과라는 점 외에도 경험적 기술이 필요하다. 그러므로 공인된 제도를 통하여 전문직이 된 사회복지사는 그가 개입하는 문제에 대해 윤리적 · 법률적으로 책임을 다하고 타당성 있는 평가를 통해 효과성을 인정받고 신뢰를 얻어야 한다.

(4) 클라이언트

공공복지의 수혜자이든 개별 프로그램의 대상자이든 클라이언트는 모두 일선 사회복지사와 상호작용한다. 이때 사회복지사는 가능한 모든 전략에 관한 정보를 가장 잘 숙지하고 있어야 하지만 경우에 따라서는 클라이언트가 목표달성을 위한 가장 풍부한 아이디어를 가지고 있을 수 있다.

클라이언트는 관계가 진전됨에 따라 사회복지사에게 좀 더 많은 경험과 새로운 치료기술을 쌓을 수 있도록 도움을 줄 수 있으며, 지속적으로 계획과정에 도움을 줄 수 있다.

3) 책임성의 기준

책임성의 기준이란 사회복지행정활동이 책임성을 다하는 방향으로 이루어졌는지를 판단하는 근거로 책임추궁이 필요한 경우 그 활동내용이 도의적 책임, 법적 책임, 책무적 책임을 다하였는가에 근거하여 책임성을 판단한다.

(1) 도의적 책임

사회복지행정 활동의 일반적인 원칙에 관한 것으로 사회복지행정은 공익증진과 클라이언트의 요구에 따라 이루어져야 한다는 원칙이다.

(2) 법적 책임

활동에 관한 명문화된 기준이 있는 경우 그 기준을 따라야 한다는 원칙이다.

(3) 책무적 책임

활동기준이 명문으로 규정되어 있지 않을 경우 재량으로 책임성 증진을 위한 활동이 이루어지지만 이때에도 사회복지사로서의 직업윤리와 전문적 기준을 따라야 한다는 원칙이다.

2 사회복지조직의 책임성 영향요인

1) 내부적요인

(1) 서비스의 다양성

단일한 서비스만 제공하는 사회복지조직은 드물다. 현실적으로 다양한 서비스를 제공하게 되므로 사회복지조직의 책임성을 추구하는 것은 어려워진다.

(2) 기술의 복잡성

다양성과 함께 제공하는 기술도 복잡해지고 다양해지는데 이렇게 되면 투입과 성과에 대한 효과성과 효율성을 측정하여 책임을 다했는지를 확인할 방법이 더욱 어려워지게 된다(측정 어려움).

(3) 목표의 불확실성

사회복지조직에서 투입과 산출과의 인과관계는 불확실하게 진행된다. 이는 사회복지조직의 특성상 인간이 조직의 원료이면서 산출물이 되기 때문인데 인간의 능동성으로 인한 이러한 결과는 사회복지조직의 불확실성을 키워 책임의 측정을 어렵게 하는 요인이 된다.

2) 외부적 요인

(1) 공급주체의 다원화

공급주체의 다원화는 사회복지 공급 기관의 책임성의 문제로 비민주적 운영사례, 후원금관리의 투명성 의혹, 모금에 대한 행정비 과잉 지출 등이 지적 받게 되었다.

(2) 민영화경향

시장과 시민사회의 역할이 증대하면서 사회복지조직도 민간의 위탁운영이 많아졌다. 이때 위탁운영체가 지역주민의 욕구를 반영하기보다는 정부의 결정에 더 많은 영향을 받는 경향이 있어 비체계적이고 비효율적이라는 지적을 받고 있다.

(3) 법률정비

우리나라 사회복지사업법에 따라 민간 사회복지기관과 시설은 3년에 1회 이상 평가를 통해 책임성을 입증하도록 제도화되었다.

제2절 책임성의 관리

1 책임성 수행을 위한 행정관리자의 역할

사회복지조직의 관리자는 지휘자, 생산자, 점검자, 조정자, 조력자, 촉진자, 혁신자, 환경중개자로서의 역할을 수행하게 된다.

(1) 지휘자 역할

다변하는 외부환경에 적극적으로 대처하고 미래지향적인 조직의 목표를 설정하며 과업을 계획하고 배분하며 진행과정에서 합리적이고 명확한 의사결정을 내릴 수 있어야 하며 인적·물적 자원의 동원에 힘쓰는 지도자로서의 역할을 수행해야 한다.

(2) 생산자 역할

행동지향적이고 과업지향적인 업무에 초점을 두고 에너지를 쏟는다.

(3) 점검자 역할

정보, 의사전달, 인사행정, 교육, 보고체계, 평가, 시설관리 등의 업무흐름을 점검하는 기능을 수행한다.

(4) 조정자 역할

조직의 목표를 달성할 수 있도록 리더십을 발휘하고 적절하게 직원을 배치하고 업무를 조정하며 합리적인 통제를 할 수 있어야 한다.

(5) 조력자 역할

직원들의 조력자로서 행정가는 보호적이며 직원들의 개인적 문제와 욕구에 민감해야 하고 지지와 인정을 통해 직원들의 발전을 촉진시킨다.

(6) 촉진자 역할

직원들 사이에 상호작용을 촉진시키고 원만한 관계를 유지하도록 노력하여 구성원이 조직 공동의 목표를 지향하도록 한다.

(7) 혁신자 역할

창조적이고 진취적이며 개방적으로 새로운 변화를 두려워하지 말아야 한다.

(8) 환경중개자의 역할

자원지향적이고 정치적으로 기민할 필요가 있다. 외부환경을 인식하고 이에 민감하게 반응해야 한다.

2 클라이언트를 위한 책임성의 영역

흔히 사회복지사에게는 6가지의 위험에 처할 요소가 존재한다고 알려져 있다. 관리자는 직접 서비스를 제공하는 사회복지사를 모니터링하고 잘못된 행동에 대해 제재수단을 강구하며 바람직한 행동을 향한 유인동기를 마련해야 한다. 또한 사회복지사는 자신의 책임을 다해야 한다.

- 잘못된 진단과 치료방지
- 사기행위 금지
- 비밀유지
- 부정한 성 문제 유발 금지
- 보호 의무

보호 의무는 가해자인 클라이언트로부터 사회복지사 본인 스스로를 보호하는 경우일 수도 있고 잠재된 또 다른 피해자에 대한 보호일 수도 있다.

손상

- 사회복지사는 자신이 알코올·약물 중독 또는 정신적인 문제를 겪게 된다면 실천가로서의 업무를 중지할 수 있도록 해야 하며, 만약 그러한 문제를 겪으면서도 실천가로서 업무를 수행하는 동료를 알게 되었을 때에는 부적절한 상황이 발생하지 않도록 조치를 취해야 한다.

3 책임성의 유형

1) 적용의 책임성

적용 대상 범위에 관한 책임성으로서 서비스가 제공될 대상자와 서비스 내용과 관련

2)서비스전달의 책임성

서비스가 자격 있는 종사자에 의해서 책임 있게 전달되는가에 대한 책임성 여부

3) 영향 책임성

'서비스가 클라이언트 및 지역사회에 긍정적 영향을 주었는가?' 하는 변화에 대한 책임성

4) 효율성 책임성

서비스 제공의 효율성과 관련하여 서비스의 비용적인 측면에 대한 책임성

5) 재정적 책임성

재정집행의 투명성에 관련된 책임성

6) 법률적 책임성

모든 서비스들은 법적인 규정이나 계약에 준하는가에 대한 책임성

7) 윤리적 책임성

모든 서비스들이 도덕적으로 바람직한가에 대한 책임성

- 윤리경영 : 기관운영의 합리화, 이용자만족의 최우선, 직무역량 강화
- 성과관리체계 : 업무실적 반영, 보조금체계 → 계약제, 성과지표 개발

8) 이미지 책임성

클라이언트가 낙인 혹은 이미지는 부당한 평가절하를 받을 수 있다는 것과 관련된 것으로서 수혜자의 사회적 이미지의 중요성에 대한 책임성

9) 욕구 책임성

클라이언트의 욕구에 부응하고 이용자 중심의 서비스 제공과 관련된 책임성

제3절 사회복지 시설평가

1 도입배경

- 사회복지사업법 개정으로 사회복지시설평가가 의무화되었다(1999년부터 실시).
- 사회복지서비스 공급 확대에 따라 책임성 검증을 요구받게 되었다.
- 사회복지기관들의 개방성, 투명성, 효율성 확보를 위한 방안으로 도입되었다.

2 평가의 목적

- 사회복지 시설에 대한 평가를 통하여 사회복지시설의 운영효율화 및 서비스의 질을

제 고함으로써 사회복지시설 이용자 · 생활자에 대한 사회복지서비스의 질 향상 도모기관 운영의 개선

- 합리적 평가지표와 평가체계의 개발로 사회복지시설에 대한 객관적인 평가틀 마련
- 전국적으로 사회복지 시설평가를 통하여 사회복지시설 운영 수준에 대한 지역별 · 시설 종별 차이를 파악하고, 이의 개선을 위한 사회복지시설 운영 수준의 균형화 대책 마련을 위한 기초 자료 확보
- 사회복지 수요 증대에 따른 사회복지시설 운영 상태에 대한 정보 제공으로 사회복지시설에 대한 국민의 선택권 확대 및 보장
- 국민들에게 직접 복지서비스를 제공하는 사회복지시설의 기능강화를 통해 사회안전망을 강화하고 시설 운영의 선진화를 통하여 국민의 복지수준 향상에 기여

3 평가의 원칙

사회복지 시설평가는 다음과 같은 기본원칙에 따라 평가기준 및 지표의 개발, 평가의 시행, 평가결과에 대한 조치를 하도록 하고 있다.

- 기관운영의 개선 및 서비스의 질 제고를 유도하는 수단으로 작용해야 한다.
- 평가기준은 모든 사람이 이해하고 수용할 수 있도록 쉽게 구성되어야 한다.
- 평가기준과 평가과정을 사전에 공개하여 평가지표에 대한 이해를 명료하게 인지시킴으로 써 평가절차의 투명성을 확보해야 한다.
- 평가대상 기관이 평가과정에 참여하는 참여자로서 스스로 기관의 문제점을 객관적으로 인식하고 개선할 수 있도록 하여야 한다.
- 평가의 목적은 사회복지기관이 전체적으로 최저수준 이상을 견지할 수 있도록 유도하는 것을 기본목표로 한다.
- 이용자 중심의 평가로서 이용자 만족도와 서비스의 질을 고려하여야 한다.
- 사회복지기관과 지역사회의 원활한 상호관계를 유도하는 방향으로 평가내용을 구성한다.

4 평가의 내용

평가의 내용을 살펴보면 전반적인 운영실태(인력관리, 조직관리, 시설관리, 재정관리)와 프로그램, 이용자 만족도, 지역사회 관계 등 다차원적인 측면으로 구성되어 있다. 또한 사회복지 기관의 유형에 따라 평가내용에 일정한 차이가 존재한다.

5 내부평가와 외부평가

1) 내부평가

(1)장점

- 내부인은 외부인보다 많은 내용을 알 수 있다.
- 내부평가자들은 중요한 전후 맥락상의 내용을 알 수 있다.

(2) 단점

- 내부인은 외부인보다 프로그램을 객관적으로 공정하게 지켜볼 수 없다.
- 내부 평가자는 프로그램의 세부적인 부분들을 알 수 있지만 비판적으로 바라보지 못 하는 경향이 있다.

2) 외부평가

(1) 장점

- 대부분의 평가는 재정적인 부분과 행정적인 부분을 누가 관여하고 있느냐에 따라서 평가의 결과가 결정된다. 따라서 외부평가자는 프로그램의 재정과 행정을 독립시킴으로서 연구의 신뢰성을 확보할 수 있다.
- 외부평가자들은 이 분야의 전문가들로 구성되어 있을 가능성이 높기 때문에 평가의 신뢰성을 확보할 수 있다.

(2) 단점

- 외부인은 프로그램에 대해 내부인보다 알지 못한다. 또한 안다고 할지라도 질적 수준보다 양적 수준에서 평가하게 될 가능성이 있다.
- 외부전문가를 프로그램 관리자와의 친분관계로 선정할 수도 있는데, 이 경우 직원과의 사회적 상호작용으로 객관성과 신뢰성이 보장되지 않을 수 있다.
- 외부평가자들도 평가가 클라이언트에게 만족을 주길 바라게 되고, 좋은 소식을 들려주기를 원하는 경우가 있기 때문에 좋은 평가만을 하게 되는 경우가 많다.

제4절 사회복지 마케팅

1 사회복지 마케팅의 개념

1) 마케팅의 개념

마케팅이란 소비자에게 상품과 서비스를 제공하면서 구입하도록 격려하는 활동으로 규정할 수 있다. 근래에는 기업뿐 아니라 사회복지조직과 같은 비영리조직의 활동에서도 마케팅의 중요성은 부각되고 있다. 사회복지기관의 책임성과 효율성에 대한 요구가 높아지고 재원의 한계에 직면하면서 마케팅 활동에 대한 인식이 형성되고 있다.

2) 비영리조직 마케팅

비영리조직 마케팅이란 사회복지조직을 포함한 비영리조직이 조직의 목적을 달성하기 위해 클라이언트관리, 서비스의 개발 및 전달, 비용, 홍보, 자금확보 등에 있어 영리조직의 마케팅 기법을 도입하여 다변화하는 사회적 환경에 부응하여 경쟁력을 확보하는 활동이다.

3) 사회복지행정에서의 마케팅

사회복지행정에서 배우는 마케팅 관련 내용은 주로 기관의 자금확보와 관련되어 있으며 더불어 현재 기관에서 중요해진 프로그램의 홍보에 관한 사항도 포함한다. 사회복지조직의 자금을 개발하는 것에는 기금을 조성하고 후원지원을 받는 것과 정부기관이나 법인재단으로부터 기금을 지원받는 등 광범위한 마케팅 방법을 활용한다.

2 사회복지 마케팅의 필요성

1) 책임성측면

사회복지조직은 정부의 보조금이나 기타 단체의 기부금으로 운영이 되기 때문에 서비스 제공에 있어서 효율성과 효과성을 달성할 책임을 가지고 있다. 이러한 책임성의 요구에 부응하려면 비영리조직의 운영에 있어서도 전략적인 마케팅의 도입이 절실하다.

2) 대상자 관리의 측면

클라이언트, 기관의 이용자, 기부자, 지역사회를 고객으로 인식 하여 욕구를 세분화하고 관리에 있어 궁극적으로 고객만족을 이끌어내는 마케팅 접근이 필요하다.

3) 서비스 개발의 측면

사회복지조직의 특성상 외부환경의 영향을 강하게 받게 되는데 급변하는 정치적 · 경제적 · 사회적 · 법적 · 문화적 환경을 세분화하고 분석하여 서비스의 가치를 높여야 한다.

4) 재정 확보의 측면

사회복지조직의 목표를 달성하기 위해 필요한 재정자원의 계획과 동원, 배분, 효율적인 사용과 책임성 있는 관리는 필수적이다. 모금 시장 분석, 다양한 모금 품 개발, 전략적인 모금상품의 홍보는 물론이고 잠재적 후원자의 개발, 이미 개발된 후원자의 1:1 고객관리를 통해 모금의 극대화를 가져와야 한다.

3 마케팅 믹스

마케팅 믹스란 마케팅의 모든 요소를 통합하여 그 효과를 최대한 발휘하는 것을 말한다. 최근에는 적합한 인재의 등용 및 개발을 의미하는 person(people)을 추가하여 5P로 정의하기도 한다.

1) 상품(Product)전략

어떤 상품을 제공할 것인가? 비영리조직에서 상품이란 용어는 생소하지만 목표달성을 위하여 서비스를 제공한다는 의미에서 영리조직과 마찬가지의 상품전략이 필요하다. 비영리조직의 상품은 프로그램과 서비스라고 할 수 있는데 이 상품의 성격은 그 기관의 사명과 목적에 따라 달라진다.

2) 가격(Price)전략

가격을 어떻게 결정할 것인가? 비영리조직의 가격은 서비스와 프로그램에 대한 가격을 의미하며 이는 수익사업의 이용료가 될 수도 있고 모금프로그램에 대한 가격, 즉 후원금을 의미하기도 한다.

3) 유통(Place)전략

비영리조직에서 유통전략이란 서비스 전달과 입금 경로, 접근성과 관련 있으며 지역사회와 네트워크 형성과 관계가 있다. 고객들은 사회복지조직을 쉽게 이용할 수 있어야 한다.

비영리조직의 유통경로는 상품(서비스)이 기관에서 클라이언트에게 직접적으로 전달되는 형태로서 중간상의 개입 없이 지역사회에서 이루어지는 것이 특징이다.

4) 촉진(Promotion)전략

서비스의 홍보와 더 많은 기부금을 확보하기 위한 인쇄물 제작이나 언론·방송 매체를 통한 홍보, 인터넷을 이용한 홍보, 판매촉진(ARS, 캠페인, 이벤트모금) 등과 같은 커뮤니케이션 수단들이다.

5) 인간관계(Person)전략

적합한 인재 등용 및 대상자, 후원자, 사회복지전문가, 지역사회주민과의 관계개선 등이다.

제12장

사회복지법인 및 사회복지시설

제1절 총 칙

제2절 예 산

제3절 결 산

제4절 회 계

제5절 물 품

제6절 후원금

제7절 감 사

재무·회계규칙

제1절 총 칙

1. 목적

본 규칙은 「사회복지사업법」 제23조제4항, 제34조제3항 및 제45조제2항의 규정에 의하여 사회복지법인과 사회복지시설의 재무·회계 및 후원금관리에 관한 사항을 규정하여 명확성·공정성·투명성을 기함으로써 사회복지법인과 시설의 합리적인 운영에 기여함을 목적으로 함.

2. 적용범위

사회복지사업법의 적용을 받는 사회복지법인 및 사회복지시설(소관부처 및 정부보조금 지급 여부와는 상관없이 모든 사회복지법인과 사회복지시설에 적용)

※ 종전까지는 사회복지법인 및 법인이 운영하는 시설에만 적용되었으나, 사회복지사업법 제34조제3항 등에 의해 동 규칙이 개정됨에 따라 모든 사회복지법인 및 사회복지시설로 적용대상 확대

※ 사회복지사업법 제34조(사회복지시설의 설치)③ 시설을 설치·운영하는 자는 보건복지부령으로 정하는 재무·회계에 관한 기준에 따라 시설을 투명하게 운영하여야 한다. 〈2011.8.4신설, 2012.8.5시행〉

3. 다른 법령과의 관계

사회복지법인 및 사회복지시설의 재무·회계처리에 관하여 다른 법령에 특별한 규정이 있는 경우를 제외하고는 본 규칙에 따름.

4. 사회복지법인 및 사회복지시설의 회계

1) 법인의 회계는 다음과 같이 구분하여 관리할 것

- **법인회계** : 법인의 업무전반에 관한 회계
- **시설회계** : 법인이 설치 · 운영하는 사회복지시설에 관한 회계
- **수익사업회계** : 법인이 수행하는 수익사업에 관한 회계

※ 법인회계와 시설회계 구분 철저('13.10월 감사원 지적 사항)

2) 시설의 회계는 해당 시설의 시설회계로 함

※ 사회복지법인 이외의 자가 시설을 운영하는 경우에도 시설의 회계는 각 시설별로 구분하여 관리할 것

3) 회계연도 및 회계연도 소속구분

- 법인 및 시설의 회계연도는 정부의 회계연도(1. 1~12. 31)에 의함
- 수입 및 지출의 발생, 자산 및 부채의 증감에 관하여는 그 원인이 되는 사실이 발생한 날을 기준으로 하여 연도소속을 구분하되, 그 사실이 발생한 날을 정할 수 없는 경우에는 그 사실을 확인한 날을 기준으로 함

  ※ 예) '12. 10.에 추경예산으로 확정된 국고 보조금이 '13. 1에 입금되었을 경우 → '12년도 회계로 구분

4) 회계의 감독 등

- 회계부정 등 불법행위가 발견된 경우 해당 법인의 임원해임, 시설의 개선, 사업정지, 시설장교체, 시설폐쇄 등 조치

  ※ 사회복지사업법 제22조 및 제40조 의거

5. 출납기한

- 1회계연도에 속하는 법인 및 시설의 세입 · 세출의 출납에 관한 사무는 다음 연도 2월 말일까지 완결해야 함

※ '13년도 법인예산의 경우 '14. 2. 28까지 완료해야 함

6. 정보통신매체에 의한 재무·회계 처리

- 사회복지법인 및 사회복지시설의 재무·회계는 컴퓨터 프로그램으로 처리할 수 있음
- 국가나 지방자치단체로부터 보조금을 받는 사회복지법인과 사회복지시설의 경우, 사회복지시설정보시스템 또는 보건복지부장관이 검증한 표준연계모듈이 적용된 정보시스템을 사용하여 재무·회계를 처리하여야 함 〈2012.8.7 개정, 2013.1.1시행〉
  - 다만, 보조금을 받는 사회복지법인의 경우 복식계정 코드 마련 등 시스템 사용 준비가 완료되는 2015년 이후부터 의무화 함.
  - 사회복지법인 중 지원법인과 사회복지시설 중 국가나 지방자치단체로부터 보조금을 받지 않는 경우는 위 시스템을 사용하지 않을 수 있으나, 시·도지사, 시장·군수·구청장은 법인 및 시설에 대하여 시스템 사용을 권장할 수 있으며, 사회복지법인 대표이사와 시설의 장은 이에 협력하여야 함(「사회복지사업법」 제6조의2제5항).
  - 보조금을 받는 사회복지시설 중 어린이집, 경로당, 노인교실은 사용하지 않을 수 있음.

제2절 예 산

1. 예산의 편성

1) 예산총계주의 원칙

- 1회계 연도의 모든 수입은 세입으로 하고 모든 지출은 세출로 하되, 세입과 세출은 모두 예산에 계상하여야 함

2) 예산편성절차

※ 일정에 따른 예산편성, 제출 및 공개 철저

주요내용	주체	일정
시·군·구에서 법인 또는 시설에 특히 필요하다고 인정하는 사항에 관해 예산편성지침 통보 가능	법인 또는 시설 소재지 관할 시장·군수·구청장	회계연도 개시 2개월 전까지
▼		
법인은 법인과 법인 산하 시설의 예산편성지침을 결정	법인 대표이사	회계연도 개시 1개월 전까지
▼		
회계별 예산(법인회계, 시설회계, 수익사업회계) 편성	법인 대표이사 및 시설의 장	회계연도 개시 전까지
▼		
시설회계 예산안에 대한 시설 운영위원회 보고 ※ 법인이 설치·운영하는 시설의 경우에도 시설회계는 법인 이사회 의결 전 시설 운영위원회에 보고 필요 ※ 법인회계 및 수익사업회계에 대해서는 불필요	시설의 장	예산안 편성 완료시
▼		
법인의 회계별 예산(법인회계, 시설회계, 수익사업회계)안에 대한 이사회 의결, 예산안 확정 ※ 법인이 설치·운영하는 시설의 시설회계도 포함 ※ 법인이 아닌 경우에는 시설 운영위원회 보고로 예산안이 확정됨	법인 이사회	예산안 편성 완료시
▼		
확정된 예산안을 시장·군수·구청장에 제출 ※ 법인은 법인의 회계별 예산(법인회계, 시설회계, 수익사업회계)을 법인 소재지를 관할하는 시장·군수·구청장에 제출하고, 시설의 장(법인이 운영하는 시설도 포함)은 해당 시설의 시설회계를 시설 소재지 관할 시장·군수·구청장에 제출	법인 대표이사 및 시설의 장	회계연도 개시 5일 전까지
▼		
법인과 시설의 회계별 세입·세출 명세서를 시·군·구, 법인, 시설의 게시판과 인터넷 홈페이지에 20일 이상 공고 ※ 게시판 공고는 「신문 등의 진흥에 관한 법률」 제2조제1호에 따른 신문 또는 「잡지 등 정기간행물의 진흥에 관한 법률」 제2조제1호에 따른 정기간행물에 게재로 갈음 가능	시장·군수·구청장, 법인 대표이사, 시설의 장	예산안 제출 20일 이내

3) 예산의 편성 방법 및 제출 서류

- 별표1 ~ 별표8에 따른 세입 · 세출예산과목구분에 따라 편성
  ※ 각 지자체는 세입 및 세출예산과목의 세부 내역에 대하여 관련 규정 등에 위배되지 않게 별도의 지침으로 정하는 것을 원칙으로 함
  ※ 시설회계 세출예산(별표4) 편성시 법인회계로의 전출은 1) 시설이 장기요양기관인 경우, 2) 동일 법인에서 운영하는 타 시설 중 자연재해로 인한 개보수가 필요한 경우 등
- 예산에 첨부할 서류는 ① 예산총칙 ② 세입 · 세출명세서 ③ 추정대차대조표 ④ 추정수지계산서 ⑤ 임 · 직원 보수일람표 ⑥ 당해예산을 의결한 이사회 회의록 또는 해당 예산을 보고받은 시설운영위원회 회의록
  - 다만, 단식부기인 경우 ①, ②, ⑤, ⑥만 첨부할 수 있고, 소규모시설(국가 · 지자체 · 법인 이외의 자가 설치 · 운영하는 시설 중 거주자 정원이나 일평균 이용자가 20인 이하인 시설)인 경우 ②, ⑥만 첨부할 수 있음
  - 어린이집은 보육사업안내에서 정하는 바에 따름

2. 준예산의 편성

1) **사유** : 회계연도 개시 전까지 법인의 예산이 성립되지 아니한 때

2) **방법** : 예산 성립 시까지 일부 경비에 대해 전년도 예산에 준하여 집행 가능
   - 임직원 보수, 법인 및 시설운영에 직접 사용되는 필수적인 경비, 법령상 지급의무가 있는 경비에 대해 집행
     ※ 법인의 대표이사 및 시설의 장은 준예산 편성 전에 시 · 군 · 구청장에게 사유를 보고할 것

3. 추가경정 예산의 편성

1) **사유** : 예산 성립 후에 생긴 사유로 인해 기 성립된 예산에 변경을 가할 필요가 있을 경우

2) 방법 : 예산편성절차에 준하여 추가경정예산을 편성 · 확정

※ 법인의 대표이사 및 시설의 장은 추경이 확정된 날로부터 7일 이내에 이를 시 · 군 · 구청장에게 제출할 것

4. 예비비의 계상

- 법인의 대표이사 및 시설의 장은 예측할 수 없는 예산외의 지출 또는 예산의 초과지출에 충당하기 위하여 예비비를 세출예산에 계상할 수 있음

5. 예산의 목적 외 사용금지

- 법인회계 및 시설회계의 예산은 세출예산이 정한 목적 외에 사용금지

6. 예산의 전용

1) **관간 전용 및 동일 관내 항간 전용** : 법인 이사회의 의결 또는 사회복지시설 운영위원회에 보고를 거쳐 전용(법인 산하 시설의 경우 운영위원회 보고 후 이사회 의결을 통해 전용)

2) **동일 항내 목간 전용** : 법인 대표이사 및 시설의 장이 전용 가능

3) **전용의 제한** : 예산총칙에서 전용을 제한하고 있거나, 예산 심의 과정에서 삭감한 관 · 항 · 목으로는 전용하지 못함

4) **전용에 대한 보고** : 관 · 항 전용의 경우에는 관할 시장 · 군수 · 구청장에게 과목 전용조서 제출(결산 보고 시에 첨부)

※ 보조금을 받는 법인 · 시설의 경우, 타 법령 또는 보조금 지원 기준 등에 따라 보조금 지원 주체가 예산 전용을 제한할 수 있으므로 해당 법인 및 시설은 이에 따라야 함 (전용을 하는 경우 사전에 보조금을 지원하는 지자체와 협의할 것

7. 세출예산의 이월

1) **사유** : 세출예산 중 성질상 당해 회계연도 안에 지출을 마치지 못할 것으로 예측되

는 경비 및 연도 내에 지출원인행위를 하고 불가피한 사유로 인하여 연도 내에 지출하지 못한 경비

2) **방법** : 법인 이사회의 의결 또는 시설 운영위원회 보고를 거쳐 다음 연도에 이월 사용 가능(법인 산하 시설의 경우 운영위원회 보고 후 이사회 의결을 통해 이월)

8. 특정목적사업 예산

1) **사유** : 완성에 수년을 요하는 공사나 제조 또는 특수한 사업을 위하여 2회계연도 이상에 걸쳐서 그 재원을 조달할 필요가 있는 경우

2) **방법** : 회계연도마다 일정액을 예산에 계상하여 특정목적사업을 위한 적립금으로 적립 가능

－다만, 어린이집의 경우에는 적립 불허

※ 적립금은 별도의 통장으로 관리할 것

3) **절차** : 적립금의 적립 및 사용계획 등을 시장 · 군수 · 구청장에 사전에 보고

※ 시 · 군 · 구에서 보고 시기, 보고 방법 등을 별도로 정하는 것을 원칙으로 하며, 별도로 규정하는 사항이 없다면 예산을 제출할 때 적립금의 적립 및 사용계획서를 제출함으로써 보고하고, 사용계획에 변동이 있을 경우에는 즉시 변동 보고를 할 것

제3절 결 산

1. 결산보고절차

※ 일정에 따른 결산보고서 제출 및 공개업무 철저

주요내용	주체	일정
법인회계와 시설회계의 세입·세출 결산보고서 작성	법인 대표이사 및 시설의 장	출납 완료시
▼		
결산 보고서의 시설 운영위원회 보고 ※ 법인이 설치·운영하는 시설의 경우에도 시설회계는 법인 이사회 의결 전 시설 운영위원회에 보고 필요 ※ 법인회계 및 수익사업회계에 대해서는 불필요	시설의 장	결산보고서 작성 후
▼		
결산 보고서의 법인 이사회 의결 ※ 법인이 설치·운영하는 시설의 시설회계도 포함 ※ 법인이 아닌 경우에는 시설 운영위원회 보고로 결산 보고서 확정	법인 대표이사	결산보고서 작성 후
▼		
확정된 결산 보고서를 시장·군수·구청장에 제출 ※ 법인은 법인회계, 시설회계, 수익사업회계 결산을 법인 소재지를 관할하는 시장·군수·구청장에 제출하고, 시설의 장(법인이 운영하는 시설도 포함)은 해당 시설의 시설회계 결산을 시설 소재지 관할 시장·군수·구청장에 제출	법인 대표이사 및 시설의 장	다음연도 3월 31일까지
▼		
법인과 시설의 세입·세출 결산서를 시·군·구, 법인, 시설의 게시판과 인터넷 홈페이지에 20일 이상 공고 ※ 게시판 공고는 「신문 등의 진흥에 관한 법률」 제2조제1호에 따른 신문 또는 「잡지 등 정기간행물의 진흥에 관한 법률」 제2조제1호에 따른 정기간행물에 게재로 갈음 가능	시장·군수·구청장, 법인 대표이사, 시설의 장	결산보고서 제출 20일 이내

2. 결산보고서에 첨부하여야 할 서류

1) 세입·세출 결산서

2) 과목전용조서

3) 예비비사용조서

4) 대차대조표

5) 수지계산서

6) 현금 및 예금명세서

7) 유가증권명세서

8) 미수금 명세서

9) 재고자산명세서

10) 기타 유동자산명세서(6~9 유동자산외의 유동자산)

11) 고정자산(토지 건물 차량운반구 비품 전화가입권)명세서

12) 부채명세서(차입금, 미지급금 포함)

13) 제충당금명세서

14) 기본재산수입명세서(법인만 해당)

15) 사업수입명세서

16) 정부보조금명세서

17) 후원금 수입명세 및 사용결과보고서(전산파일을 포함한다)

18) 후원금 전용계좌의 입출금내역

19) 인건비명세서

20) 사업비명세서

21) 기타 비용명세서(인건비 및 사업비를 제외한 비용)

22) 감사보고서

23) 법인세 신고서(수익사업이 있는 경우에 한함)

※ 단식부기로 작성할 경우 1~3, 14~23 항목만을 제출할 수 있고, 소규모시설인 경우 1, 17항목만 제출할 수 있으며, 어린이집은 보육사업안내에서 별도로 정함

제4절 회 계

1. 회계 총칙

1) 수입 및 지출사무 관리주체 : 법인의 대표이사 및 시설의 장

※ 법인 대표이사 및 시설장은 해당 사무를 소속직원에게 "각각" 위임가능

2) **수입과 지출의 집행기관**

- 법인과 시설에는 수입과 지출의 현금출납업무를 담당하기 위하여 "각각" 수입원과 지출원을 두되, 법인 또는 시설의 규모가 소규모인 경우에는 수입원과 지출원을 동일인으로 할 수 있음
  ※ 시 · 도별로 지역여건에 따라 자체적으로 수입원과 지출원을 동일인으로 할 수 있는 소규모 법인 및 시설에 대해 규정할 것
- 수입원과 지출원은 법인의 대표이사와 시설장이 임면함

3) **회계의 방법** : 단식부기로 하되, 필요한 경우에는 복식부기에 의함

4) **법인 및 시설 비치 회계장부** : ① 현금출납부, ② 총계정원장, ③ 재산대장, ④ 비품관리대장

※ 컴퓨터 회계프로그램 또는 사회복지시설정보시스템 등에 의하여 전자장부를 사용하는 경우에는 회계장부를 둔 것으로 봄. 다만, 회계감독 등을 위해 지방자치단체에서 요청하는 경우에는 출력물을 보관하여야 함.

2. 수 입

1) **수입금의 수납 관리**

- 모든 수입금의 수납은 이를 금융기관에 취급시키는 경우를 제외하고는 수입원이 아니면 수납하지 못함
- 수입원이 수납한 수입금은 그 다음날까지 금융기관에 예입해야 함
- 수입금에 대한 금융기관의 거래통장은 회계별(법인회계, 시설회계, 수익사업회계)로 구분될 수 있도록 보관 · 관리

2) **과년도 수입, 반납금, 과오납금 처리**

- 출납 완결 연도에 속하는 수입 기타 예산외 수입은 모두 현년도 예산에 편입
- 지출된 세출의 반납금은 각각 지출한 세출의 당해 과목에 여입 가능

- 과오납된 수입금은 수입한 세입에서 직접 반환

3. 지 출

1) 지출의 원칙

- 지출은 지출사무를 관리하는 자(대표이사, 시설장) 및 그 위임을 받아 지출명령(예산 범위 내에서)이 있는 것에 한하여 지출원이 행함
- 지출은 상용의 경비 또는 소액의 경비지출을 제외하고는 예금통장에 의하거나 전자거래로 행함

※ 상용 경비 또는 소액의 경비 지출은 현금으로 가능하며 이를 위해 지출원은 100만원 이하의 현금을 보관할 수 있으며, 상용경비 또는 소액의 경비 지출의 범위는 시·도지사가 자체적으로 정함

※ 상용경비 또는 소액의 경비 지출 시에도 영수증 등 증빙 서류 관리 철저

2) 지출의 특례(선금급, 개산급)

- 선금급을 할 수 있는 경비의 범위

※ 선금급이란 확정된 계약에 대하여 사업성격상 미리 지급하는 것을 의미

가) 외국에서 직접 구입하는 기계, 도서, 표본 또는 실험용재료의 대가

나) 정기간행물의 대가

다) 토지 또는 가옥의 임대료와 용선료

라) 운 임

마) 소속직원중 특별한 사정이 있는 자에 대하여 지급하는 급여의 일부

바) 관공서(정부투자기관관리기본법에 의한 정부투자기관 및 특별법에 의하여 설립된 특수법인 포함)에 대하여 지급하는 경비

사) 외국에서 연구 또는 조사에 종사하는 자에 대하여 지급하는 경비

아) 보조금

자) 사례금

차) 계약금액이 1천만원 이상인 공사나 제조 또는 물건의 매입을 하는 경우에 계약금액의 100분의 50을 초과하지 아니하는 금액

- 개산급을 할 수 있는 경비의 범위

※ 개산급이란 지출금액이 미확정인 채무에 대하여 지급의무가 확정되기 전에 개산(概算 : 어림셈)으로 지급하는 것을 의미함

가) 여비 및 판공비

나) 관공서에 대하여 지급하는 경비

다) 보조금

라) 소송비용

4. 계 약

- 계약에 관한 사항은 「지방자치단체를 당사자로 하는 계약에 관한 법률」, 동법 시행령 및 동법 시행규칙을 준용하여 처리함

※ 다만, 국가 · 지방자치단체 · 법인 이외의 주체가 설치 · 운영하는 시설과 어린이집은 그러하지 아니함

제5절 물 품

1. 물품의 관리

1) **물품** : 현금 및 유가증권을 제외한 동산

2) **물품의 관리주체** : 법인의 대표이사, 시설의 장

※ 대표이사와 시설장은 물품관리에 관한 사항을 소속직원에게 위임가능

- 물품의 출납보관을 위해 소속직원 중 물품출납원 지정
- 물품관리자와 물품출납원은 선량한 관리자의 주의의무로 물품관리

3) 물품의 관리

- 물품의 출납은 물품관리자의 출납명령에 의해 물품출납원의 출납행위를 통해서만 가능함

  ※ 물품출납원은 물품관리자의 출납명령 없이는 물품을 출납할 수 없음

2. 물품의 조사 및 처리

1) 재물조사 실시

- 연 1회 법인 및 시설에 대한 정기 재물조사 실시(의무사항)
- 필요시 수시재물조사 실시(대표이사 및 시설장 재량사항)

2) 불용품의 처리

- 사용 불가능 또는 수리하여 재사용이 불가능한 물품은 불용 결정함
- 불용품 매각시 그 대금은 당해 법인 또는 시설의 세입예산에 편입함

제6절 후원금

1. 후원금

1) 후원금의 범위 등

- 정의 : 아무런 대가없이 무상으로 받은 금품이나 그 밖의 자산

  ※ 사회복지사업법 제45조

- 법인의 대표이사와 시설의 장은 후원금의 수입·지출 내용을 공개하여야 하며 그 관리에 명확성이 확보되도록 하여야 하고,
- 후원금에 관한 영수증 발급, 수입 및 사용결과 보고 등을 하지 않은 경우 300만원 이하의 과태료를 부과함

※ 사회복지사업법 제45조, 제58조 및 사회복지사업법 시행령 제26조 의거

주의

- 생최근 사회복지법인 및 사회복지시설에서의 후원금 부정·부당 사용, 횡령 등 사례가 수사기관을 통해 반복적으로 적발되고 있음에도 불구하고, 지자체에서의 과태료 처분 사례는 거의 확인되지 않고 있는 바, 법인·시설 관할 지자체에의 엄정한 법 집행 차원에서 후원금 사용과 관련한 위법사례가 확인될 경우 과태료 처분 등을 통해 법인·시설의 투명성을 제고할 것

2) 후원금 영수증 발급

- 법인의 대표이사와 시설장은 후원금을 받은 때에는 「소득세법 시행규칙」 제101조제20호의2 또는 「법인세법 시행규칙」 제82조제7항3호의3에서 정하는 기부금영수증 서식에 따라 후원금 영수증을 발급 · 후원자에게 즉시 교부
- 금융기관 또는 체신관서의 계좌입금을 통해 후원금을 받는 경우에는 법인 명의 또는 시설명칭이 부기된 시설장 명의의 후원금전용계좌를 사용해야 함
  ※ 이 경우 후원자가 원하는 경우를 제외하고는 영수증 발급 생략할 수 있음

3) 후원금 전용계좌의 개설

- 법인 및 시설에서 후원금을 받을 때는 각각의 법인 및 시설별로 후원금전용계좌를 구분하여 사용하고, 미리 후원자에게 후원금 전용계좌등의 구분에 관한 사항을 반드시 안내
  ※ 사회복지법인 및 사회복지시설 재무 · 회계규칙 제41조의4
  ※ 법인 산하의 시설이더라도 법인의 후원금 전용계좌와 별도로 시설 고유의 후원금 계좌를 두어야 함('12.6 감사원, "사회복지시설 후원금 등 관리실태" 감사 지적사항)

- '13.11월 안전행정부에서 실시한 「취약 계층 복지 실태 기획 감찰」 결과에 따르면, 후원자가 법인과 시설을 동일체로 인식하여 시설입소자를 위한 목적으로 법인에 기탁하는 경향이 높은 것으로 조사됨
- 지자체는 법인으로 하여금 후원금이 시설 입소자들의 복리증진을 위한 용도로 사용될 수 있도록 시설에의 「법인 전입금(후원금)」 비율을 확대하도록 하게끔 권고할 것

2. 후원금의 관리

1) 후원금 발급 목록 장부 비치

- 후원금을 받은 때에는 후원금 영수증 교부 후 발급목록을 별도 장부로 관리하여 비치

【후원금 영수증 발급 대장】

연번	일시	후원자(법인)	후원금 유형 및 금액		지정후원금 용도	비고
			지정	비지정		
〈예시〉 1	〈예시〉 2013.1.25	〈예시〉 000법인	〈예시〉 500,000원		〈예시〉 아동급식지원	
2	2013.1.30	000		100,000원		

2) 후원금의 수입 및 사용내역 통보

- 대표이사와 시설장은 연 1회 이상 해당 후원금의 수입 및 사용내용을 후원금을 낸 법인 · 단체 또는 개인에게 통보
- 법인이 발행하는 정기간행물 또는 홍보지 등을 이용하여 일괄통보 가능하며 후원자 각각에게 개별통보도 가능

3) 후원금의 용도 외 사용 금지

- 법인의 대표이사와 시설의 장은 후원금을 후원자가 지정한 용도 이외로 사용할 수 없음
  ※ 다만, 지정후원금의 15%는 후원금 모집, 관리, 운영, 사용, 결과보고 등에 필요한 비용으로 사용 가능. 단, 사회복지법인 어린이재단을 통한 지정후원금 및 생활자에 대한 결연후원금은 제외
- 후원자가 용도를 지정하지 않은 후원금에 대해서는 법인 운영비 및 시설 운영비로 사용하되, 다음 기준에 따라 사용할 것

【비지정후원금의 사용 기준】

- 후원자가 사용 용도를 지정하지 않은 비지정후원금은 법인 운영비 및 시설 운영비로 사용하되, 간접비로 사용하는 비율은 50%*를 초과하지 못함
  ※ 간접비 사용 비율 50%는 당해 연도 후원금 수입금액이 아닌, 지출금액을 기준으로 함

예) 2012년도 말 기준, 비지정후원금 모집액 1,000천원에 대하여 지출금액이 700천원일 경우 간접비 사용금액 한도는?
☞ 비지정후원금 간접비 사용금액은 지출금액 기준 700천원에 대한 50%인 350천원을 초과하지 못하며, 2012년도에 지출하지 못한 비지정후원금 300천원은 2013년도 세입예산과목 중 전년도이월금(후원금)으로 처리함.

- 다만, 간접비 중에서도 업무추진비(기관운영비, 직책보조비, 회의비), 법인회계전출금, 부채상환금, 잡지출, 예비비로는 사용 금지
  ※ 업무추진비 중 후원금 모집 등을 위한 운영비, 회의비는 15%범위 내에서 사용 가능
- 자산취득비로 사용하는 것은 원칙적으로 금지하나, 토지 · 건물을 제외하고 시설 운영에 필요한 집기, 장비 등은 구입 가능
- 인건비로 사용 가능하되, 후원금으로 직원 수당을 지급하는 경우에는 근로기준법 또는 이 지침에서 정하고 있는 수당(명절휴가비, 시간외근무수당, 가족수당), 사회복지업무수당(다만 사회복지공무원에게 지급되는 수당 이상을 초과할 수 없으며 전체 비지정후원금의 50% 한도 내에서만 수당 지급 가능)과 지방자치단체에서 별도로 정하고 있는 수당에 한하여 편성 · 지급해야 함을 원칙으로 함. 다만, 개별 사회복지법인 및 사회복지시설에서는 지방자치단체와 협의하여 수당 항목을 추가로 정할 수 있음
  ※ 사회복지업무수당이란 종사자 처우 개선을 위한 특수업무수당, 직무수당, 종사자 장려수당, 종사자 복지수당 등
  ※ 종사자 처우 관련 수당을 이미 지급하고 있는 시 · 도 또는 시 · 군 · 구의 경우 기존대로 지급
  ※ 분기별 정산 원칙으로, 전(前)분기에서 수령한 비지정 후원금의 50% 이내에서 현(現)분기에 사회복지업무수당 지급 가능하며 필요시 지자체와 협의 하에 조정 가능

※ 사례 예시
- 종사자에게 지급되는 사회복지업무수당이 공무원에게 지급되는 사회복지업무수당 이상의 금액으로 지급되고 있던 경우
  → 기존대로 사회복지업무수당 지급 가능하되, 비지정 후원금으로 추가 지급 불가능
- 종사자에게 지급되는 사회복지업무수당이 공무원에게 지급되는 사회복지업무수당 이하의 금액으로 지급되고 있던 경우
  → 공무원 사회복지업무수당과의 차액만큼 비지정 후원금으로 추가 지급 가능
- 사회복지업무수당이 지급되지 않았던 경우
  → 비지정 후원금으로 공무원에게 지급되는 사회복지업무수당 한도 내에서 지급 가능

※ 비지정후원금 사용을 위한 법인 운영비 구분

과 목		직접비	간접비	비 고
관	항	목		
사무비	인건비	• 급여 • 제수당 • 일용잡급 • 퇴직금 및 퇴직적립금 • 사회보험부담금 • 기타 후생경비		수당은 근로기준법 또는 이 지침에서 정하고 있는 수당, 사회복지업무수당(다만 사회복지공무원에게 지급되는 수당 이상을 초과할 수 없으며 전체 비지정후원금의 50% 한도 내에서만 수당 지급 가능) 및 지방자치단체에서 별도로 정하고 있는 수당에 한함. 다만, 지방자치단체와 협의하여 수당 항목을 추가로 정할 수 있음
	업무추진비		• 기관운영비 • 직책보조비 • 회의비	사용불가(다만, 15% 이내에서 후원금 모집을 위한 회의비, 운영비로 사용가능)
	운영비	• 공공요금 • 차량비 • 연료비	• 여비 • 수용비 및 수수료 • 제세공과금 • 기타 운영비	
재산조성비	시설비	• 시설장비유지비	• 시설비 • 자산취득비	자산취득비는 토지, 건물을 제외한 시설운영에 필요한 집기, 장비 등 구입 가능
사업비	일반사업비	• ㅇㅇ사업비		단, 수익사업 사업비로는 사용 불가
전출금	전출금	• ㅇㅇ시설 전출금		
과년도지출	과년도지출		• 과년도지출	
상환금	부채상환금		• 원금상환금 • 이자지급금	사용불가
잡지출	잡지출		• 잡지출	사용불가
예비비 및 기타	예비비 및 기타		• 예비비 • 반환금	사용불가

※ 비지정후원금 사용을 위한 시설 운영비 구분

－세출예산과목은 시설유형에 따라 별표4 또는 별표6 적용

과 목		직접비	간접비	비 고
관	항	목		
사무비	인건비	• 급여 • 제수당 • 일용잡급 • 퇴직금 및 퇴직적립금 • 사회보험부담금 • 기타 후생경비		수당은 근로기준법 또는 이 지침에서 정하고 있는 수당, 사회복지업무수당(다만 사회복지공무원에게 지급되는 수당 이상을 초과할 수 없으며 전체 비지정후원금의 50% 한도 내에서만 수당 지급 가능) 및 지방자치단체에서 별도로 정하고 있는 수당에 한함. 다만, 지방자치단체와 협의하여 수당 항목을 추가로 정할 수 있음
	업무추진비		• 기관운영비 • 직책보조비 • 회의비	사용불가(다만, 15% 이내에서 후원금 모집을 위한 회의비, 운영비로 사용가능)
	운영비	• 공공요금 • 차량비	• 여비 • 수용비 및 수수료 • 제세공과금 • 기타 운영비	
재산조성비	시설비	• 시설장비 유지비	• 시설비 • 자산취득비	자산취득비는 토지, 건물을 제외한 시설운영에 필요한 집기, 장비 등 구입 가능
사업비	운영비	• 생계비 • 수용기관경비 • 피복비 • 의료비 • 장의비 • 직업재활비 • 자활사업비 • 특별급식비 • 연료비		

과 목		직접비	간접비	비 고
관	항	목		
	교육비	• 수업료 • 학용품비 • 도서구입비 • 교통비 • 급식비 • 학습지원비 • 수학여행비 • 교복비 • 이미용비 • 기타 교육비		
	ㅇㅇ사업비	• ㅇㅇ사업비		
전출금	전출금		• 법인회계전출금	사용불가
과년도지출	과년도지출		• 과년도지출	
상환금	부채상환금		• 원금상환금 • 이자지불금	사용불가
잡지출	잡지출		• 잡지출	사용불가
예비비 및 기타	예비비 및 기타		• 예비비 • 반환금	사용불가
적립금	운영충당 적립금		• 운영충당적립금	사용불가
준비금	환경개선 준비금		• 시설환경개선준비금	사용불가

- 후원금은 예산의 편성 및 확정절차에 따라 세입·세출예산에 편성하여 사용하고, 가급적 적립·이월하지 않고 회계연도 내에 집행할 수 있도록 노력
- 후원금을 이월하거나 타 회계로 전출할 경우, 그 세입이 후원금이라는 것을 반드시 명시해야 하며, 이에 따라 이월·전출된 후원금은 후원금 관리기준에 따라 사용하여야 함(별표1~3 참고)

[별표 1] 법인회계 세입예산과목구분 중

과목						내 역
관		항		목		
08	이월금	81	이월금	811	전년도이월금	전년도 불용액으로서 이월된 금액
				812	전년도이월금(후원금)	전년도 후원금에 대한 불용액으로서 이월된 금액

[별표 2] 법인회계 세출예산과목구분 중

과목						내 역
관		항		목		
04	전출금	41	전출금	411	ㅇㅇ시설전출금	법인이 유지·경영하는 시설에 대한 부담금을 시설별로 목을 설정함
				412	ㅇㅇ시설전출금(후원금)	법인이 유지·경영하는 시설에 대한 부담금(후원금)을 시설별로 목을 설정

[별표 3] 시설회계 세입예산과목구분 중

과목						내 역
관		항		목		
08	전입금	81	전입금	811	법인전입금	법인으로부터의 전입금(국가 및 지방자치단체의 보조금은 제외함)
				812	법인전입금(후원금)	법인으로부터의 전입금(후원금)
09	이월금	91	이월금	911	전년도이월금	전년도 불용액으로서 이월된 금액
				912	전년도이월금(후원금)	전년도 후원금에 대한 불용액으로서 이월된 금액

4) 후원금의 수입 및 사용결과 보고·공개

- 대표이사와 시설장은 관할 시장·군수·구청장에게 결산보고서를 제출할 때 후원금 수입 및 사용결과 보고서를 함께 제출
  - 이 경우 반드시 전자파일로 제출하여야 하며 출력한 보고서도 추가 제출 가능
  - 시·군·구에서는 제출받은 결산보고서와 후원금 수입 및 사용결과 보고서 전자파일을 보건복지부에 송부(일정은 추후 통보예정)

  ※ 변경된 후원금 수입 및 사용결과보고서(별지제19호) 양식은 2013년도 후원금

부터 적용

- 시장 · 군수 · 구청장은 제출받은 후원금의 수입 및 사용결과 보고서를 제출받은 날부터 20일 이내에 인터넷(시 · 군 · 구 홈페이지) 등을 통하여 3개월간 공개
  ※ 시 · 도가 관할하는 법인의 경우, 관할 시 · 도에 제출하여 공개 또는 관할 시 · 도가 지정하는 시 · 군 · 구에 제출하여 공개
- 같은 기간 동안 법인의 대표이사 및 시설의 장도 후원금 수입 및 사용결과 보고서를 법인 및 시설의 게시판과 인터넷 홈페이지에 공개
  ※ 단, 후원자 성명(법인의 경우 그 명칭)은 공개하지 말 것
- 각 시 · 군 · 구 및 시 · 도는 법인과 시설의 후원금 수입 및 사용결과 보고 및 공개 의무를 사전에 충분히 안내하고 사후에 철저히 지도 · 감독
- 후원금 수입 및 사용결과 보고 · 공개 의무 위반 시 300만원 이하의 과태료 부과
  ※ 후원금 보고 · 공개가 미흡하므로 후원금수입 및 사용결과 보고 및 공개 업무 철저 필요('12.6 감사원, "사회복지시설 후원금 등 관리실태" 감사 지적사항)

※ 시 · 군 · 구, 법인 및 시설 홈페이지에 후원금 사용결과를 단기간 공개하는 현재 제도로는 후원자가 후원한 결과에 대한 확인이 어려워, 차후 공시방안 등에 대하여 다각적으로 검토하여 추진 예정

제7절 감 사

- 법인의 감사는 당해 법인과 시설에 대하여 매년 1회 이상 감사를 실시
- 시설장과 수입원 및 지출원이 사망하거나 경질된 때에는 그 관장에 속하는 수입, 지출, 재산, 물품 및 현금 등의 관리상황을 감사함
  ※ 감사시 전임자가 입회하여야 하며, 전임자가 입회할 수 없는 경우에는 그 전임자가 지정하거나 법인의 대표이사가 관계 직원 중에서 지정한 입회인을 입회하게 함
- 감사 후 감사보고서를 작성하여 법인 이사회에 보고하며, 재산상황 또는 업무집행에 관하여 부정 또는 불비한 점이 발견된 때에는 시 · 군 · 구청장에게 보고

제13장

사회복지법인 및 시설관리에 따른 지적사례

제1절 회계처리사항

제2절 세입·세출예산 및 사업계획과 결산보고

제3절 후원금 관리

제4절 물품 관리

제5절 시설종사자 인건비 등

제6절 법인의 수익사업에 따른 수익금 관리

제7절 사회복지시설 운영상 소홀하기 쉬운 사항

제1절 회계처리사항

① 예산집행시 사회복지법인 재무회계규칙의 예산과목 해소기준에 따라 지출과목을 명확하지 않게 지출하는 사례

② 공공요금을 납부기한 내 납부하지 않고 연체하여 납부하는 사례

③ 물품의 구입, 공사 등의 대금 집행 시 부가가치세법에 의거 세금계산서를 징구하고 관할 세무서에 제출하여야 함에도 간이영수증을 징구하는 사례

④ 물품구입 등 대금을 집행함에 있어 10만원 이상의 금액을 집행할 시에는 정당한 채주의 예금계좌에 입금하지 않고 현금으로 지급하고 있는 사례

⑤ 세입, 세출의 일일기록부를 정리함으로서 예금 및 현금잔액이 예금통장과 일치시키는 일계표 작성을 않고 운영하고 있는 사례

제2절 세입·세출예산 및 사업계획과 결산보고

① 법인 및 시설의 모든 수입과 지출을 예산 총계주의에 따라 예산에 편입하여 집행하지 않고 있는 사례

② 법인의 대표이사는 익년도 세입 · 세출예산 및 사업계획을 수립하고 법인의 회계별 예산을 이사회 의결을 거쳐 확정하고 이를 매회계 연도 개시 5일전까지 관할 시장 · 군수에게 제출하지 않고 운영하는 사례

③ 법인의 대표이사는 예산 성립 후에 생긴 사유로 인하여 예산을 변경할 필요가 있을 때에는 예산편성 절차에 따라 추가경정예산을 편성 및 절차에 따라 예산을 확정하여 7일 이내에 시장 · 군수에게 제출하지 않고 지출하는 사례

④ 법인의 대표이사는 매년 법인회계와 시설회계의 세입 · 세출결산서를 작성하여 이

사회의 의결을 거친 후 다음연도 3월 31일까지 시장 · 군수에게 제출하여야 하나 이를 이행하지 않는 사례

⑤ 예산 성립 후 과목별 예산이 부족할 경우 일시 차입금을 시설의 세입 · 세출 예산에 편입하지 않은 채 개인으로부터 부족액을 일시 차입 절차없이 임의차입하고 추후 이를 변제하는 사례(일시 차입금은 반드시 당해연도 법인 · 시설의 세입 · 세출예산으로 편입하고 사전에 이사회의 의결을 거쳐 차입하여야 하고, 이는 법인 · 시설의 부채로서 자금의 여유가 있을 때 일시차입금에 대한 원금 및 이자를 상환하도록 함)

제3절 후원금 관리

① 사회복지법인 재무회계규칙에 따라 후원금도 법인 및 시설의 예산에 편성하여야 함에도 예산에 편성하지 않고 임의로 사용하고 후원자에 대한 영수증 교부를 소홀히 하는 사례

② 법인 및 시설의 후원금을 직접 받은 경우, 영수증 2부를 작성하여 1부는 후원자에게 반드시 교부하고, 1부는 자체 보관해야 함에도 이를 미이행하는 사례

③ 후원금에 대한 회계처리는 수입 · 지출결의서 또는 전표를 작성하여 대표이사 및 시설장의 결재를 득해야 함에도 미이행한 사례

④ 후원금은 후원자가 지정한 사용용도에 따라 사용하고 해당 후원금의 수입 및 사용 내역을 후원금을 낸 법인, 단체 또는 개인에게 통보하도록 되어 있음에도 불구하고, 이를 후원자에게 통보하지 않고 있는 사례

⑤ 법인의 대표이사와 시설의 장은 매 반기 종료 후 10일 이내에 후원금 수입 및 사용 결과보고서를 관할 시장 · 군수에게 제출하지 않은 사례

제4절 물품 관리

① 물품구입, 기증 등으로 득한 모든 물품, 소모품을 수입 및 사용내역을 자세히 명시한 품목별 일련번호를 부여한 물품관리대장에 작성, 비치하여 물품관리에 적정성을 기하고 주기적으로(년 1회 이상) 실물검수 절차를 취해야 함에도 이를 미이행 한 사례
② 사용이 불가능하거나 수리 불능인 물품은 불용결정(내부결재)하고 불용품으로 매각한 경우 매각 대금을 당해법인 및 시설의 세입예산에 편입하여야 함에도 편입하지 않고 있는 사례

제5절 시설종사자 인건비 등

① 종사자의 보수는 사회복지시설 직원보수규정에 의거 지급하여야 하나 동규정을 무시하고 임의 지급하고 있는 사례
② 사회복지시설의 종사자 호봉책정시 경력 인정은 공무원의 근무경력과 사회복지사업법 제2조1항에 의거 사회복지사업 등에 종사한 근무경력 등을 삽입하여 호봉을 책정하여야 하나 군경력을 미 삽입한 사례

제6절 법인의 수익사업에 따른 수익금 관리

① 실비이용료 프로그램을 운영할시에는 출석부 및 프로그램 운영일지를 작성하여 이용료 수납현황과 상호 대조 · 검증에 활용하도록 기록관리에 만전을 기하여야 함에

도 서류 일부가 부실 정리되고 있는 사례

② 노임에 대하여는 각 개인마다 예금구좌를 설치하여 이를 입소자에게 공개하여야 하며 입소자의 요청이 있을 때에는 퇴소 후 자립, 자활에 지장이 없는 범위 안에서 그 일부를 지급하거나 입소자가 퇴소시 전액 지급하여야 함.

제7절 사회복지시설 운영상 소홀하기 쉬운 사항

① 각종 프로그램을 운영하는 외부강사에게 강사료를 지급할 때에는 소득세법 제129조제1항의 규정에 따라 지급강사료의 3%에 해당하는 소득세와 지방세법 제176조제3항의 규정에 따라 소득세에 10%에 해당하는 주민세를 납부하여야 함에도 소득세 및 주민세 미징수

② 시설의 관리운영에 필요한 조직, 인사, 급여, 회계, 물품 등에 관한 내부 관리 운영규정을 반드시 법인 이사회의 의결을 거쳐 제정하여 시행하여야 함에도 미이행

③ 사회복지시설 종사자 보수교육과정 수료사항을 인사기록카드 등에 기록하여야 함에도 미기록

④ 사회복지시설의 예금통장은 시설장의 명의로 개설하여 통장을 효과적으로 관리하고 통장개설시 시설장의 결재를 득하여 통장관리를 철저히 하여야 함에도 · 법인명의 또는 법인의 대표자 명의 · 관장 개인명의 · 전총무부장의 명의 등으로 관리 · 운영하고 있는 사례

⑤ 사회복지관에서 관리운영하고 있는 재가복지 봉사센타 차량관리는 차량관리 기준에 의거 · 차량관리대장 · 차량정비대장 · 유류 수불대장 · 차량운행일지 등을 비치하여 기록하여야 함에도 각종대장 미비치, 미기록

⑥ 법인의 대표이사 및 사회복지관장을 직원을 임명할 때에는 경력 및 자격을 지체없이 해당기관에 조회하여야 함에도 미이행하고 있는 사례

부록 1

참 고 자 료
(재무·회계규칙·서식)

사회복지법인 및 사회복지시설 재무·회계 규칙

제정 1988. 2. 8 보건사회부령 제813호
개정 1993. 12. 27 보건사회부령 제922호
개정 1998. 1. 7 보건복지부령 제 57호
개정 1999. 3. 11 보건복지부령 제 98호
개정 2005. 7. 15 보건복지부령 제323호
개정 2008. 3. 3 보건복지가족부령 제 1 호
개정 2009. 2. 5 보건복지가족부령 제 91 호
개정 2010. 3. 19 보건복지부령 제 1 호
개정 2012. 8. 7 보건복지부령 제152호

제1장 총 칙

제1조(목적) 이 규칙은 「사회복지사업법」 제23조제4항, 제34조제3항 및 제45조제2항의 규정에 의하여 사회복지법인 및 사회복지시설의 재무·회계 및 후원금관리에 관한 사항을 규정하여 재무·회계 및 후원금관리의 명확성·공정성·투명성을 기함으로써 사회복지법인 및 사회복지시설의 합리적인 운영에 기여함을 목적으로 한다. 〈개정 2012.8.7〉

[전문개정 2005.7.15]

제2조(재무·회계운영의 기본원칙) 사회복지법인(이하 "법인"이라 한다) 및 사회복지시설(법인이 설치·운영하는 사회복지시설을 포함하며, 이하 "시설"이라 한다)의 재무·회계는 그 설립목적에 따라 건전하게 운영되어야 한다. 〈개정 2012.8.7〉

제2조의2(다른 법령과의 관계) 법인 및 시설의 재무 및 회계 처리에 관하여 다른 법령에 특별한 규정이 있는 경우를 제외하고는 이 규칙이 정하는 바에 따른다.

[본조신설 2012.8.7]

제3조(회계연도) 법인 및 시설의 회계연도는 정부의 회계연도에 의한다. 〈개정 2012.8.7〉

제4조(회계연도 소속구분) 법인 및 시설의 수입 및 지출의 발생과 자산 및 부채의 증감·변동에 관하여는 그 원인이 되는 사실이 발생한 날을 기준으로 하여 연도소속을 구분한다. 다만, 그 사실이 발생한 날을 정할 수 없는 경우에는 그 사실을 확인한 날을 기준으로 하여 연도소속을 구분한다. 〈개정 2012.8.7〉

제5조(출납기한) 1회계연도에 속하는 법인 및 시설의 세입·세출의 출납에 관한 사무는 다음연도 2월말일까지 완결하여야 한다. 〈개정 1993.12.27, 2012.8.7〉

[제목개정 1998.1.7]

제6조 (회계의 구분) ① 이 규칙에서의 회계는 법인의 업무전반에 관한 회계(이하 "법인회계"라 한다), 시설의 운영에 관한 회계(이하 "시설회계"라 한다) 및 법인이 수행하는 수익사업에 관한 회계(이하 "수익사업회계"라 한다)로 구분한다.

② 법인의 회계는 법인회계, 해당 법인이 설치 · 운영하는 시설의 시설회계 및 수익사업회계로 구분하여야 하며, 시설의 회계는 해당 시설의 시설회계로 한다.

[전문개정 2012.8.7]

제6조의2 (정보통신매체에 의한 재무 · 회계처리) ① 법인 및 시설의 재무 · 회계는 컴퓨터 회계프로그램으로 처리할 수 있다. 〈개정 2012.8.7〉

② 보건복지부장관은 법인 및 시설의 재무 · 회계업무의 효율성 및 투명성을 높이기 위하여 「사회복지사업법」 제6조의2제2항에 따른 정보시스템으로서 법인 및 시설의 재무회계를 처리하기 위한 정보시스템을 구축 · 운영할 수 있다. 〈신설 2012.8.7〉

③ 보건복지부장관, 시 · 도지사, 시장(「제주특별자치도 설치 및 국제자유도시 조성을 위한 특별법」 제17조제2항에 따른 행정시장을 포함한다. 이하 같다) · 군수 · 구청장은 법인 또는 시설에 대하여 제2항에 따른 시스템을 사용할 것을 권장할 수 있다. 〈신설 2012.8.7〉

④ 「사회복지사업법」 제42조에 따른 보조금을 받는 법인 및 시설은 제1항에 따른 컴퓨터 회계프로그램 중 보건복지부장관이 검증한 표준연계모듈이 적용된 정보시스템 또는 제2항에 따른 정보시스템을 사용하여 재무 · 회계를 처리하여야 한다. 다만, 보건복지부장관이 정하는 법인 및 시설은 그러하지 아니하다. 〈신설 2012.8.7〉

⑤ 제1항에 따른 컴퓨터 회계프로그램 또는 제2항에 따른 시스템에 의하여 전자장부를 사용하는 경우에는 제24조에 따른 회계장부를 둔 것으로 본다. 〈개정 2012.8.7〉

[본조신설 2005.7.15]

[시행일 : 2013.1.1] 제6조의2

제2장 예산과 결산

제1절 예산

제7조 (세입 · 세출의 정의) 1회계연도의 모든 수입을 세입으로 하고, 모든 지출을 세출로 한다.

제8조 (예산총계주의원칙) 세입과 세출은 모두 예산에 계상하여야 한다.

[전문개정 1998.1.7]

제9조(예산편성지침) ① 법인의 대표이사는 제2조의 취지에 따라 매 회계연도 개시 1월전까지 그 법인과 해당 법인이 설치 · 운영하는 시설의 예산편성 지침을 정하여야 한다. 〈개정 1998.1.7, 2012.8.7〉

② 법인 또는 시설의 소재지를 관할하는 시장 · 군수 · 구청장(자치구의 구청장을 말한다. 이하 같다)은 특히 필요하다고 인정되는 사항에 관하여는 예산편성지침을 정하여 매 회계연도 개시 2월전까지 법인 및 시설에 통보할 수 있다. 〈개정 1998.1.7, 2012.8.7〉

[제목개정 2012.8.7]

제10조(예산의 편성 및 결정절차) ① 법인의 대표이사 및 시설의 장은 예산을 편성하여 각각 법인 이사회의 의결 및 「사회복지사업법」 제36조에 따른 운영위원회 또는 「영유아보육법」 제25조에 따른 어린이집운영위원회(이하 "시설운영위원회"라 한다)에의 보고를 거쳐 확정한다. 다만, 법인이 설치 · 운영하는 시설인 경우에는 시설운영위원회에 보고한 후 법인 이사회의 의결을 거쳐 확정한다. 〈신설 2012.8.7〉

② 법인의 대표이사 및 시설의 장은 제1항에 따라 확정한 예산을 매 회계연도 개시 5일전까지 관할 시장 · 군수 · 구청장에게 제출하여야 한다. 〈개정 2009.2.5, 2012.8.7〉

③ 제1항에 따라 예산을 편성할 경우 법인회계와 시설회계의 예산은 별표 1부터 별표 4까지에 따른 세입 · 세출예산과목 구분에 따라 편성하여야 한다. 다만, 다음 각 호의 시설은 각 호에서 정하는 바에 따라 편성한다. 〈개정 2009.2.5, 2010. 3.19, 2012.8.7〉

1. 「사회복지사업법」 제34조의5에 따른 사회복지관, 「노인복지법」 제36조제1항제1호에 따른 노인복지관, 「장애인복지법」 제58조제1항제2호에 따른 장애인복지관, 그 밖에 보건복지부장관이 정하여 고시하는 시설: 별표 5 및 별표 6에 따른 세입 · 세출예산과목 구분에 따라 편성
2. 「영유아보육법」 제2조에 따른 어린이집: 별표 7 및 별표 8에 따른 세입 · 세출예산과목 구분에 따라 편성
3. 삭제 〈2012.8.7〉
4. 삭제 〈2012.8.7〉

④ 시장 · 군수 · 구청장은 제2항에 따라 예산을 제출받은 때에는 20일 이내에 법인과 시설의 회계별 세입 · 세출명세서를 시(「제주특별자치도 설치 및 국제자유도시 조성을 위한 특별법」 제15조제2항에 따른 행정시를 포함한다. 이하 같다) · 군 · 구(자치구를 말한다. 이하 같다)의 게시판과 인터넷 홈페이지에 20일 이상 공고하고, 법인의 대표이사 및 시설의 장으로 하여금 해당 법인 및 시설의 게시판과 인터넷 홈페이지에 20일 이상 공고하도록 하여야 한다. 〈개정

2009.2.5, 2012.8.7〉

⑤ 제4항에 따른 공고는 「신문 등의 진흥에 관한 법률」 제2조제1호에 따른 신문 또는 「잡지 등 정기간행물의 진흥에 관한 법률」 제2조제1호에 따른 정기간행물에 게재하는 것으로 갈음할 수 있다. 〈개정 2009.2.5, 2012.8.7〉

[전문개정 1998.1.7]

제11조(예산에 첨부하여야 할 서류) ① 예산에는 다음 각호의 서류가 첨부되어야 한다. 다만, 단식부기로 회계를 처리하는 경우에는 제1호 · 제2호 · 제5호 및 제6호의 서류만을 첨부할 수 있고, 국가 · 지방자치단체 · 법인 외의 자가 설치 · 운영하는 시설로서 거주자 정원 또는 일일평균 이용자가 20명 이하인 시설(이하 "소규모 시설"이라한다)은 제2호 및 제6호의 서류만을 첨부할 수 있으며, 「영유아보육법」 제2조에 따른 어린이집은 보건복지부장관이 정하는 바에 따른다. 〈개정 1993.12.27, 2012.8.7〉

1. 예산총칙
2. 세입 · 세출명세서
3. 추정대차대조표
4. 추정수지계산서
5. 임 · 직원 보수일람표
6. 당해예산을 의결한 이사회 회의록 또는 해당 예산을 보고받은 시설운영위원회 회의록 사본

② 제1항제2호 내지 제5호의 서류의 서식은 별지 제1호서식 내지 별지 제4호서식에 의한다.

제12조(준예산) 회계연도 개시전까지 법인 및 시설의 예산이 성립되지 아니한 때에는 법인의 대표이사 및 시설의 장은 시장 · 군수 · 구청장에게 그 사유를 보고하고 예산이 성립될 때까지 다음의 경비를 전년도 예산에 준하여 집행할 수 있다. 〈개정 2012.8.7〉

1. 임 · 직원의 보수
2. 법인 및 시설운영에 직접 사용되는 필수적인 경비
3. 법령상 지급의무가 있는 경비

제13조(추가경정예산) ① 법인의 대표이사 및 시설의 장은 예산성립후에 생긴 사유로 인하여 이미 성립된 예산에 변경을 가할 필요가 있을 때에는 제10조 및 제11조의 규정에 의한 절차에 준하여 추가경정예산을 편성 · 확정할 수 있다. 〈개정 2012.8.7〉

② 법인의 대표이사 및 시설의 장은 추가경정예산이 확정된 날로부터 7일이내에 이를 시장 · 군수 · 구청장에게 제출하여야 한다. 〈개정 2012.8.7〉

제14조 (예비비) 법인의 대표이사 및 시설의 장은 예측할 수 없는 예산외의 지출 또는 예산의 초과지출에 충당하기 위하여 예비비를 세출예산에 계상할 수 있다. 〈개정 2012.8.7〉

[전문개정 1999.3.11]

제15조 (예산의 목적외 사용금지) 법인회계 및 시설회계의 예산은 세출예산이 정한 목적외에 이를 사용하지 못한다.

제16조 (예산의 전용) ① 법인의 대표이사 및 시설의 장은 관 · 항 · 목간의 예산을 전용할 수 있다. 다만, 법인 및 시설(소규모 시설은 제외한다)의 관간 전용 또는 동일 관내의 항간 전용을 하려면 이사회의 의결 또는 시설운영위원회에의 보고를 거쳐야 하되, 법인이 설치 · 운영하는 시설인 경우에는 시설운영위원회에 보고한 후 법인 이사회의 의결을 거쳐야 한다. 〈개정 1998.1.7, 2012.8.7〉

② 제1항에도 불구하고 예산총칙에서 전용을 제한하고 있거나 이사회 및 시설 예산심의과정에서 삭감한 관 · 항 · 목으로는 전용하여서는 아니 된다. 〈신설 2012.8.7〉

③ 법인의 대표이사 및 시설의 장은 제1항에 따라 관 · 항 간 예산을 전용한 경우에는 관할 시장 · 군수 · 구청장에게 제19조 및 제20조에 따른 결산보고서를 제출할 때에 과목 전용조서를 첨부하여야 한다. 〈개정 2012.8.7〉

제17조 (세출예산의 이월) 법인의 대표이사 및 시설의 장은 법인회계와 시설회계의 세출예산중 경비의 성질상 당해회계연도안에 지출을 마치지 못할 것으로 예측되는 경비와 연도내에 지출원인행위를 하고 불가피한 사유로 인하여 연도내에 지출하지 못한 경비를 각각 이사회의 의결 및 시설운영위원회에의 보고를 거쳐 다음 연도에 이월하여 사용할 수 있다. 다만, 법인이 설치 · 운영하는 시설인 경우에는 시설운영위원회에 사전 보고한 후 법인 이사회의 의결을 거쳐야 한다. 〈개정 1998.1.7, 2012.8.7〉

제18조 (특정목적사업 예산) ① 법인의 대표이사 및 시설의 장은 완성에 수년을 요하는 공사나 제조 그밖의 특수한 사업을 위하여 2회계연도 이상에 걸쳐서 그 재원을 적립할 필요가 있는 때에는 회계연도마다 일정액을 예산에 계상하여 특정목적사업을 위한 적립금으로 적립할 수 있다. 다만, 「영유아보육법」 제2조에 따른 어린이집은 그러하지 아니하다. 〈개정 2012.8.7〉

② 적립금의 적립 및 사용 계획(변경된 계획을 포함한다)은 시장 · 군수 · 구청장에게 사전에 보고하여야 한다. 〈신설 2012.8.7〉

③ 적립금은 그 적립목적에만 사용하여야 한다. 〈신설 2012.8.7〉

④ 시장 · 군수 · 구청장은 법인 및 시설의 재정 상태 등을 고려하여 적립금의 적립 여부, 규모

및 적립기간 등에 관하여 필요한 조치를 할 수 있다. 〈신설 2012.8.7〉

제2절 결산

제19조(결산서의 작성 제출) ① 법인의 대표이사 및 시설의 장은 법인회계와 시설회계의 세입 · 세출 결산보고서를 작성하여 각각 이사회의 의결 및 시설운영위원회에의 보고를 거친 후 다음 연도 3월 31일까지 시장 · 군수 · 구청장에게 제출하여야 한다. 다만, 법인이 설치 · 운영하는 시설인 경우에는 시설운영위원회에 보고한 후 법인 이사회의 의결을 거쳐 제출하여야 한다. 〈개정 2012.8.7〉

② 시장 · 군수 · 구청장은 제1항에 따라 결산보고서를 제출받은 때에는 20일 이내에 법인 및 시설의 세입 · 세출결산서를 시 · 군 · 구의 게시판과 인터넷 홈페이지에 20일 이상 공고하고, 법인의 대표이사 및 시설의 장으로 하여금 해당 법인 및 시설의 게시판과 인터넷 홈페이지에 20일 이상 공고하도록 하여야 한다. 〈신설 1998.1.7, 2009.2.5, 2012.8.7〉

1. 삭제 〈2012.8.7〉
2. 삭제 〈2012.8.7〉

③ 제2항에 따른 공고는 「신문 등의 진흥에 관한 법률」 제2조제1호에 따른 신문 또는 「잡지 등 정기간행물의 진흥에 관한 법률」 제2조제1호에 따른 정기간행물에 게재하는 것으로 갈음할 수 있다. 〈개정 2009.2.5, 2012.8.7〉

제20조(결산보고서에 첨부하여야 할 서류) ① 결산보고서에는 다음 각호의 서류가 첨부되어야 한다. 다만, 단식부기로 회계를 처리하는 경우에는 제1호부터 제3호까지 및 제14호부터 제23호까지의 서류만을 첨부할 수 있고, 소규모 시설의 경우에는 제1호 및 제17호의 서류만을 첨부할 수 있으며, 「영유아보육법」 제2조에 따른 어린이집은 보건복지부장관이 정하는 바에 따른다. 〈개정 1993.12.27, 1998.1.7, 2012.8.7〉

1. 세입 · 세출결산서
2. 과목 전용조서
3. 예비비 사용조서
4. 대차대조표
5. 수지계산서
6. 현금 및 예금명세서
7. 유가증권명세서

8. 미수금명세서
9. 재고자산명세서
10. 기타 유동자산명세서(제6호 내지 제9호의 유동자산외의 유동자산을 말한다)
11. 고정자산(토지 · 건물 · 차량운반구 · 비품 · 전화가입권)명세서
12. 부채명세서(차입금 · 미지급금을 포함한다)
13. 제충당금명세서
14. 기본재산수입명세서(법인만 해당한다)
15. 사업수입명세서
16. 정부보조금명세서
17. 후원금수입명세 및 사용결과보고서(전산파일을 포함한다)
18. 후원금 전용계좌의 입출금내역
19. 인건비명세서
20. 사업비명세서
21. 기타비용명세서(인건비 및 사업비를 제외한 비용을 말한다)
22. 감사보고서
23. 법인세 신고서(수익사업이 있는 경우에 한한다)

② 제1항제1호 내지 제3호의 서류는 별지 제5호서식 · 별지 제5호의2서식 내지 별지 제5호의4서식 · 별지 제6호서식 및 별지 제7호서식에 의하고, 제1항제4호 및 제5호의 서류는 별지 제2호서식 및 별지 제3호서식에 의하며, 제6호부터 제17호까지의 서류는 별지 제8호서식부터 별지 제19호서식까지에 따르며, 제19호부터 제22호까지의 서류는 별지 제20호서식부터 별지 제23호서식까지에 따른다. 〈개정 2005.7.15, 2012.8.7〉

제3장 회계

제1절 총칙

제21조(수입 및 지출사무의 관리) ① 법인의 대표이사와 시설의 장은 법인과 시설의 수입 및 지출에 관한 사무를 관리한다.

② 법인의 대표이사와 시설의 장은 수입 및 지출원인행위에 관한 사무를 각각 소속직원에게 위임할 수 있다.

제22조(수입과 지출의 집행기관) ① 법인과 시설에는 수입과 지출의 현금출납업무를 담당하게 하기 위하여 각각 수입원과 지출원을 둔다. 다만, 법인 또는 시설의 규모가 소규모인 경우에는 수입원과 지출원을 동일인으로 할 수 있다.

② 제1항의 수입원과 지출원은 각각 그 법인의 대표이사와 시설의 장이 임면한다.

제23조(회계의 방법) 회계는 단식부기에 의한다. 다만, 법인회계와 수익사업회계에 있어서 복식부기의 필요가 있는 경우에는 복식부기에 의한다.

[전문개정 1993.12.27]

제24조(장부의 종류) ① 법인 및 시설에는 다음의 회계장부를 둔다. 〈개정 1998.1.7〉

1. 현금출납부
2. 총계정원장
3. 삭제 〈2012.8.7〉
4. 재산대장
5. 비품관리대장
6. 삭제 〈2009.2.5〉
7. 삭제 〈1998.1.7〉
8. 삭제 〈1998.1.7〉
9. 삭제 〈1998.1.7〉
10. 삭제 〈1998.1.7〉
11. 삭제 〈1998.1.7〉
12. 삭제 〈1998.1.7〉

② 제1항제1호부터 제5호까지의 규정에 따른 회계장부는 별지 제24호서식, 별지 제24호의2서식, 별지 제25호서식, 별지 제25호의2서식 및 별지 제26호서식부터 별지 제28호서식까지에 따른다. 〈개정 2009.2.5〉

제2절 수입

제25조(수입금의 수납) ① 모든 수입금의 수납은 이를 금융기관에 취급시키는 경우를 제외하고는 수입원이 아니면 수납하지 못한다.

② 수입원이 수납한 수입금은 그 다음날까지 금융기관에 예입하여야 한다. 〈개정 1998.1.7〉

③ 제1항 및 제2항의 규정에 의한 수입금에 대한 금융기관의 거래통장은 제6조의 규정에 의한

회계별로 구분될 수 있도록 보관 · 관리하여야 한다. 〈신설 1998.1.7〉

제26조(과년도 수입과 반납금 여입) ① 출납이 완결한 연도에 속하는 수입 기타 예산외의 수입은 모두 현년도의 세입에 편입하여야 한다.

② 지출된 세출의 반납금은 각각 지출한 세출의 당해과목에 여입할 수 있다.

제27조(과오납의 반환) 과오납된 수입금은 수입한 세입에서 직접 반환한다.

제3절 지출

제28조(지출의 원칙) ① 지출은 제21조의 규정에 의한 지출사무를 관리하는 자 및 그 위임을 받아 지출명령이 있는 것에 한하여 지출원이 행한다.

② 제1항의 지출명령은 예산의 범위안에서 하여야 한다.

제29조(지출의 방법) ① 지출은 상용의 경비 또는 소액의 경비지출을 제외하고는 예금통장에 의하거나 「전자문서 및 전자거래 기본법」 제2조제5호에 따른 전자거래로 행하여야 한다. 다만, 시설에 지원되는 국가 또는 지방자치단체의 보조금 지출은 보건복지부장관이 지정하는 수단으로 하여야 한다. 〈개정 2009.2.5, 2012.8.7, 2012.8.31〉

② 제1항에도 불구하고 지출원은 상용의 경비 또는 소액의 경비를 지출할 수 있으며, 이를 위하여 100만원 이하의 현금을 보관할 수 있다. 〈개정 2009.2.5, 2012.8.7〉

③ 제1항 및 제2항에 따른 상용의 경비 또는 소액의 경비지출의 범위는 시 · 도지사가 정할 수 있다. 〈신설 2012.8.7〉

제30조(지출의 특례) ① 지출에 있어서 선금급을 할 수 있는 경비의 범위는 다음과 같다. 〈개정 2009.2.5〉

1. 외국에서 직접 구입하는 기계, 도서, 표본 또는 실험용재료의 대가
2. 정기간행물의 대가
3. 토지 또는 가옥의 임대료와 용선료
4. 운 임
5. 소속직원중 특별한 사정이 있는 자에 대하여 지급하는 급여의 일부
6. 관공서(「공공기관의 운영에 관한 법률」에 따른 공공기관 및 특별법에 의하여 설립된 특수법인을 포함한다)에 대하여 지급하는 경비
7. 외국에서 연구 또는 조사에 종사하는 자에 대하여 지급하는 경비
8. 보조금

9. 사례금
10. 계약금액이 1천만원 이상인 공사나 제조 또는 물건의 매입을 하는 경우에 계약금액의 100분의 50을 초과하지 아니하는 금액

② 지출에 있어서 개산급을 할 수 있는 경비의 범위는 다음과 같다. 〈개정 2009.2.5〉

1. 여비 및 판공비
2. 관공서(「공공기관의 운영에 관한 법률」에 따른 공공기관 및 특별법에 의하여 설립된 특수법인을 포함한다)에 대하여 지급하는 경비
3. 보조금
4. 소송비용

제4절 계약

제30조의2(계약의 원칙) 계약에 관한 사항은 「지방자치단체를 당사자로 하는 계약에 관한 법률」, 같은 법 시행령 및 같은 법 시행규칙을 준용한다. 다만, 국가 · 지방자치단체 · 법인 외의 자가 설치 · 운영하는 시설 및 「영유아보육법」 제2조에 따른 어린이집의 경우에는 그러하지 아니하다. 〈개정 2012.8.7〉

[전문개정 2009.2.5]

제31조(계약담당자) ① 계약에 관한 사무는 각각 그 법인의 대표이사와 시설의 장이 처리한다.

② 법인의 대표이사와 시설의 장은 계약체결에 관한 사무를 소속직원에게 위임할 수 있다.

제32조 삭제 〈2009.2.5〉

제33조 삭제 〈2009.2.5〉

제34조 삭제 〈2009.2.5〉

제35조 삭제 〈2009.2.5〉

제36조 삭제 〈2009.2.5〉

제37조 삭제 〈2009.2.5〉

제37조의2 삭제 〈2009.2.5〉

제4장 물품

제38조(물품의 관리자와 출납원) ① 법인의 대표이사와 시설의 장은 그 소관에 속하는 물품(현금

및 유가증권을 제외한 동산을 말한다. 이하 같다)을 관리한다. 〈개정 1998.1.7〉

② 법인의 대표이사와 시설의 장은 그 소관에 속하는 물품관리에 관한 사무를 소속직원에게 위임할 수 있다.

③ 법인의 대표이사와 시설의 장(제2항의 규정에 의하여 위임을 받은 자를 포함한다. 이하 "물품관리자"라 한다)은 물품의 출납보관을 위하여 소속직원중에서 물품출납원을 지정하여야 한다.

제39조(물품의 관리의무) 물품관리자 및 물품출납원은 선량한 관리자의 주의로써 사무에 종사하여야 한다.

제40조(물품의 관리) ① 물품관리자는 물품을 출납하게 하고자 할 때에는 물품출납원에게 출납하여야 할 물품의 분류를 명백히 하여 그 출납을 명령하여야 한다.

② 물품출납원은 제1항의 규정에 의한 명령이 없이는 물품을 출납할 수 없다.

제40조의2(재물조사) 법인의 대표이사와 시설의 장은 연 1회 그 관리에 속하는 물품에 대하여 정기적으로 재물조사를 실시하여야 하며, 필요하다고 인정하는 때에는 정기재물조사외에 수시로 재물조사를 할 수 있다.

[본조신설 1998.1.7]

제41조(불용품의 처리) ① 법인과 시설의 물품관리자는 물품중 그 사용이 불가능하거나 수리하여 다시 사용할 수 없게 된 물품이 있을 때에는 그 물품에 대하여 불용의 결정을 하여야 한다.

② 제1항의 규정에 의한 불용품을 매각한 경우 그 대금은 당해법인 또는 시설의 세입예산에 편입시켜야 한다.

제4장의2 후원금의 관리 〈신설 1998.1.7〉

제41조의2(후원금의 범위등) ① 법인의 대표이사와 시설의 장은 「사회복지사업법」 제45조에 따른 후원금의 수입·지출 내용과 관리에 명확성이 확보되도록 하여야 한다. 시설거주자가 받은 개인결연후원금을 당해인이 정신질환 기타 이에 준하는 사유로 관리능력이 없어 시설의 장이 이를 관리하게 되는 경우에도 또한 같다. 〈개정 1999.3.11, 2012.8.7〉

② 삭제 〈1999.3.11〉

[본조신설 1998.1.7]

제41조의3 삭제 〈1999.3.11〉

제41조의4(후원금의 영수증 발급 등) ① 법인의 대표이사와 시설의 장은 후원금을 받은 때에는 「소득세법 시행규칙」 제101조제20호의2에 따른 기부금영수증 서식 또는 「법인세법 시행규칙」 제82조제7항제3호의3에 따른 기부금영수증 서식에 따라 후원금 영수증을 발급하여야 하며, 영수증 발급목록을 별도의 장부로 작성 · 비치하여야 한다. 〈개정 2009.2.5, 2012.8.7〉

② 법인의 대표이사와 시설의 장은 금융기관 또는 체신관서의 계좌입금을 통하여 후원금을 받은 때에는 법인명의의 후원금전용계좌나 시설의 명칭이 부기된 시설장 명의의 계좌(이하 "후원금전용계좌등"이라 한다)를 사용하여야 한다. 이 경우 후원자가 영수증 발급을 원하는 경우를 제외하고는 제1항에 따른 영수증의 발급을 생략할 수 있다. 〈개정 2009.2.5〉

③ 법인의 대표이사 및 시설의 장은 후원금을 받을 때에는 각각의 법인 및 시설별로 후원금전용계좌등을 구분하여 사용하여야 하며, 미리 후원자에게 후원금전용계좌등의 구분에 관한 사항을 안내하여야 한다. 〈신설 2012.8.7〉

④ 모든 후원금의 수입 및 지출은 후원금전용계좌등을 통하여 처리하여야 한다. 다만, 물품 형태의 후원금은 그러하지 아니하다. 〈신설 2012.8.7〉

[전문개정 2005.7.15]

[제목개정 2009.2.5]

제41조의5(후원금의 수입 및 사용내용통보) 법인의 대표이사와 시설의 장은 연 1회이상 해당 후원금의 수입 및 사용내용을 후원금을 낸 법인 · 단체 또는 개인에게 통보하여야 한다. 이 경우 법인이 발행하는 정기간행물 또는 홍보지등을 이용하여 일괄 통보할 수 있다.

[본조신설 1998.1.7]

제41조의6(후원금의 수입 · 사용결과 보고 및 공개) ① 법인의 대표이사와 시설의 장은 제19조 및 제20조에 따른 결산보고서를 제출할 때에 별지 제19호서식에 의한 후원금수입 및 사용결과보고서(전산파일을 포함한다)를 관할 시장 · 군수 · 구청장에게 제출하여야 한다. 〈개정 2005.7.15, 2009.2.5, 2012.8.7〉

② 시장 · 군수 · 구청장은 제1항에 따라 제출받은 후원금수입 및 사용결과보고서를 제출받은 날부터 20일 이내에 인터넷 등을 통하여 3개월 동안 공개하여야 하며, 법인의 대표이사 및 시설의 장은 해당 법인 및 시설의 게시판과 인터넷 홈페이지에 같은 기간 동안 공개하여야 한다. 다만, 후원자의 성명(법인 등의 경우는 그 명칭)은 공개하지 아니한다. 〈신설 2005.7.15, 2009.2.5, 2012.8.7〉

[본조신설 1998.1.7]

[제목개정 2005.7.15]

제41조의7(후원금의 용도외 사용금지) ① 법인의 대표이사와 시설의 장은 후원금을 후원자가 지정한 사용용도외의 용도로 사용하지 못한다.

② 보건복지부장관은 후원자가 사용용도를 지정하지 아니한 후원금에 대하여 그 사용기준을 정할 수 있다. 〈신설 2012.8.7〉

③후원금의 수입 및 지출은 제10조의 규정에 의한 예산의 편성 및 확정절차에 따라 세입·세출예산에 편성하여 사용하여야 한다. 〈개정 2012.8.7〉

[본조신설 1998.1.7]

제5장 감사

제42조(감사) ①법인의 감사는 당해법인과 시설에 대하여 매년 1회이상 감사를 실시하여야 한다.

②법인의 대표이사는 시설의 장과 수입원 및 지출원이 사망하거나 경질된 때에는 그 관장에 속하는 수입, 지출, 재산, 물품 및 현금등의 관리상황을 감사로 하여금 감사하게 하여야 한다.

③제2항의 규정에 의한 감사를 함에 있어서는 전임자가 입회하여야 하며, 전임자가 입회할 수 없는 경우에는 그 전임자가 지정하거나 법인의 대표이사가 관계직원중에서 지정한 입회인을 입회하게 하여야 한다.

④감사는 제1항 내지 제3항의 규정에 의하여 감사를 한 때는 감사보고서를 작성하여 당해법인의 이사회에 보고하여야 하며, 재산상황 또는 업무집행에 관하여 부정 또는 불비한 점이 발견된 때에는 시장·군수·구청장에게 보고하여야 한다.

⑤제4항의 감사보고서에는 감사가 서명 또는 날인하여야 한다. 〈개정 1998.1.7〉

제6장 보칙

제43조(사무의 인계·인수) ①회계사무를 담당하는 직원이 교체된 때에는 당해사무의 인계·인수는 발령일로부터 5일이내에 행하여져야 한다. 〈개정 2012.8.7〉

②인계자는 인계할 장부와 증빙서류등의 목록을 각각 3부씩 작성하여 인계·인수자가 각각 기명날인한 후 각각 1부씩 보관하고, 1부는 이를 예금잔고증명과 함께 인계·인수보고서에 첨부하여 법인의 대표이사 및 시설의 장에게 제출하여야 한다. 이 경우 법인이 설치·운영하는 시설에 있어서는 시설의 장을 거쳐 제출하여야 한다. 〈개정 2012.8.7〉

제44조(시행세칙) 이 규칙의 시행을 위하여 필요한 세부사항은 보건복지부장관이 정한다. 〈개정

1998.1.7, 2008.3.3, 2010.3.19〉

부 칙 〈제269호, 2012.8.31〉 (전자문서 및 전자거래 기본법 시행규칙)

제1조(시행일) 이 규칙은 2012년 9월 2일부터 시행한다.

제2조 생략

제3조(다른 법령의 개정) ① 및 ② 생략

③ 사회복지법인 및 사회복지시설 재무 · 회계 규칙 일부를 다음과 같이 개정한다.

제29조제1항 본문 중 "「전자거래기본법」"을 "「전자문서 및 전자거래 기본법」"으로 한다.

④ 생략

제4조 생략

[별표 1] 〈개정 2012.8.7〉

법인회계 세입예산과목구분(제10조제3항 본문 관련)

과목						내 역
관		항		목		
01	재산수입	11	기본재산수입	111	임대료수입	부동산 임대수입
				112	배당 및 이자수입	소유주식배당수입, 예금이자수입
				113	재산매각수입	부동산매각수입
				114	기타수입	불용재산매각 등 그 밖의 재산수입
02	사업수입	21	사업수입	211	○○사업수입	법인의 자체사업으로 얻어지는 수입 ※ 법인의 수익사업은 수익사업회계로 처리
03	과년도수입	31	과년도수입	311	과년도수입	전년도에 세입조정된 수입으로서 금년도에 수입으로 확정된 것
04	보조금수입	41	보조금수입	411	국고보조금	국가로부터 받은 경상보조금 및 자본보조금
				412	시 · 도 보조금	시·도로부터 받은 경상보조금 및 자본보조금
				413	시 · 군 · 구보조금	시·군·구로부터 받은 경상보조금 및 자본보조금
				414	기타 보조금	그 밖에 국가, 지방자치단체 및 사회복지사업 기금 등에서 공모사업 선정으로 받은 보조금
05	후원금수입	51	후원금수입	511	지정후원금	국내외 민간단체 및 개인으로부터 후원명목으로 받은 기부금 · 결연후원금 · 위문금 · 찬조금 중 후원목적이 지정된 수입
				512	비지정후원금	국내외 민간단체 및 개인으로부터 후원명목으로 받은 기부금 · 결연후원금 · 위문금 · 찬조금 중 후원목적이 지정되지 아니한 수입과 자선행사 등으로 얻어지는 수입

과 목						내 역
관		항		목		
06	차입금	61	차입금	611	금융기관 차입금	금융기관으로부터의 차입금
				612	기타차입금	개인·단체 등으로부터의 차입금
07	전입금	71	전입금	711	다른 회계로부터의 전입금	수익사업회계 및 시설회계로부터의 전입금
08	이월금	81	이월금	811	전년도이월금	전년도 불용액으로서 이월된 금액
				812	전년도이월금(후원금)	전년도 후원금에 대한 불용액으로서 이월된 금액
				813	○○이월사업비	전년도에 종료되지 못한 ○○ 사업의 이월된 금액
09	잡수입	91	잡수입	911	불용품매각대	비품·집기·기계·기구 등과 그 밖의 불용품의 매각대
				912	기타예금이자 수입	기본재산예금 외의 예금이자 수입
				913	기타잡수입	그 밖의 재산매각수입, 변상금 및 위약금수입 등과 다른 과목에 속하지 아니하는 수입

[별표 2] 〈개정 2012.8.7〉

법인회계 세출예산과목구분(제10조제3항 본문 관련)

과목						내역
관		항		목		
01	사무비	11	인건비	111	급여	법인 임·직원에 대한 기본 봉급(기말·정근수당 포함)
				112	제수당	법인 임·직원에 대한 상여금 및 제수당(직종·직급별로 일정액을 지급하는 수당과 시간외근무수당·야간근무수당·휴일근무수당 등) 및 기타 수당
				113	일용잡급	일급 또는 단기간 채용하는 임시직에 대한 급여
				115	퇴직금 및 퇴직적립금	법인 임·직원퇴직급여제도에 따른 퇴직급여 및 퇴직적립금(충당금)
				116	사회보험 부담금	법인 임·직원의 사회보험(국민연금, 국민건강보험, 고용보험, 산업재해보상보험 등)부담금
				117	기타후생경비	법인 임·직원의 건강진단비·기타 복리후생에 소요되는 비용
		12	업무추진비	121	기관운영비	기관운영 및 유관기관과의 업무협의 등에 소요되는 제경비
				122	직책보조비	법인 임·직원의 직책수행을 위하여 정기적으로 지급하는 경비
				123	회의비	법인의 이사회·후원회 등 각종 회의의 다과비등에 소요되는 제경비
		13	운영비	131	여비	법인 임·직원의 국내·외 출장여비
				132	수용비 및 수수료	사무용품비·인쇄비·집기구입비(물건의 성질상 장기간사용 또는 고정자산으로 취급되는 집기류는 212목에 계상)·도서구입비·공고료·수수료·등기료·운송비·통행료 및 주차료·소규모수선비·포장비등
				133	공공요금	우편료·전신전화료·전기료·상하수도료·

과 목						내 역
관		항		목		
						가스료 및 오물수거료
				134	제세공과금	법령에 의하여 지급하는 제세(법인세 · 자동차세등), 협회가입비, 화재 · 자동차보험료, 기타 보험료
				135	차량비	차량유류대 · 차량정비유지비 · 차량소모품비
				136	연료비	보일러 및 난방시설연료비
				137	기타운영비	그 밖에 운영경비로 위에 분류되지 아니한 경비
02	재산조성비	21	시설비	211	시설비	시설 신 · 증축비 및 부대경비, 기타 시설비
				212	자산취득비	법인운영에 필요한 비품구입비, 토지 · 건물 · 기타 자산의 취득비
				213	시설장비유지비	건물 및 건축설비(구축물 · 기계장치) · 공구 · 기구 · 비품수선비(소규모수선비는 132목에 계상) 기타 시설물의 유지관리비
03	사업비	31	일반사업비	311 · · ·	○○사업비 · · ·	법인에서 시설운영외의 지원사업 등을 하는 경우의 사업비 예 : 학자금지원 · 저소득층지원 등 사업별로 목을 설정함
04	전출금	41	전출금	411	○○시설전출금 · · ·	법인이 유지 · 경영하는 시설에 대한 부담금을 시설별로 목을 설정함
				412	○○시설전출금(후원금)	법인이 유지 · 경영하는 시설에 대한 부담금(후원금)을 시설별로 목을 설정
05	과년도지출	51	과년도지출	511	과년도지출	과년도미불금 및 과년도사업비의 지출
06	상환금	61	부채상환금	611	원금상환금	차입금원금상환금
				612	이자지급금	차입금이자지급금
07	잡지출	71	잡지출	711	잡지출	법인이 지출하는 보상금 · 사례금 · 소송경비 등
08	예비비 및 기타	81	예비비 및 기타	811	예비비	예비비
				812	반환금	정부보조금 반환금

[별표 3] 〈개정 2012.8.7〉

시설회계 세입예산과목구분(제10조제3항 본문 관련)

과 목						내 역
관		항		목		
01	입소자 부담금 수입	11	입소비용수입	111	○○비용수입	입소자로부터 받는 보호에 소요되는 비용수입을 종류별로 목을 설정
02	사업수입	21	사업수입	211	○○사업수입	시설운영으로 인하여 발생되는 사업수입을 종류별로 목을 설정 예: 입소자가 제작한 물품판매 수입
03	과년도수입	31	과년도수입	311	과년도수입	전년도에 세입조정된 수입으로서 금년도에 수입으로 확정된 것
04	보조금수입	41	보조금수입	411	국고보조금	국가로부터 받은 경상보조금 및 자본보조금
				412	시·도 보조금	시·도로부터 받은 경상보조금 및 자본보조금
				413	시·군·구 보조금	시·군·구로부터 받은 경상보조금 및 자본보조금
				414	기타 보조금	그 밖에 국가, 지방자치단체 및 사회복지사업 기금등에서 공모사업 선정으로 받은 보조금
05	후원금수입	51	후원금수입	511	지정후원금	국내외 민간단체 및 개인으로부터 후원명목으로 받은 기부금·결연후원금·위문금·찬조금 중 후원목적이 지정된 수입
				512	비지정후원금	국내외 민간단체 및 개인으로부터 후원명목으로 받은 기부금·결연후원금·위문금·찬조금 중 후원목적이 지정되지 아니한 수입과 자선행사 등으로 얻어지는 수입
06	요양급여수입	61	요양급여수입	611	장기요양급여수입	노인장기요양보험급여 수입

과목						내역
관		항		목		
07	차입금	71	차입금	711	금융기관 차입금	금융기관으로부터의 차입금
				712	기타차입금	개인·단체 등으로부터의 차입금
08	전입금	81	전입금	811	법인전입금	법인으로부터의 전입금(국가 및 지방자치단체의 보조금은 제외함)
				812	법인전입금(후원금)	법인으로부터의 전입금(후원금)
09	이월금	91	이월금	911	전년도이월금	전년도 불용액으로서 이월된 금액
				912	전년도이월금(후원금)	전년도에 후원금에 대한 불용액으로서 이월된 금액
				913	○○ 이월사업비	전년도에 종료되지 못한 ○○ 사업의 이월된 금액
10	잡수입	101	잡수입	1011	불용품매각대	비품·집기·기계·기구 등과 그 밖의 불용품의 매각대
				1012	기타예금이자수입	기본재산예금 외의 예금이자 수입
				1013	기타잡수입	그 밖의 재산매각수입, 변상금 및 위약금수입 등과 다른 과목에 속하지 아니하는 수입

[별표 4] 〈개정 2012.8.7〉

시설회계 세출예산과목구분(제10조제3항 본문 관련)

과목						내 역
관		항		목		
01	사무비	11	인건비	111	급여	시설직원에 대한 기본 봉급(기말·정근수당 포함)
				112	제수당	시설직원에 대한 상여금 및 제수당(직종·직급별로 일정액을 지급하는 수당과 시간외근무수당·야간근무수당·휴일근무수당 등) 및 기타 수당
				113	일용잡급	일급 또는 단기간 채용하는 임시직에 대한 급여
				115	퇴직금 및 퇴직적립금	시설직원 퇴직급여제도에 따른 퇴직급여 및 퇴직적립금(충당금)
				116	사회보험 부담금	시설직원의 사회보험(국민연금, 국민건강보험, 고용보험, 산업재해보상보험 등)부담금
				117	기타후생경비	시설직원의 건강진단비·기타 복리후생에 소요되는 비용
		12	업무추진비	121	기관운영비	기관운영 및 유관기관과의 업무협의 등에 소요되는 제경비
				122	직책보조비	시설직원의 직책수행을 위하여 정기적으로 지급하는 경비
				123	회의비	후원회 등 각종 회의의 다과비등에 소요되는 제경비
		13	운영비	131	여비	시설직원의 국내·외 출장여비
				132	수용비 및 수수료	사무용품비·인쇄비·집기구입비(물건의 성질상 장기간사용 또는 고정자산으로 취급되는 집기류는 212목에 계상)·도서구입비·공고료·수수료·등기료·운송비·통행료 및 주차료·소규모수선비·포장비 등
				133	공공요금	우편료·전신전화료·전기료·상하수도료·가스료 및 오물수거료

과 목						내 역
관		항		목		
				134	제세공과금	법령에 의하여 지급하는 제세(자동차세 등), 협회가입비, 화재·자동차보험료, 기타 보험료
				135	차량비	차량유류대·차량정비유지비·차량소모품비
				136	기타운영비	시설직원 상용피복비· 급량비 등 운영경비로 위에 분류되지 아니한 경비
02	재산조성비	21	시설비	211	시설비	시설 신·증축비 및 부대경비, 그 밖에 시설비
				212	자산취득비	시설운영에 필요한 비품구입비, 토지·건물·그 밖에 자산의 취득비
				213	시설장비 유지비	건물 및 건축설비(구축물·기계장치), 공구·기구, 비품수선비(소규모수선비는 132목에 계상) 그 밖의 시설물의 유지관리비
03	사업비	31	운영비	311	생계비	주식비, 부식비, 특별부식비, 장유비, 월동용 김장비
				312	수용기관경비	입소자를 위한 수용비(치약·칫솔·수건구입비 등)
				313	피복비	입소자의 피복비
				314	의료비	입소자의 보건위생 및 시약대
				315	장의비	입소자중 사망자의 장의비
				316	직업재활비	입소자의 직업훈련재료비
				317	자활사업비	입소자의 자활을 위한 기자재 구입비
				318	특별급식비	입소자의 간식, 우유 등 생계외의 급식제공을 위한 비용
				319	연료비	보일러 및 난방시설연료비, 취사에 필요한 연료비
		32	교육비	321	수업료	입소자중 학생에 대한 수업료
				322	학용품비	입소자중 학생에 대한 학용품비
				323	도서구입비	입소자중 학생에 대한 도서구입비, 부교재비
				324	교통비	입소자중 학생에 대한 대중교통비
				325	급식비	입소자중 학생에 대한 학교급식비

과 목						내 역
관		항		목		
				326	학습지원비	입소자중 학생에 대한 사교육비(피아노교습, 사설학원 수강 등)
				327	수학여행비	입소자중 학생에 대한 수학여행비
				328	교복비	입소자중 학생에 대한 교복비
				329	이미용비	입소자중 학생에 대한 이, 미용비
		33	○○사업비	330	기타교육비	입소자중 학생에 대한 그 밖의 교육경비(학습재료 등)
				331	의료재활 사업비	입소자(재활·물리·작업·언어·청능)치료비, 수술비용, 의수족 등 보장구 제작수리비 또는 입소자를 위한 의료재활 프로그램비용
				332	사회심리 재활사업비	입소자를 위한 사회심리재활 프로그램 운영비
				333	교육재활 사업비	입소자를 위한 교육프로그램운영비
				334	직업재활 사업비	입소자를 위한 직업재활프로그램 운영비
				335 · · · ·	○○사업비 · · · ·	의료재활, 직업재활, 교육재활 등 전문프로그램이 아닌 입소자를 위한 프로그램운영비(하계캠프, 방과 후 공부방 운영 등)
04	전출금	41	전출금	411	법인회계전출금	법인회계로의 전출금(보건복지부장관이 정하는 경우만 해당함)
05	과년도지출	51	과년도지출	511	과년도지출	과년도미불금 및 과년도사업비의 지출
06		61	부채상환금	611	원금상환금	차입금원금상환금
				612	이자지불금	차입금이자지급금
07	잡지출	71	잡지출	711	잡지출	시설이 지출하는 보상금·사례금·소송경비 등
08	예비비 및 기타	81	예비비 및 기타	811	예비비	예비비
				812	반환금	정부보조금 반환금
09	적립금	91	운영충당 적립금	911	운영충당적립금	노인장기요양기관의 안정적인 기관운영을 위한 적립금
10	준비금	101	환경개선 준비금	1011	시설환경 개선준비금	노인장기요양보험 수급자에 대한 시설이미지 개선을 위한 시설환경개선 준비금

[별표 5] 〈개정 2012.8.7〉

복지관 등 시설회계 세입예산과목구분(제10조제3항제1호 관련)

과 목						내 역
관		항		목		
01	사업수입	11	사업수입	111	○○수입	시설에서 제공하는 각종 서비스의 이용자로부터 받은 수입을 종류별로 목을 설정
02	과년도수입	21	과년도수입	211	과년도수입	전년도에 세입조정된 수입으로서 금년도에 수입으로 확정된 것
03	보조금수입	31	보조금수입	311	국고보조금	국가로부터 받은 경상보조금 및 자본보조금
				312	시·도 보조금	시·도로부터 받은 경상보조금 및 자본보조금
				313	시·군·구 보조금	시·군·구로부터 받은 경상보조금 및 자본보조금
				314	기타보조금	그 밖에 국가, 지방자치단체 및 사회복지사업기금 등에서 공모사업 선정으로 받은 보조금
04	후원금수입	41	후원금수입	411	지정후원금	국내외 민간단체 및 개인으로부터 후원명목으로 받은 기부금·결연후원금·위문금·찬조금 중 후원목적이 지정된 수입
				412	비지정후원금	국내외 민간단체 및 개인으로부터 후원명목으로 받은 기부금·결연후원금·위문금·찬조금 중 후원목적이 지정되지 아니한 수입과 자선행사 등으로 얻어지는 수입
05	차입금	51	차입금	511	금융기관 차입금	금융기관으로부터의 차입금
				512	기타차입금	개인·단체 등으로부터의 차입금
06	전입금	61	전입금	611	법인전입금	법인으로부터의 전입금 (국가 및 지방자치단체의 보조금은 제외함)
				612	법인전입금(후원금)	법인으로부터의 전입금(후원금)
07	이월금	71	이월금	711	전년도이월금	전년도 불용액으로서 이월된 금액
				712	전년도이월금	전년도 후원금에 대한 불용액으로서 이월된

과 목						내 역
관		항		목		
					(후원금)	금액
				713	○○ 이월사업비	전년도에 종료되지 못한 ○○사업의 이월된 금액
08	잡수입	81	잡수입	811	불용품매각대	비품·집기·기계·기구 등과 그 밖의 불용품의 매각대
				812	기타예금이자수입	기본재산예금 외의 예금이자 수입
				813	기타잡수입	그 밖의 재산매각수입, 변상금 및 위약금수입 등과 다른 과목에 속하지 아니하는 수입

[별표 6] 〈개정 2012.8.7〉

복지관 등 시설회계 세출예산과목구분(제10조제3항제1호 관련)

과 목						내 역
관		항		목		
01	사무비	11	인건비	111	급여	시설직원에 대한 기본 봉급(기말·정근수당 포함)
				112	제수당	시설직원에 대한 상여금 및 제수당(직종·직급별로 일정액을 지급하는 수당과 시간외근무수당·야간근무수당·휴일근무수당 등) 및 기타 수당
				113	일용잡급	일급 또는 단기간 채용하는 임시직에 대한 급여
				115	퇴직금 및 퇴직적립금	시설직원 퇴직급여제도에 따른 퇴직급여 및 퇴직적립금(충당금)
				116	사회보험 부담금	시설직원의 사회보험(국민연금, 국민건강보험, 고용보험, 산업재해보상보험 등) 부담금
				117	기타후생경비	시설직원의 건강진단비·기타 복리후생에 소요되는 비용
		12	업무추진비	121	기관운영비	기관운영 및 유관기관과의 업무협의 등에 소요되는 제경비
				122	직책보조비	시설직원의 직책수행을 위하여 정기적으로 지급하는 경비
				123	회의비	후원회 등 각종 회의의 다과비등에 소요되는 제경비
		13	운영비	131	여비	시설직원의 국내·외 출장 여비
				132	수용비 및 수수료	사무용품비·인쇄비·집기구입비(물건의 성질상 장기간사용 또는 고정자산으로 취급되는 집기류는 212목에 계상)·도서구입비·공고료·수수료·등기료·운송비·통행료 및 주차료·소규모수선비·포장비 등

과 목						내 역
관		항		목		
				133	공공요금	우편료 · 전신전화료 · 전기료 · 상하수도료 · 가스료 및 오물수거료
				134	제세공과금	법령에 의하여 지급하는 제세(자동차세 등), 협회가입비, 화재 · 자동차보험료, 기타 보험료
				135	차량비	차량유류대 · 차량정비유지비 · 차량소모품비
				136	연료비	시설의 냉난방연료비(보일러, 냉난방기 등)
				137	기타운영비	시설직원 상용피복비 · 급량비 등 운영경비로 위에 분류되지 아니한 경비
02	재산조성비	21	시설비	211	시설비	시설 신 · 증축비 및 부대경비, 그 밖의 시설비
				212	자산취득비	시설운영에 필요한 비품구입비, 토지 · 건물 · 그 밖의 자산의 취득비
				213	시설장비 유지비	건물 및 건축설비(구축물 · 기계장치), 공구 · 기구, 비품수선비(소규모수선비는 132목에 계상) 그 밖의 시설물의 유지관리비
03	사업비	31	사업비	311	○○사업비	시설에서 이용자에게 제공하는 사업을 성격별 · 유형별로 구분하여 목으로 설정
04	과년도지출	41	과년도지출	411	과년도지출	과년도미불금 및 과년도 사업비의 지출
05	상환금	51	부채상환금	511	원금상환금	차입금 원금상환금
				512	이자지급금	차입금 이자지급금
06	잡지출	61	잡지출	611	잡지출	시설이 지출하는 보상금, 사례금, 소송경비 등
07	예비비 및 기타	71	예비비 및 기타	711	예비비	예비비
				712	반환금	정부보조금 반환금

[별표 7] 〈신설 2012.8.7〉

어린이집 시설회계 세입예산과목 구분(제10조제3항제2호 관련)

과 목						내 역
관		항		목		
01	필요경비 수입	11	필요경비 수입	111	기타 필요경비	입학 준비금, 현장학습비 등 보호자가 부담하는 기타 필요경비
				112	특별활동비	보호자가 부담하는 특별활동 비용
02	과년도수입	21	과년도수입	211	과년도수입	전년도에 세입조정된 수입으로서 금년도에 수입으로 확정된 수입
03	잡수입	31	잡수입	311	이자수입	기본재산예금외의 예금이자 수입
				312	후원금수입	개인·단체 등으로부터 받은 각종 기부금·후원금·찬조금 등
				313	기타잡수입	보육교사 실습비, 물품의 매각수입, 변상금 및 위약금 수입, 보험 만기 시 수령액 등
04	보육료수입	41	보육료수입	411	보육료수입	보호자로부터 받은 보육료와 만 0~4세아, 만 5세아, 장애아, 다문화·맞벌이가구 등에 지원되는 보육료 및 카드수수료 환급금을 통합
05	보조금수입	51	경상보조금 수입	511	인건비보조금	국가 및 지방자치단체로부터 받은 인건비(어린이집으로 지원되는 처우개선비 등 포함)
				512	기본보육료	보육비용의 일정부분을 정부가 어린이집에 지원하는 보조금
				513	기타지원금	국가 및 지방자치단체로부터 받은 급간식비, 냉·난방비, 공공형 어린이집 운영비 등
		52	자본보조금 수입	521	자본보조금	국가 및 지방자치단체로부터 받은 신증축비, 개보수비, 장비비 등
06	전입금	61	전입금	611	전입금	법인, 단체, 운영자로부터의 운영지원금
				612	차입금	일시 운영 차입금
07	이월금	71	이월금	711	전년도 이월금	전년도 불용액으로 이월된 금액
				712	전년도 이월사업비	전년도에 종료되지 못한 이월사업비

[별표 8] 〈신설 2012.8.7〉

어린이집 시설회계 세출예산과목구분(제10조제3항제2호 관련)

과목						내 역
관		항		목		
100	어린이집 운영비	110	인건비	111	기본급	보육교직원에 대한 기본봉급(상여금 포함)
				112	일용잡급	일급 또는 단기간 채용하는 임시직에 대한 급여
				113	제수당	보육교직원에 대한 제수당(직급별로 일정액을 지급하는 수당, 시간외·야간·휴일 근무수당, 연구수당, 급식비 및 기타수당)
				114	퇴직금 및 퇴직적립금	보육교직원 퇴직급여제도에 따른 퇴직급여 및 퇴직적립금
				115	사회보험부담비용	보육교직원의 사회보험(국민연금, 국민건강보험, 고용보험, 산업재해보상보험 등) 부담
				116	기타 후생경비	보육교직원의 건강진단비·급량비·연구연수비, 보육교직원 상용피복비 등 복리후생에 소요되는 비용
		120	업무추진비	121	기관운영비	어린이집 운영 및 유관 기관과의 업무협의 등에 소요되는 제 경비
				122	직책급	어린이집 원장의 직책수행을 위하여 정기적으로 지급하는 경비
				123	회의비	어린이집운영위원회, 부모회의 등 각종 회의 등에 소요되는 제경비
		130	관리운영비	131	여비	보육교직원의 국내·외 출장여비
				132	수용비·수수료 및 공공요금	사무용품비·인쇄비·집기구입비(장기간 또는 고정자산 취급되는 집기류는 312목에 계상)·도서구입비, 공고료·등기료·수수료, 우편료·전신전화료·전기료·상하수도료·도시가스료, 자동차세·협회비·화재·자동차보험료 등
				133	차량비	어린이집 통학용 차량으로 등록된 차량의 유류대·차량정비유지비·차량소모품

과 목						내 역
관		항		목		
				134	연료비	보일러 및 난방시설연료비, 취사에 필요한 연료비
				135	기타운영비	그 밖에 운영경비로서 위에 분류되지 아니한 경비(건물임대료, 감가상각비, 건물 융자금의 이자, 차량할부금 등)
200	사업비	210	사업운영비	211	급간식비	보육아동 및 보육교직원을 위한 쌀, 보리 등의 주식과 부식 구입비 및 간식비 등
				212	교재교구비	교재교구의 구입 및 제작비
				213	행사비	보육과정에서 아동과 직접 관련되어 발생하는 행사경비
				214	기타 필요경비 지출	입학 준비금, 현장학습비 등에 지출하는 비용
				215	특별활동비 지출	특별활동에 따라 지출하는 비용
300	재산조성비	310	시설비	311	시설비	시설 신·증축비 및 부대경비, 그 밖에 시설비(개·보수비)
				312	자산취득비	시설운영에 필요한 비품구입비, 토지·건물·그 밖에 자산의 취득비
				313	시설장비 유지비	건물 및 건축설비(구축물·기계장치), 공구·기구, 비품수선비(소규모수선비는 132목에 계상) 그 밖에 시설물의 유지관리비
400	전출금	410	전출금	411	법인회계 전출금	사회복지법인 등 법인 회계로의 전출금
				412	차입금 상환	일시 운영차입금 상환
				413	보조금 반환금	정부보조금 반환금
				414	보호자 반환금	보육료, 필요경비 사용 잔액 등을 보호자에게로의 반환금
500	과년도 지출	510	과년도 지출	511	과년도지출	과년도미불금 및 과년도사업비의 지출
600	잡지출	610	잡지출	611	잡지출	어린이집이 지출하는 보상금·사례금·소송경비 및 원단위 절사금 등
700	예비비	710	예비비	711	예비비	예측할 수 없는 불가피한 지출소요

[별지 제1호서식] 〈개정 2005.7.15〉

세입 · 세출명세서

과 목			전년도 예산액	당해연도 예산액	증 감	산출기초
관	항	목				

210㎜×297㎜(일반용지 60g/㎡(재활용품))

[별지 제2호서식] 〈개정 2009.2.5〉

(추정)대 차 대 조 표

(년 월 일 현재)

과 목	금 액	
Ⅰ. 자산		
1. 유동자산		000
(1) 당좌자산		000
현금 및 현금성자산	000	
받을 어음	000	
유가증권	000	
미수금	000	
(2) 재고자산		000
2. 비유동자산		000
(1) 투자자산		000
유가증권	000	
대여금	000	
(2) 유형자산		000
토 지	000	
건 물	000	
감가상각누계액	000	
기계기구류	000	
감가상각누계액	000	
(3) 무형자산		000
지상권	000	
전세권	000	
특허권	000	
(4) 기타비유동자산		000
임대보증금	000	
자 산 총 계		000
Ⅱ. 부채		
1. 유동부채		000
미지급금	000	
단기차입금	000	
예수금	000	
2. 비유동부채		000
장기차입금	000	
퇴직급여충당부채	000	
부채총계		000
Ⅲ. 자본		
1. 자본(기금)		000
2. 잉여금		000
적립금	000	
이월금	000	
자본총계		000
부채와 자본 총계		000

※ 기재 시 주의사항
1. 과목은 설정에 맞도록 증감할 수 있다.
2. 중요한 것은 각각 명세표를 첨부한다.
3. 기금에 대하여는 설립당시의 원조금 또는 부채인수액을 기입한다.

[별지 제3호서식] 〈개정 1998.1.7〉

(추정)수지계산서

(년 월 일부터
년 월 일까지)

과 목	금 액		
Ⅰ. 수입			
1. 재산수입		000	
가. 기본재산수입	000		
나. 재산매각대	000		
2. 사업수입		000	
3. 과년도수입		000	
4. 보조금수입		000	
가. 정부보조금	000		
나. 후원금	000		
5. 차입금		000	
6. 전입금		000	
7. 이월금		000	
8. 잡수입		000	
가. 물품매각대	000		
나. 예금이자	000		
다. 잡수입	000		
수입합계			000
Ⅱ. 지출			
1. 사무비		000	
가. 인건비	000		
나. 물건비	000		
다. 수용비 및 수수료	000		
라. 판공비	000		
마. 공공요금	000		
바. 제세공과금	000		
사. 차량비	000		
2. 재산조성비		000	
가. 시설비	000		
나. 재산관리비	000		
3. 수익사업비		000	
4. 전출금		000	
가. ○○시설 전출금	000		
나. ○○시설 전출금	000		
5. 과년도 지출		000	
6. 상환금		000	
7. 사업비		000	
8. 잡지출		000	
9. 예비비		000	
지출합계			000
Ⅲ. 당기잉여금			000
※ 기재시 주의사항 과목은 세입·세출예산의 과목과 동일하여야 한다.			

3106-65일
87.5.29 승인

190㎜×268㎜
(신문용지 54g/㎡)

[별지 제4호서식] 〈개정 1998.1.7〉

임 · 직원보수일람표

순위	직종 또는 직위(급)	성명	본봉	수당			계	공제액	차감 지급액

3106-66일
87.5.29 승인

190㎜×268㎜
(신문용지 54g/㎡)

[별지 제5호서식] 〈개정 2009.2.5〉

세 입 결 산 서(법인용)

<table>
<tr><th colspan="3">과 목</th><th rowspan="2">구분</th><th rowspan="2">정부 보조금</th><th rowspan="2">법인 부담금</th><th rowspan="2">후원금</th><th rowspan="2">계</th></tr>
<tr><th>관</th><th>항</th><th>목</th></tr>
<tr><td rowspan="3"></td><td rowspan="3"></td><td rowspan="3"></td><td>예산</td><td></td><td></td><td></td><td></td></tr>
<tr><td>결산</td><td></td><td></td><td></td><td></td></tr>
<tr><td>증감</td><td></td><td></td><td></td><td></td></tr>
<tr><td rowspan="3"></td><td rowspan="3"></td><td rowspan="3">합계</td><td>예산</td><td></td><td></td><td></td><td></td></tr>
<tr><td>결산</td><td></td><td></td><td></td><td></td></tr>
<tr><td>증감</td><td></td><td></td><td></td><td></td></tr>
<tr><td rowspan="3"></td><td colspan="2" rowspan="3">합계</td><td>예산</td><td></td><td></td><td></td><td></td></tr>
<tr><td>결산</td><td></td><td></td><td></td><td></td></tr>
<tr><td>증감</td><td></td><td></td><td></td><td></td></tr>
<tr><td colspan="3" rowspan="3">총계</td><td>예산</td><td></td><td></td><td></td><td></td></tr>
<tr><td>결산</td><td></td><td></td><td></td><td></td></tr>
<tr><td>증감</td><td></td><td></td><td></td><td></td></tr>
</table>

210㎜×297㎜[일반용지 60g/㎡(재활용품)]

[별지 제5호의2서식] 〈개정 2009.2.5〉

세 출 결 산 서(법인용)

과 목			구분	정부 보조금	법인 부담금	후원금	계
관	항	목					
			예산				
			결산				
			증감				
			예산				
		합계	결산				
			증감				
			예산				
	합계		결산				
			증감				
			예산				
총계			결산				
			증감				

210㎜×297㎜[일반용지 60g/㎡(재활용품)]

[별지 제5호의3서식] 〈개정 2009.2.5〉

세 입 결 산 서(시설용)

과 목			구분	정부 보조금	시설 부담금	후원금	계
관	항	목					
			예산				
			결산				
			증감				
		합계	예산				
			결산				
			증감				
	합계		예산				
			결산				
			증감				
총계			예산				
			결산				
			증감				

210㎜×297㎜[일반용지 60g/㎡(재활용품)]

[별지 제5호의4서식] 〈개정 2009.2.5〉

세 출 결 산 서(시설용)

<table>
<tr><th colspan="3">과 목</th><th rowspan="2">구분</th><th rowspan="2">정부 보조금</th><th rowspan="2">시설 부담금</th><th rowspan="2">후원금</th><th rowspan="2">계</th></tr>
<tr><th>관</th><th>항</th><th>목</th></tr>
<tr><td rowspan="3"></td><td rowspan="3"></td><td rowspan="3"></td><td>예산</td><td></td><td></td><td></td><td></td></tr>
<tr><td>결산</td><td></td><td></td><td></td><td></td></tr>
<tr><td>증감</td><td></td><td></td><td></td><td></td></tr>
<tr><td rowspan="3"></td><td rowspan="3"></td><td rowspan="3">합계</td><td>예산</td><td></td><td></td><td></td><td></td></tr>
<tr><td>결산</td><td></td><td></td><td></td><td></td></tr>
<tr><td>증감</td><td></td><td></td><td></td><td></td></tr>
<tr><td rowspan="3"></td><td colspan="2" rowspan="3">합계</td><td>예산</td><td></td><td></td><td></td><td></td></tr>
<tr><td>결산</td><td></td><td></td><td></td><td></td></tr>
<tr><td>증감</td><td></td><td></td><td></td><td></td></tr>
<tr><td colspan="3" rowspan="3">총계</td><td>예산</td><td></td><td></td><td></td><td></td></tr>
<tr><td>결산</td><td></td><td></td><td></td><td></td></tr>
<tr><td>증감</td><td></td><td></td><td></td><td></td></tr>
</table>

210㎜×297㎜[일반용지 60g/㎡(재활용품)]

[별지 제6호서식]

과 목 전 용 조 서

과 목			전 용 연월일	예산액 (1)	전용액 (2)	예산현액 (1+2=3)	지출액 (4)	불용액 (3-4)	전용사 유
관	항	목							

3106-68일
87.5.29 승인

190㎜×268㎜
(신문용지 54g/㎡)

[별지 제7호서식]

예 비 비 사 용 조 서

사용일자	금 액	사 유	사용내역	비 고

3106-69일
87.5.29 승인

190㎜×268㎜
(신문용지 54g/㎡)

[별지 제8호서식] 〈개정 1998.1.7〉

현금 및 예금명세서

(년 월 일 현재)

구 분	예금종류	예치은행	계 좌 번 호	전년도 이월액	현재잔액	비 고
현 금 예 금 · · ·						

31313-18711일
97.12.6 승인

210㎜×297㎜
(일반용지 60g/㎡)

[별지 제9호서식] 〈개정 1998.1.7〉

유가증권명세서

년 월 일 현재

종 류	발행자	증서번호	액면가액	수 량	금 액	만기일자	비 고

31313-18811일
97.12.6 승인

210㎜×297㎜
(일반용지 60g/㎡)

[별지 제10호서식]

미 수 금 명 세 서

과 목			예산액	세입 결정액	수입액	미 수입액	산출기초
관	항	목					

3106-70일
87.5.29 승인

190㎜×268㎜
(신문용지 54g/㎡)

[별지 제11호서식]

재 고 자 산 명 세 서

년 월 일 현재

품명	용도	전년이월			당해연도수입			당해연도지출			연말이월			비고
		수량	단가	금액	수량	단가	금액	수량	단가	금액	수량	단가	금액	

주) 단가계산방법은 총평균법으로 하여야 한다.

31313-18911일
97.12.6 승인

297㎜×210㎜
(일반용지 60g/㎡)

[별지 제12호서식]

기 타 유 동 자 산 명 세 서

종 류	내 역	금 액	비 고

3106-72일
87.5.29 승인

190㎜×268㎜
(신문용지 54g/㎡)

[별지 제13호서식]

고 정 자 산 명 세 서

종 류	내 역	규 모	취득원가 또는 평가액	용 도	비 고

3106-73일
87.5.29 승인

190㎜×268㎜
(신문용지 54g/㎡)

[별지 제14호서식]

부 채 명 세 서

순 위	기 채 연월일	적 요	금 액	채권자	상 환 예정일	금 리 (%)	비 고

3106-74일
87.5.29 승인

190㎜×268㎜
(신문용지 54g/㎡)

[별지 제15호서식]

제 충 당 금 명 세 서

과 목	전년도이월액	당해연도 증 가 액	당해연도 감 소 액	현재잔액	비 고

3106-75일
87.5.29 승인

190㎜×268㎜
(신문용지 54g/㎡)

[별지 제16호서식]

기본재산수입명세서

재산종류	수 량	평가액	수입액	산출기초	운영방법

3106-76일
87.5.29 승인

190㎜×268㎜
(신문용지 54g/㎡)

[별지 제17호서식]

사 업 수 입 명 세 서

사 업 종 류	내 역	금 액	산 출 내 역	비 고

3106-77일
87.5.29 승인

190㎜×268㎜
(신문용지 54g/㎡)

[별지 제18호서식] 〈개정 1998.1.7〉

정 부 보 조 금 명 세 서

수령일	보조구분	보조내역	금 액	보조기관	산 출 기 초

31313-19011일
97.12.6 승인

210㎜×297㎜
(일반용지 60g/㎡)

■ 사회복지법인 및 사회복지시설 재무 · 회계 규칙 [별지 제19호서식] 〈개정 2012.8.7〉

후원금수입 및 사용결과보고서

기간: 년 월 일부터 (앞쪽)
년 월 일까지

1. 후원금 수입명세서

순번	발생 일자	후원금 종류	후원자 구분					후원자	내역	금액	비고
				비영리법인 구분	기타 내용	모금자 기관 여부	기부금단체 여부				

2. 후원금품 수입명세서

순번	발생 일자	후원품 종류	후원자 구분					후원자	내역	품명	수량/ 단위	상당 금액	비고
				비영리 법인 구분	기타 내용	모금자 기관 여부	기부금 단체 여부						

3. 후원금 사용명세서

순번	사용일자	사용내역	금액	결연후원 금품 여부	산출기준	비고

4. 후원품 사용명세서

순번	사용일자	사용내역	사용처	결연후원 금품 여부	수량/ 단위	상당 금액	비고

5. 후원금 전용계좌

금융기관 등의 명칭	계좌번호	계좌명의

210㎜×297㎜[백상지 80g/㎡]

(뒤쪽)

작성 요령

○ 후원금의 종류 구분

후원금의 종류	내용
1. 민간단체 보조금품	국내 민간단체로부터 받은 보조금
2. 외원단체 보조금품	외국 민간원조단체로부터 받은 보조금품
3. 결연후원금품	아동·노인 등 시설거주자에 대한 결연후원금품
4. 법인임원 후원금품	법인 임원으로부터 받은 후원금품 및 찬조금품
5. 지역사회 후원금품	지역사회로부터 받은 위문금품 및 후원금품
6. 후원회 지원금품	법인의 후원회로부터 받은 지원금품
7. 자선모금품	자선바자회 등으로부터 얻어지는 수입금품
8. 기타 후원금품	행정기관의 시설위문금 등 후원금품

○ 후원자 구분

후원자 구분	내용	모금자 기관 여부	기부금단체 여부
1. 개인	개인	입력(Y/N)	입력안함
2. 영리법인	기업	입력(Y/N)	입력안함
3. 비영리법인	공익법인 등(종교법인, 학교법인, 의료법인, 사회복지법인, 기타*) → 비영리법인구분란에 기재 * 기타인 경우 그 내용을 기타내용에 기재	입력(Y/N)	입력(Y/N)
4. 민간단체	비영리단체, 외국민간원조단체, 민간단체 기타	입력(Y/N)	입력(Y/N)
5. 국가기관	입법기관·사법기관·행정기관(중앙행정기관 및 그 소속 기관, 지방자치단체)	입력안함	입력안함
6. 공공기관	공기업, 준정부기관, 그 밖의 공공기관	입력안함	입력안함
7. 소관법인	해당 시설을 설치·운영하는 법인 * 법인의 후원금이 전출금 형태로 시설에 전달	입력안함	입력안함

* 모금자 기관: 「기부금품 모집 및 사용에 관한 법률」 제4조에 따라 기부금품 모집을 목적으로 행정안전부장관 또는 특별시장·광역시장·도지사·특별자치도지사에게 등록한 모금자(기관)

** 기부금단체: 「소득세법 시행령」·「소득세법 시행규칙」에 따른 기부금대상 민간단체, 「법인세법 시행령」·「법인세법 시행규칙」에 따른 지정기부금단체 등

○ 후원받은 순서대로 계속 기록하여야 합니다.

○ 수입명세서의 내역란은 후원자의 후원용도·취지 등을 구체적으로 기재하여야 합니다.

[별지 제20호서식]

인 건 비 명 세 서

구 분	금 액	산 출 내 역	비 고

3106-80일
87.5.29 승인

190㎜×268㎜
(신문용지 54g/㎡)

[별지 제21호서식]

사 업 비 명 세 서

구 분	내 역	금 액	산 출 내 역	비 고

3106-81일
87.5.29 승인

190㎜×268㎜
(신문용지 54g/㎡)

[별지 제22호서식]

( ) 비 용 명 세 서

구 분	내 역	금 액	산 출 내 역	비 고

3106-81일
87.5.29 승인

190㎜×268㎜
(신문용지 54g/㎡)

[별지 제23호서식] 〈개정 2009.2.5〉

감 사 보 고 서

본인 등은 사회복지법인재무·회계규칙 제20조제1항의 규정에 따라 사회복지 법인 ○○○의 . . .부터 . . .로 종결되는 회계연도의 업무집행 내용과 ○○회계에 속하는 수입과 지출에 관한 제반 증빙서류와 장부를 일반적인 감사기준에 따라 감사를 실시하였습니다.

업무집행내용과 결산서의 각항은(다음에 지적된 사항을 제외하고는) 정확하였으며, 그 회계처리는 적정하였습니다.

(다 음)

년 월 일

사회복지법인 ○○○

감사 (서명 또는 인)

감사 (서명 또는 인)

사회복지법인 ○○○대표이사 귀하

31313-19211일
97.12.6 승인

210㎜×297㎜
(일반용지 60g/㎡)

[별지 제24호서식] <개정 2005.7.15>

현 금 출 납 부 (법인용)

200 년 월

연월일	계정과목	적 요	수입금액	지출금액	차인잔액
		(전월누계) · · ·			
		(월계)			
		(누계)			

210㎜×297㎜(일반용지 60g/㎡(재활용품))

[별지 제24호의2서식] <개정 2005.7.15>

현 금 출 납 부 (시설용)

200 년 월

연월일	계정과목	적 요	수입금액	지출금액	차인잔액
		(전월누계) · · ·			
		(월계)			
		(누계)			

210㎜×297㎜(일반용지 60g/㎡(재활용품))

[별지 제25호서식] 〈개정 2005.7.15〉

총 계 정 원 장 (법인용)

계정과목 :

계정명	연월일	적 요	수 입	지 출	차인잔액

210㎜×297㎜(일반용지 60g/㎡(재활용품))

[별지 제25호의2서식] 〈개정 2005.7.15〉

총 계 정 원 장 (시설용)

계정과목 :

계정명	연월일	적 요	수 입	지 출	차인잔액

210㎜×297㎜(일반용지 60g/㎡(재활용품))

[별지 제26호서식]

총 계 정 원 장 보 조 부

연월일	적 요	수 입			지 출			잔 액		
		계	현금	예금	계	현금	예금	계	현금	예금

3106-85일
87.5.29 승인

210㎜×297㎜
(인쇄용지(특급) 70g/㎡)

[별지 제27호서식]

재 산 대 장

1. 건물

일련번호	소재지	지번	구조	면적(m^2)	평가액	취득연월일 및 취득원인	등기부상의 소유권 등기연월일	용도	비고

3106-86일
87.5.29 승인

268mm×190mm
(인쇄용지(특급) 70g/m^2)

[별지 제28호서식]

비 품 관 리 대 장

결 재		연월일	구 분	적 요	규격및단가	수 불				현재량	수령자인	비 고
						수량	단가	대여	처분			

268㎜×190㎜
(신문용지 54g/㎡)

부록 2

사회복지법인 Q&A

Q&A 01 법인의 기본재산 출연 규모

□ 사회복지법인 설립시 기본재산 출연 규모

- 사회복지시설의 설치 · 운영을 목적으로 하는 법인은 당해 법인이 설치 · 운영하고자 하는 시설을 갖출 수 있는 목적사업용 기본재산을 갖추어야 하고, 사회복지사업을 지원하는 것을 목적으로 하는 법인은 법인의 운영경비의 전액을 충당할 수 있는 기본재산을 갖추어야 함.
- 시설법인은 시설을 설치할 수 있는 부동산과 건축물을 구입 · 설치할 수 있는 정도의 재산(현금 또는 유가증권 등) 또는 시설로 사용할 수 있는 부동산을 소유하여야 할 것이며, 그 시설의 운영에 소요되는 경비를 충당할 수 있는 재산(일정한 수익을 얻을 수 있는 부동산 또는 현금)을 소유하여야 할 것임. 특히 시설 운영경비는 종사자 인건비, 시설운영비 등으로 기본재산을 지출하는 것이 아니라 기본재산에서 발생되는 수익에 의하여 운영되어야 할 것이며, 기본재산은 시설 운영에 따라 잠식되어서는 아니됨
- 시설의 설치운영을 목적으로 하지 아니하는 법인의 경우에는 법인의 설립목적사업을 수행하기 위하여 매년 소요되는 사업비용의 전액을 충당할 수 있는 기본재산의 출연이 필요함
- 이와 같이 사회복지법인은 법인이 하고자 하는 목적사업의 종류 · 규모 및 운영방법에 따라 개별적으로 정해져야 하며 일반적인 출연재산의 규모를 제한하고 있지는 아니함

Q&A 02 사회복지법인의 의료기관을 설치·운영 여부

□ 의료법상 비영리법인은 의료기관을 설립할 수 있는데, 사회복지법인이 의료기관 설립이 가능한지 여부

○ 우리부에서는 사회복지법인의 의료기관 설립은 엄격하게 제한하고 있음. 물론 의료법제30조2항에 의거하여 비영리법인인 사회복지법인은 의료기관을 설치 · 운영할 수 있으나, 사회복지법인은 사회복지사업법제2조에 규정한 사업을 행하기 위하여 설립되는 법인으로 의료사업은 사회복지사업의 종류에 해당하지 않음.

※ 다만, 사회복지법인은 "의료복지"는 행할 수 있으며 그 범위는

- 국민기초생활보장법 제7조1항3호에 의한 수급자에 대하여 의료급여를 행하는 사업
- 노인복지법 제34조에 의한 노인의료복지시설을 운영하는 사업
- 장애인복지법 제58조제1항제2호 중 장애인의료재활시설을 운영하는 사업은 가능

○ 특히, 신설 사회복지법인이 법인의 목적사업으로 "의료시설"을 운영하는 것으로 정관을 만든 사례와, 기존 설립 허가 받은 법인이 의료시설을 설치하는 것으로 정관 변경을 요구하는 경우는 엄격하게 금지되고 있으며 기존에 의료시설을 설립할 수 있도록 허가된 법인의 경우에도 정관변경을 요구하고 있음.

※ 관련 시달 공문

- 보건복지부 복정65010-201(2000.6.8) "의료기관을 운영하는 사회복지법인에 대한 지도 · 감독 철저"
- 보건복지부 복정65115-470(2001.10.4) "의료기관운영 사회복지법인 관리방안 통보"

○ 그리고 사회복지법인의 의료기관 운영을 금지하는 지침 시달 이전에 허가받은 법인의 경우에도

- "본인분담금 감면 또는 면제, 무료병원운영, 00세이상 노인 무료진료" 등 본인부담금 면제를 표방하는 내용이 법인정관에 규정된 경우는 정관을 개정하고 삭제하도록 조치하였으며
- 기 설치한 법인은 사회복지법인재무회계규칙에 따라 예산 · 결산서를 제출하게 하는 등 법인 관리에 철저를 기하고 있음.

Q&A 03 사회복지법인 설립 전 출연재산의 사전 조건

□ 사회복지시설법인 설립허가와 관련하여 시설을 신축하고자 하는 기본재산 토지가 군사보호구역일 경우, 시설 신축이 가능하도록 사전에 군과 협의를 득하여야만 법인 설립 허가를 해줄 수 있는지 여부

○ 사회복지 시설법인은 그 설립 목적이 사회복지시설을 설치 운영하는 것이기에, 목적사업 시행 가능 여부가 확인되지 않은 상태에서는 법인 설립을 허가할 수 없음.

※ "사회복지사업법시행규칙 13조" 및 "사회복지법인 업무편람"의 재산의 출연 조항 참조

○ 법인설립 신청자가 시설을 설치하고자 하는 지역이 군사보호구역인 경우, 군 당국의 허가가 있어야 시설 입지가 가능하기에, 법인설립 신청자가 군 당국과 사전에 시설 설립에 대한 합의가 이루어졌음을 서면으로 증명하지 않으면, 목적사업 실현 가능 여부가 확인되지 않은 것이기에 법인 설립을 허가할 수 없음.

※ 동 사항은 상수도보호구역, 개발제한구역, 농지전용지역 등도 동일하게 적용

Q&A 04 지원법인의 시설위탁운영 가능여부

□ 사회복지법인 중 시설을 직접 운영하지 아니하는 지원법인이 시설을 위탁 운영할 수 있는지 여부

○ 사회복지사업에 대한 지원을 목적사업으로 하는 지원법인을 설립한 후 사회복지시설 등의 위탁운영까지 목적사업의 범위를 확대코자 하는 경우에는 정관 변경 등을 통하여 사회복지시설 등을 위탁받아 운영할 수 있음.

○ 다만, 이 경우 해당법인은 사회복지지원법인으로서의 기본재산외에 사회복지시설의 위탁운영에 필요한 기본재산(연간 운영비 등 충당재원)을 갖추고 있어야 하며, 사회복지지원사업에 대한 성실한 실적, 재정 · 인력 · 조직 등의 안정성, 공신력 등 시설을 수탁받을 수 있는 요건을 필요로 할 것임.

Q&A 05 법인의 기본재산 처분관련

□ 사회복지법인 기본재산 처분과 관련하여 법인 관할 행정기관의 사전 허가없는 처분은 무효인지 여부

○ 사회복지법인의 부채를 반환받기 위하여 법인의 기본재산에 대한 강제경매를 실시하여 채권자에게 소유권이전등기가 이루어졌음에도 법인관할 행정관청의 사회복지법인 기본재산 처분에 대한 허가가 없었기에 원인무효라 하는 것은 채권자의 재산권을 침해하는 것으로 위헌이라는 의견이 있어 헌법소원 행위가 있음.

○ 국가 또는 지방자치단체는 사회복지를 증진할 책임이 있고 사회복지사업의 운영 또는 지원이 공동체 다수의 이익과 밀접한 관련이 있는바, 사적 거래의 안전 및 개인의 재산권 보장보다 사회복지법인의 재정 건전화에 대한 요구가 더 중요한 가치이기에 이는 자의적인 차별이나 침해라고 볼 수 없음.

○ 사회복지법인에 대한 채권자의 기본재산 강제경매의 경우에도 사회복지법인의 기본재산이 아닌 그 밖의 보통재산을 대상으로 경매절차를 이행하거나, 파산법 등의 특별절차를 통하여 채권을 변재 받을 수 있기에 헌법상 재산권 또는 평등권을 위배하지 아니하다고 할 수 있음.

※ 동 사항은 [2004헌바10 사회복지사업법 제23조제2항의 위헌소원]에 대한 헌법 재판소의 판결 내용임.

○ 즉 사회복지법인의 기본재산은 법원의 경매처분이 있다 할지라도, 관할행정관청의 허가 없이는 원인무효행위이며, 행정관청이 이를 허가하는 경우에는 기본재산의 잠식으로 인하여 법인의 목적사업 달성이 불가능한 경우는 법인 해산의 사유가 되며, 기본재산 잠식을 이유로 관련 이사의 해임을 명할 수도 있음.

Q&A 06 정부 지원대상자의 기본재산 인정 여부

□ 정부의 지원을 받아 시설을 설치하기로 결정된 자가 정부예산지원 확정내역을 가지고 법인설립 신청시 기본재산의 소유를 증명할 수 있는 서류로 제출하는 경우 인정 여부

○ 사회복지사업법시행령 제8조, 동시행규칙 제7조에 따르면 법인설립허가를 받고자 하는 자는 설립 허가신청서에 재산출연증서와 함께 그 재산이 출연자 소유임을 증명할 수 있는 서류(부동산의 경우에는 등기부등본)를 제출하도록 규정하고 있는 바, 시설(건물)건립에 필요한 정부의 예산지원을 전제하는 것만으로는 기본재산의 소유를 증명할 수 있는 서류로 인정할 수 없음.

○ 참조로 시설 운영을 위한 수익용 기본재산을 마련하지 아니하고, 후원금 및 기부금 등의 재원을 통하여 시설 운영비를 조달하려는 법인 설립의 경우도 후원금 및 기부금은 후원단체(또는 후원인) 및 기부자의 상황과 여건에 의하여 그 수입이 유동적이며, 수입의 유동성으로 인하여 법인 및 시설이 목적사업을 달성하지 못하는 경우에는 법인의 해산 사유가 되기에 후원금 또는 기부금은 법인 및 시설의 목적사업 운영비 조달 방법으로 인정하지 않고 있음.

Q&A 07 사회복지법인의 분할

□ 사회복지법인이 기본재산을 분리하여 독립된 또 하나의 법인을 설립할 수 있는지 여부

○ 사회복지법은 법인의 설립 및 해산에 관하여 민법 및 공익법인의 설립 및 운영에 관한 법률에 대한 특별규정을 규정하고 있으나, 법인의 분리에 관하여는 명문의 규정을 하고 있지 아니함.

○ 따라서, 사회복지법인이 그 재산을 분리하여 별도의 법인을 설립하고자 하는 경우에는 기존법인의 기본재산 처분(신규법인에 재산증여, 양도), 정관의 변경 등 필요한 허가 · 인가 등의 절차를 필요로 할 것이며, 새로 설립되는 법인의 경우에는 별도의 신규 설립 허가절차를 거쳐야 할 것임.

○ 다만, 법인의 재산분할 등을 통한 법인분리를 위하여 정관변경 · 기본재산 처분허가 · 신설법인에 대한 허가 등의 여부는 기존법인의 정관상 목적사업 수행 가능여부, 법인의 사업수행실적, 출연재산의 안정성 여부, 관할지역의 복지수요 등을 종합적으로 고려하여 정책적으로 판단할 사항임.

Q&A 08 기본재산의 용도변경

□ 사회복지법인의 목적사업용 기본재산을 수익사업용 기본재산으로 변경하고자 하는 경우 허가가 가능한지 여부

○ 사회복지법인은 비영리 공익법인으로서 원칙적으로 영리목적의 수익사업은 행할 수 없고, 예외적으로 법인의 목적사업의 원활한 수행을 위해 부수적으로 수익사업을 행할 수 있음.

○ 이에 법인이 목적사업용 기본재산을 법인의 목적사업(시설 설치 등)에 직접 사용되거나 직접 사용될 계획이 있는지 여부와 총 기본재산에서 차지하는 비중, 목적사업용 기본재산을 수익사업용 재산으로 처분시 법인 목적사업 수행가능여부, 해당 기본재산 처분의 의도, 처분 후 수익금의 사용용도, 현재 법인의 재정여건 등에 대해 종합적이고 엄격한 심사를 수행한 후 신중하게 허가여부를 결정하여야 할 것임.

○ 또한, 기본재산의 변경에 따른 이사회 소집의 적법성 확인(이사에 대한 소집통보 여부, 정관상 절차 준수여부 등)과 이사회 회의록를 검토하여 동 사항이 이사들 간 충분히 논의되었는지 여부와 참석이사 전원의 인감 날인 등 절차적 타당성도 아울러 검토하여야 할 것임.

Q&A 09 채무가 있는 재산의 기본재산 편입 가능 여부

□ 사회복지법인이 채무를 부담하는 조건으로 기본재산을 추가로 증여 받는 경우 기본재산으로 편입이 가능한지 여부

○ 사회복지법인은 사회복지사업법 23조 및 동법 시행규칙 14조에 의거하여 매도, 증여, 교환(대체), 임대, 담보제공 또는 용도변경과 기본재산에 관한 의무부담 및 권리 포기시 관할행정기관의 처분허가를 받아야 함.

○ 이에 법인은 증여를 받는 경우 무상증여를 받는 것이 원칙이나, 채무를 부담하는 조건으로 증여를 받는 경우 동 증여재산의 수익성, 매도가능성 및 매도할 때 부과되는 제세공과금 등을 감안한 실질적인 순 자산 가치를 세밀하게 판단하여 실질적인 재산의 증가가 있는 경우라면 기본재산의 목록과 가액변경에 따른 기본재산 취득허가 및 정관변경을 할 수 있을 것임.

Q&A 10 목적사업을 불이행 법인의 행정처분

□ 설립 허가받은 사회복지법인이 목적사업의 일부는 이행하고 있으나 일부는 이행하지 아니하는 경우 행정처분이 가능한지 여부

○ 사회복지법인은 설립 허가시 법인이 정관으로 정한 목적사업을 실시할 능력이 있는지를 확인한 후 해당 목적사업을 시행할 수 있다고 판단되어질 때 설립허가가 이루어짐.

○ 설립허가 이후 법인이 목적사업의 전부 또는 일부를 정당한 사유없이 이행하지 않았을 경우 사회복지사업법 제26조2항, 3항, 또는 6항에 의거하여 법인의 설립 취소까지 행할 수 있음.

○ 만약 목적사업을 이행하지 아니하는 사유가 법인의 능력 부족 등에 기인한 고의성이 없는 경우에는 정관의 변경을 통하여 실시가 가능한 사업 이외의 목적사업은 삭제하도록 하여야 할 것이며, 능력이 있음에도 불구하고 고의적으로 목적사업을 이행하지 아니하는 경우에는 행정절차법에 의거하여 시정명령을 내리고 이후에도 시정하지 아니하면 청문회를 거쳐 소명의 기회를 준 후 이행을 촉구하나 충분한 기회를 주었음에도 불구하고 이행하지 아니하는 경우 사회복지사업법 제26조에 의거하여 법인설립 허가취소를 하여야 할 것임.

Q&A 11 법인 예산의 성립 시점

□ 법인 재무회계 규칙상 매 회계년도에 편성한 세입 세출 예산(안)은 관할 시·군·구에 보고 사항인지, 승인 사항인지 여부

○ 사회복지법인 재무회계규칙 제10조(예산의 편성 및 결정절차)에 의하면 예산은 "이사회의 의결을 거쳐 확정" 되고 시 · 군 · 구청장에게 제출하도록 되어 있으니 법률적으로 법인 예산은 행정청의 승인사항은 아님.

○ 다만, 동규칙 제9조에 시 · 군 · 구청장이 특히 필요하다고 인정되는 사항에 관하여 예산편성 요령을 정하여 법인에 통보할 수 있으며, 법인 및 시설이 시 · 군 · 구의 정당한 요청에 대하여 이행하지 아니하여 발생한 회계 및 시설운영과 관련한 부당행위는 사회복지사업법시행규칙 제26조2에 의거하여 행정처분을 행할 수 있음.

Q&A 12 법인 임원의 결격사유 조회관련

□ 사회복지법인 임원의 결격사유에 대해 전국 시·도 또는 시·군·구에 모두 조회를 해야 하는지 여부

○ 법인에서 임원을 임명하는 경우(사회복지사업법 제18조 제5항)
- 법인에서 임원 임명시 임원 결격사유 해당여부에 대한 입증책임은 해당 법인과 해당 법인에 임원으로 임명되는 자에 있음
- 해당 시·도 및 시·군·구는 신규로 임명되는 임원에 대해 신원조회 등을 통해 법인임원으로 적합한지 여부를 판단하고 이를 승인해야할 법적의무는 없으며, 당해 법인으로부터 신규 임원임명에 대한 보고를 받음으로써 그 법적의무를 다하는 것임
- 때문에 시·도 및 시·군·구에서는 법인에서 신규임원임명 보고시 사회복지사업법 시행규칙 제10조의 법인임원 임명보고서와 구비서류 완비여부만 확인하기 바람

※ 시·도 및 시·군·구는 신규임원 임명시에, 임원결격사유에 해당하는 자를 법인에서 고의 또는 과실로 임명하는 경우, 임원결격사유에 해당하는 자가 자신의 결격사유를 고의 또는 과실로 감추고 임원으로 임명되는 경우 등 결격자가 법인의 임원으로 임명된 경우에는 그로 인해 발생하는 모든 민형사상 책임은 해당 법인 및 결격사유가 있는 임원에게 있음을 통보하고 이에 대한 각서를 받을 것

○ 시·도에서 임시이사를 선임하는 경우(사회복지사업법 제20조제2항)
- 법인에서 임원의 결원이 생겼음에도 2월이내 보충하지 않아 해당 법인 주사무소 소재지 시·도지사가 이해관계인의 청구 또는 직권으로 임시이사를 선임하였을 경우에는 해당 시·도 및 시·군·구에게 임원결격사유(법 제19조제1항제2호)에 대한 입증책임이 있음
- 다만, 상기사항(임시이사의 선임)에 해당할 경우에도 해당 시·도 및 시·군·구는 타 시·도 및 시·군·구에 조회하지 말고 임시이사로 선임되는 자에게 결격사유를 설명한 후 결격사유가 없다는 각서를 받은 후 선임하도록 할 것

Q&A 13 임원의 겸직금지 관련

□ 법인의 임원은 타 법인의 임원 또는 타 시설의 장 등을 겸직할 수 없는 지 여부

○ 법인의 이사는 사회복지사업법 제18조 제2항 및 사회복지사업법 시행령 제9조의 특별한 관계가 있는 자의 범위에 해당하지 않는 한 타 법인의 이사로 겸직이 가능함
  - 때문에, 법인이사의 신규임명보고시 사회복지사업법 시행규칙 제10조에 의해 특별한 관계에 있는 자의 범위에 해당하지 않는다는 각서를 받기 때문에 추가적으로 시·도 및 시·군·구에 신원조회가 필요없음

○ 사회복지사업법 제21조제2항은 법인의 감사는 당해 법인의 이사, 당해 법인이 설치한 시설장 또는 그 직원으로 겸할 수 없다는 의미임
  - 이를 모든 법인의 이사, 모든 시설의 시설장 또는 그 직원으로 부당하게 확대 해석할 경우 헌법상 직업선택의 자유를 심각하게 침해할 우려가 있으므로, 시·도 및 시·군·구는 신규 감사의 임용시 당해 법인의 이사, 법인이 설치한 시설장 또는 그 직원에 해당하는지 여부만 판단할 것

Q&A 14 법인 주사무소 이전

□ 사회복지법인이 타 시·도로 주사무소 이전 가능 여부

ㅇ 사회복지사업법 제17조제2항에 의거 관할 주무관청의 정관변경 인가 시 주사무소 이전 가능
 - 단, 법인의 주사무소가 타 시·도로 이전될 시에는 이전하고자 하는 시·도와 반드시 협의 후 주사무소 변경을 위한 정관변경의 인가 여부를 결정할 것

Q&A 15 법인의 수익용 기본재산의 용도변경

□ 사회복지법인이 수익용 기본재산 처분 금액을 고유목적사업준비금으로 용도변경이 가능한지 여부

ㅇ 법인이 수익용 기본재산을 처분한 금액 중 일부를 고유목적사업준비금으로 용도변경하고자 하는 경우에는 사회복지사업법 시행규칙 제14조(기본재산의 처분) 제1항에 별지 제11호 서식의 기본재산처분허가신청서에 관련 서류를 첨부하여 주무관청에 허가를 받아야 함
 - 주무관청은 기본재산처분허가 신청 시 관련 서류의 적정성 여부, 사업계획의 적정성 여부를 면밀히 검토할 것

Q&A 16 기본재산처분허가 신청권자

□ 채권자가 주무관청에 사회복지법인 기본재산처분허가를 요구하는 경우 처분허가 가능 여부

○ 사회복지사업법 제23조 및 같은법 시행규칙 제14조에 따르면 기본재산처분허가신청은 법인에게 있음으로 채권자는 주무관청에 대하여 처분허가신청절차를 이행할 것을 청구할 권한이 없음.
〈참조판례, 대법원 1998.8.21. 선고 98다19202, 19219판결〉
- 재단법인이 정관의 변경을 초래하는 기본재산의 처분을 위하여 주무관청의 허가를 신청할 것인지 여부는 특별한 사정이 없는 한 재단법인의 의사에 맡겨져 있다고 할 것이므로, 채무자인 재단법인에 다른 재산이 없어 기본재산을 처분하지 않고는 채무의 변제가 불가능하다고 하더라도, 재단법인으로부터 기본재산을 양수한 자도 아니고 금전채권자들에 불과한 자에게는 강제이행청구권의 실질적인 실현을 위하여 필요하다는 사유만으로 기본재산의 처분을 희망하지도 않는 재단법인을 상대로 주무관청에 대하여 기본재산에 대한 처분허가신청절차를 이행할 것을 청구할 권한이 없음.

Q&A 17 사회복지법인의 해산관련

('12.12, 법무부 법무심의관실)

□ (질의1) 민법상 법인 해산신고는 수리를 요하는 신고인지 아니면 자기완결적 신고인지 여부

(질의2) 위 해산신고가 수리를 요하는 신고가 아니라 하더라도 청산인 선임을 둘러싼 소송이 진행중인 상황에서 법인 해산신고 수리를 보류할 수 있는지 여부

(질의3) A도로부터 설립허가가 취소된 사회복지법인 청산법인이 민법에 의거하여 법인청산절차를 진행하는 과정에서 채권의 추심, 변제 등을 위한 기본재산 및 잔여재산을 처리하는 업무를 A도에서 수행하여야 하는지, A도의 사무처리위임규칙에 따라 사회복지법인의 기본재산처분하가권이 위임된 B군에서 수행하여야 하는지

가. 질의 1에 대하여

- 신고란 특정한 사실관계와 법률관계의 존부 및 그 내용을 행정청에 통보하면 그것으로 종료하는 것이므로 행정청의 별도의 의사표시를 요하지 않으며, 행정절차법 제40조에서도 신고가 자기완결적인 행위임을 규정하고 있음
- 신고가 수리를 요하는 경우도 있지만 이는 관련 법령의 취지를 종합할 때 행정청에 인·허가적 의미를 가지는 사항에 관한 법령의 요건에 관한 심사의무가 있는 경우로 제한되고, 민법 제86조의 해산신고는 이와 같이 특정행위나 시설설치 등에 대한 인·허가적인 의미를 가지는 사항에 해당한다고 보기는 어려우므로, 수리를 요하는 신고로 볼 필요는 없을 것으로 판단됨

나. 질의 2에 대하여

- 법인은 해산시 파산의 경우를 제외하고는 해산등기를 하여야 하고(민법 제85조제1항), 등기를 해태하면 과태료가 부과될 뿐 아니라(민법 제97조제1호), 해산등기를 하지 아니하면 제3자에게 해산사실을 대항할 수 없어 대외적으로 해산의 효력을 주장할 수 없게 됨
- 해산등기사항은 해산의 사유 및 연월일, 청산인에 관한 사항(성명, 주소, 대표권제한)이고, 해산신고는 이러한 해산등기사항을 주무관청에 신고하는 것으로서, 해산에 관한 어떠한 사법적 효력을 전제로 하는 것이 아니라 해산등기사실 및 관련 내용을 주무관청에 알리는 것에 불과하고 해산등기사항에 관한 어떠한 요건심사를 전제로 하는 것이 아님
- 질의사안과 같이 청산인과 관련한 소송이 있을 경우, 후에 청산인이 변경되면 이는 변경등기를 하게 될 것이고(민법 제85조제2항), 그러한 변경가능성을 이유로 신고자체를 수리거절할 필요는 없을 것으로 판단됨
- 또한 이사자격 등과 관련한 취소소송이 진행 중인 때에도 해당 이사의 임기는 진행된다거나, 무효 등을 다투는 해당 결의에 의하여 선임된 이사도 회사대표로서의 자격을 인정한 판결 등에 비추어 볼 때, 청산인에 대한 해임청구소송이 진행 중이라고 하여도 신고를 유보할 사항은 아니라고 판단됨

다. 질의 3에 대하여

- 청산은 법인격이 해소되어 향후 소멸되기 전에 채권채무 관계를 정리하는 것이라 할 것이므로, 법인 존속 중에 하는 기본재산의 처분과는 다른 문제라 할 것임
- 즉 해산 · 청산은 설립허가와 같은 위치에서 논의되어야 할 사항이라고 할 것인바, 해당 위임사무규칙에서는 설립이나 해산(청산) 등에 대해서는 위임하고 있지 않는 것으로 보이므로, 설립허가청에서 해산(청산)에 관한 업무를 담당하는 것이 적절하다고 판단됨

부록 3

관계법령

민 법

[시행 2013.7.1] [법률 제11728호, 2013.4.5, 일부개정]
법무부(법무심의관실) 02-2110-3164~5

제3장 법인

제1절 총칙

제31조(법인성립의 준칙) 법인은 법률의 규정에 의함이 아니면 성립하지 못한다.

제32조(비영리법인의 설립과 허가) 학술, 종교, 자선, 기예, 사교 기타 영리아닌 사업을 목적으로 하는 사단 또는 재단은 주무관청의 허가를 얻어 이를 법인으로 할 수 있다.

제33조(법인설립의 등기) 법인은 그 주된 사무소의 소재지에서 설립등기를 함으로써 성립한다.

제34조(법인의 권리능력) 법인은 법률의 규정에 좇아 정관으로 정한 목적의 범위내에서 권리와 의무의 주체가 된다.

제35조(법인의 불법행위능력) ①법인은 이사 기타 대표자가 그 직무에 관하여 타인에게 가한 손해를 배상할 책임이 있다. 이사 기타 대표자는 이로 인하여 자기의 손해배상책임을 면하지 못한다.

②법인의 목적범위외의 행위로 인하여 타인에게 손해를 가한 때에는 그 사항의 의결에 찬성하거나 그 의결을 집행한 사원, 이사 및 기타 대표자가 연대하여 배상하여야 한다.

제36조(법인의 주소) 법인의 주소는 그 주된 사무소의 소재지에 있는 것으로 한다.

제37조(법인의 사무의 검사, 감독) 법인의 사무는 주무관청이 검사, 감독한다.

제38조(법인의 설립허가의 취소) 법인이 목적 이외의 사업을 하거나 설립허가의 조건에 위반하거나 기타 공익을 해하는 행위를 한 때에는 주무관청은 그 허가를 취소할 수 있다.

제39조(영리법인) ①영리를 목적으로 하는 사단은 상사회사설립의 조건에 좇아 이를 법인으로 할 수 있다.

②전항의 사단법인에는 모두 상사회사에 관한 규정을 준용한다.

제2절 설립

제40조(사단법인의 정관) 사단법인의 설립자는 다음 각호의 사항을 기재한 정관을 작성하여 기명날인하여야 한다.

1. 목적
2. 명칭
3. 사무소의 소재지
4. 자산에 관한 규정
5. 이사의 임면에 관한 규정
6. 사원자격의 득실에 관한 규정
7. 존립시기나 해산사유를 정하는 때에는 그 시기 또는 사유

제41조(이사의 대표권에 대한 제한) 이사의 대표권에 대한 제한은 이를 정관에 기재하지 아니하면 그 효력이 없다.

제42조(사단법인의 정관의 변경) ①사단법인의 정관은 총사원 3분의 2 이상의 동의가 있는 때에 한하여 이를 변경할 수 있다. 그러나 정수에 관하여 정관에 다른 규정이 있는 때에는 그 규정에 의한다.

②정관의 변경은 주무관청의 허가를 얻지 아니하면 그 효력이 없다.

제43조(재단법인의 정관) 재단법인의 설립자는 일정한 재산을 출연하고 제40조제1호 내지 제5호의 사항을 기재한 정관을 작성하여 기명날인하여야 한다.

제44조(재단법인의 정관의 보충) 재단법인의 설립자가 그 명칭, 사무소소재지 또는 이사임면의 방법을 정하지 아니하고 사망한 때에는 이해관계인 또는 검사의 청구에 의하여 법원이 이를 정한다.

제45조(재단법인의 정관변경) ①재단법인의 정관은 그 변경방법을 정관에 정한 때에 한하여 변경할 수 있다.

②재단법인의 목적달성 또는 그 재산의 보전을 위하여 적당한 때에는 전항의 규정에 불구하고 명칭 또는 사무소의 소재지를 변경할 수 있다.

③제42조제2항의 규정은 전2항의 경우에 준용한다.

제46조(재단법인의 목적 기타의 변경) 재단법인의 목적을 달성할 수 없는 때에는 설립자나 이사는 주무관청의 허가를 얻어 설립의 취지를 참작하여 그 목적 기타 정관의 규정을 변경할 수 있다.

제47조(증여, 유증에 관한 규정의 준용) ①생전처분으로 재단법인을 설립하는 때에는 증여에 관한 규정을 준용한다.

②유언으로 재단법인을 설립하는 때에는 유증에 관한 규정을 준용한다.

제48조(출연재산의 귀속시기) ①생전처분으로 재단법인을 설립하는 때에는 출연재산은 법인이 성립된 때로부터 법인의 재산이 된다.

②유언으로 재단법인을 설립하는 때에는 출연재산은 유언의 효력이 발생한 때로부터 법인에 귀속한 것으로 본다.

제49조(법인의 등기사항) ①법인설립의 허가가 있는 때에는 3주간내에 주된 사무소소재지에서 설립등기를 하여야 한다.

②전항의 등기사항은 다음과 같다.

1. 목적
2. 명칭
3. 사무소
4. 설립허가의 연월일
5. 존립시기나 해산이유를 정한 때에는 그 시기 또는 사유
6. 자산의 총액
7. 출자의 방법을 정한 때에는 그 방법
8. 이사의 성명, 주소
9. 이사의 대표권을 제한한 때에는 그 제한

제50조(분사무소설치의 등기) ①법인이 분사무소를 설치한 때에는 주사무소소재지에서는 3주간내에 분사무소를 설치한 것을 등기하고 그 분사무소소재지에서는 동기간내에 전조제2항의 사항을 등기하고 다른 분사무소소재지에서는 동기간내에 그 분사무소를 설치한 것을 등기하여야 한다.

②주사무소 또는 분사무소의 소재지를 관할하는 등기소의 관할구역내에 분사무소를 설치한 때에는 전항의 기간내에 그 사무소를 설치한 것을 등기하면 된다.

제51조(사무소이전의 등기) ①법인이 그 사무소를 이전하는 때에는 구소재지에서는 3주간내에 이전등기를 하고 신소재지에서는 동기간내에 제49조제2항에 게기한 사항을 등기하여야 한다.

②동일한 등기소의 관할구역내에서 사무소를 이전한 때에는 그 이전한 것을 등기하면 된다.

제52조(변경등기) 제49조제2항의 사항 중에 변경이 있는 때에는 3주간내에 변경등기를 하여야

한다.

제52조의2(직무집행정지 등 가처분의 등기) 이사의 직무집행을 정지하거나 직무대행자를 선임하는 가처분을 하거나 그 가처분을 변경·취소하는 경우에는 주사무소와 분사무소가 있는 곳의 등기소에서 이를 등기하여야 한다.

[본조신설 2001.12.29]

제53조(등기기간의 기산) 전3조의 규정에 의하여 등기할 사항으로 관청의 허가를 요하는 것은 그 허가서가 도착한 날로부터 등기의 기간을 기산한다.

제54조(설립등기 이외의 등기의 효력과 등기사항의 공고) ①설립등기 이외의 본절의 등기사항은 그 등기후가 아니면 제삼자에게 대항하지 못한다.

②등기한 사항은 법원이 지체없이 공고하여야 한다.

제55조(재산목록과 사원명부) ①법인은 성립한 때 및 매년 3월내에 재산목록을 작성하여 사무소에 비치하여야 한다. 사업연도를 정한 법인은 성립한 때 및 그 연도말에 이를 작성하여야 한다.

②사단법인은 사원명부를 비치하고 사원의 변경이 있는 때에는 이를 기재하여야 한다.

제56조(사원권의 양도, 상속금지) 사단법인의 사원의 지위는 양도 또는 상속할 수 없다.

제3절 기관

제57조(이사) 법인은 이사를 두어야 한다.

제58조(이사의 사무집행) ①이사는 법인의 사무를 집행한다.

②이사가 수인인 경우에는 정관에 다른 규정이 없으면 법인의 사무집행은 이사의 과반수로써 결정한다.

제59조(이사의 대표권) ①이사는 법인의 사무에 관하여 각자 법인을 대표한다. 그러나 정관에 규정한 취지에 위반할 수 없고 특히 사단법인은 총회의 의결에 의하여야 한다.

②법인의 대표에 관하여는 대리에 관한 규정을 준용한다.

제60조(이사의 대표권에 대한 제한의 대항요건) 이사의 대표권에 대한 제한은 등기하지 아니하면 제삼자에게 대항하지 못한다.

제60조의2(직무대행자의 권한) ①제52조의2의 직무대행자는 가처분명령에 다른 정함이 있는 경우 외에는 법인의 통상사무에 속하지 아니한 행위를 하지 못한다. 다만, 법원의 허가를 얻은 경우에는 그러하지 아니하다.

②직무대행자가 제1항의 규정에 위반한 행위를 한 경우에도 법인은 선의의 제3자에 대하여 책

임을 진다.

[본조신설 2001.12.29]

제61조(이사의 주의의무) 이사는 선량한 관리자의 주의로 그 직무를 행하여야 한다.

제62조(이사의 대리인 선임) 이사는 정관 또는 총회의 결의로 금지하지 아니한 사항에 한하여 타인으로 하여금 특정한 행위를 대리하게 할 수 있다.

제63조(임시이사의 선임) 이사가 없거나 결원이 있는 경우에 이로 인하여 손해가 생길 염려 있는 때에는 법원은 이해관계인이나 검사의 청구에 의하여 임시이사를 선임하여야 한다.

제64조(특별대리인의 선임) 법인과 이사의 이익이 상반하는 사항에 관하여는 이사는 대표권이 없다. 이 경우에는 전조의 규정에 의하여 특별대리인을 선임하여야 한다.

제65조(이사의 임무해태) 이사가 그 임무를 해태한 때에는 그 이사는 법인에 대하여 연대하여 손해배상의 책임이 있다.

제66조(감사) 법인은 정관 또는 총회의 결의로 감사를 둘 수 있다.

제67조(감사의 직무) 감사의 직무는 다음과 같다.

1. 법인의 재산상황을 감사하는 일
2. 이사의 업무집행의 상황을 감사하는 일
3. 재산상황 또는 업무집행에 관하여 부정, 불비한 것이 있음을 발견한 때에는 이를 총회 또는 주무관청에 보고하는 일
4. 전호의 보고를 하기 위하여 필요있는 때에는 총회를 소집하는 일

제68조(총회의 권한) 사단법인의 사무는 정관으로 이사 또는 기타 임원에게 위임한 사항외에는 총회의 결의에 의하여야 한다.

제69조(통상총회) 사단법인의 이사는 매년 1회 이상 통상총회를 소집하여야 한다.

제70조(임시총회) ①사단법인의 이사는 필요하다고 인정한 때에는 임시총회를 소집할 수 있다.

②총사원의 5분의 1 이상으로부터 회의의 목적사항을 제시하여 청구한 때에는 이사는 임시총회를 소집하여야 한다. 이 정수는 정관으로 증감할 수 있다.

③전항의 청구있는 후 2주간내에 이사가 총회소집의 절차를 밟지 아니한 때에는 청구한 사원은 법원의 허가를 얻어 이를 소집할 수 있다.

제71조(총회의 소집) 총회의 소집은 1주간전에 그 회의의 목적사항을 기재한 통지를 발하고 기타 정관에 정한 방법에 의하여야 한다.

제72조(총회의 결의사항) 총회는 전조의 규정에 의하여 통지한 사항에 관하여서만 결의할 수 있

다. 그러나 정관에 다른 규정이 있는 때에는 그 규정에 의한다.

제73조(사원의 결의권) ①각 사원의 결의권은 평등으로 한다.

②사원은 서면이나 대리인으로 결의권을 행사할 수 있다.

③전2항의 규정은 정관에 다른 규정이 있는 때에는 적용하지 아니한다.

제74조(사원이 결의권없는 경우) 사단법인과 어느 사원과의 관계사항을 의결하는 경우에는 그 사원은 결의권이 없다.

제75조(총회의 결의방법) ①총회의 결의는 본법 또는 정관에 다른 규정이 없으면 사원 과반수의 출석과 출석사원의 결의권의 과반수로써 한다.

②제73조제2항의 경우에는 당해사원은 출석한 것으로 한다.

제76조(총회의 의사록) ①총회의 의사에 관하여는 의사록을 작성하여야 한다.

②의사록에는 의사의 경과, 요령 및 결과를 기재하고 의장 및 출석한 이사가 기명날인하여야 한다.

③이사는 의사록을 주된 사무소에 비치하여야 한다.

제4절 해산

제77조(해산사유) ①법인은 존립기간의 만료, 법인의 목적의 달성 또는 달성의 불능 기타 정관에 정한 해산사유의 발생, 파산 또는 설립허가의 취소로 해산한다.

②사단법인은 사원이 없게 되거나 총회의 결의로도 해산한다.

제78조(사단법인의 해산결의) 사단법인은 총사원 4분의 3 이상의 동의가 없으면 해산을 결의하지 못한다. 그러나 정관에 다른 규정이 있는 때에는 그 규정에 의한다.

제79조(파산신청) 법인이 채무를 완제하지 못하게 된 때에는 이사는 지체없이 파산신청을 하여야 한다.

제80조(잔여재산의 귀속) ①해산한 법인의 재산은 정관으로 지정한 자에게 귀속한다.

②정관으로 귀속권리자를 지정하지 아니하거나 이를 지정하는 방법을 정하지 아니한 때에는 이사 또는 청산인은 주무관청의 허가를 얻어 그 법인의 목적에 유사한 목적을 위하여 그 재산을 처분할 수 있다. 그러나 사단법인에 있어서는 총회의 결의가 있어야 한다.

③전2항의 규정에 의하여 처분되지 아니한 재산은 국고에 귀속한다.

제81조(청산법인) 해산한 법인은 청산의 목적범위내에서만 권리가 있고 의무를 부담한다.

제82조(청산인) 법인이 해산한 때에는 파산의 경우를 제하고는 이사가 청산인이 된다. 그러나 정

관 또는 총회의 결의로 달리 정한 바가 있으면 그에 의한다.

제83조(법원에 의한 청산인의 선임) 전조의 규정에 의하여 청산인이 될 자가 없거나 청산인의 결원으로 인하여 손해가 생길 염려가 있는 때에는 법원은 직권 또는 이해관계인이나 검사의 청구에 의하여 청산인을 선임할 수 있다.

제84조(법원에 의한 청산인의 해임) 중요한 사유가 있는 때에는 법원은 직권 또는 이해관계인이나 검사의 청구에 의하여 청산인을 해임할 수 있다.

제85조(해산등기) ①청산인은 파산의 경우를 제하고는 그 취임후 3주간내에 해산의 사유 및 연월일, 청산인의 성명 및 주소와 청산인의 대표권을 제한한 때에는 그 제한을 주된 사무소 및 분사무소소재지에서 등기하여야 한다.

②제52조의 규정은 전항의 등기에 준용한다.

제86조(해산신고) ①청산인은 파산의 경우를 제하고는 그 취임후 3주간내에 전조제1항의 사항을 주무관청에 신고하여야 한다.

②청산중에 취임한 청산인은 그 성명 및 주소를 신고하면 된다.

제87조(청산인의 직무) ①청산인의 직무는 다음과 같다.

1. 현존사무의 종결
2. 채권의 추심 및 채무의 변제
3. 잔여재산의 인도

②청산인은 전항의 직무를 행하기 위하여 필요한 모든 행위를 할 수 있다.

제88조(채권신고의 공고) ①청산인은 취임한 날로부터 2월내에 3회 이상의 공고로 채권자에 대하여 일정한 기간내에 그 채권을 신고할 것을 최고하여야 한다. 그 기간은 2월 이상이어야 한다.

②전항의 공고에는 채권자가 기간내에 신고하지 아니하면 청산으로부터 제외될 것을 표시하여야 한다.

③제1항의 공고는 법원의 등기사항의 공고와 동일한 방법으로 하여야 한다.

제89조(채권신고의 최고) 청산인은 알고 있는 채권자에게 대하여는 각각 그 채권신고를 최고하여야 한다. 알고 있는 채권자는 청산으로부터 제외하지 못한다.

제90조(채권신고기간내의 변제금지) 청산인은 제88조제1항의 채권신고기간내에는 채권자에 대하여 변제하지 못한다. 그러나 법인은 채권자에 대한 지연손해배상의 의무를 면하지 못한다.

제91조(채권변제의 특례) ①청산 중의 법인은 변제기에 이르지 아니한 채권에 대하여도 변제할 수 있다.

②전항의 경우에는 조건있는 채권, 존속기간의 불확정한 채권 기타 가액의 불확정한 채권에 관하여는 법원이 선임한 감정인의 평가에 의하여 변제하여야 한다.

第92条(청산으로부터 제외된 채권) 청산으로부터 제외된 채권자는 법인의 채무를 완제한 후 귀속권리자에게 인도하지 아니한 재산에 대하여서만 변제를 청구할 수 있다.

第93条(청산중의 파산) ①청산중 법인의 재산이 그 채무를 완제하기에 부족한 것이 분명하게 된 때에는 청산인은 지체없이 파산선고를 신청하고 이를 공고하여야 한다.

②청산인은 파산관재인에게 그 사무를 인계함으로써 그 임무가 종료한다.

③제88조제3항의 규정은 제1항의 공고에 준용한다.

第94条(청산종결의 등기와 신고) 청산이 종결한 때에는 청산인은 3주간내에 이를 등기하고 주무관청에 신고하여야 한다.

第95条(해산, 청산의 검사, 감독) 법인의 해산 및 청산은 법원이 검사, 감독한다.

第96条(준용규정) 제58조제2항, 제59조 내지 제62조, 제64조, 제65조 및 제70조의 규정은 청산인에 이를 준용한다.

제5절 벌칙

第97条(벌칙) 법인의 이사, 감사 또는 청산인은 다음 각호의 경우에는 500만원 이하의 과태료에 처한다. 〈개정 2007.12.21〉

1. 본장에 규정한 등기를 해태한 때
2. 제55조의 규정에 위반하거나 재산목록 또는 사원명부에 부정기재를 한 때
3. 제37조, 제95조에 규정한 검사, 감독을 방해한 때
4. 주무관청 또는 총회에 대하여 사실아닌 신고를 하거나 사실을 은폐한 때
5. 제76조와 제90조의 규정에 위반한 때
6. 제79조, 제93조의 규정에 위반하여 파산선고의 신청을 해태한 때
7. 제88조, 제93조에 정한 공고를 해태하거나 부정한 공고를 한 때

부 칙〈제11728호, 2013.4.5〉

이 법은 2013년 7월 1일부터 시행한다.

공익법인의 설립·운영에 관한 법률

[시행 2014.1.7] [법률 제12185호, 2014.1.7, 일부개정]
법무부(법무심의관실) 02-2110-3164~5

제1조(목적) 이 법은 법인의 설립 · 운영 등에 관한 「민법」의 규정을 보완하여 법인으로 하여금 그 공익성을 유지하며 건전한 활동을 할 수 있도록 함을 목적으로 한다.

[전문개정 2008.3.14]

제2조(적용 범위) 이 법은 재단법인이나 사단법인으로서 사회 일반의 이익에 이바지하기 위하여 학자금 · 장학금 또는 연구비의 보조나 지급, 학술, 자선(慈善)에 관한 사업을 목적으로 하는 법인(이하 "공익법인"이라 한다)에 대하여 적용한다.

[전문개정 2008.3.14]

제3조(정관의 준칙 등) ①공익법인은 정관에 다음 사항을 적어야 한다.

1. 목적
2. 명칭
3. 사무소의 소재지
4. 설립 당시의 자산의 종류 · 상태 및 평가액
5. 자산의 관리방법과 회계에 관한 사항
6. 이사 및 감사의 정수(定數) · 임기 및 그 임면(任免)에 관한 사항
7. 이사의 결의권 행사 및 대표권에 관한 사항
8. 정관의 변경에 관한 사항
9. 공고 및 공고 방법에 관한 사항
10. 존립시기와 해산사유를 정한 경우에는 그 시기와 사유 및 잔여재산의 처리방법
11. 업무감사와 회계검사에 관한 사항

②제1항에 따른 정관의 기재 사항과 그 밖에 필요한 사항에 관하여는 대통령령으로 정한다.

[전문개정 2008.3.14]

제4조(설립허가 기준) ①주무 관청은 「민법」 제32조에 따라 공익법인의 설립허가신청을 받으면 관계 사실을 조사하여 재단법인은 출연재산의 수입, 사단법인은 회비 · 기부금 등으로 조성되는 재원(財源)의 수입(이하 각 "기본재산"이라 한다)으로 목적사업을 원활히 수행할 수 있다고 인정되는 경우에만 설립허가를 한다.

②주무 관청은 공익법인의 설립허가를 할 때 대통령령으로 정하는 바에 따라 회비 징수, 수혜(受惠) 대상에 관한 사항, 그 밖에 필요한 조건을 붙일 수 있다.

③공익법인은 목적 달성을 위하여 수익사업을 하려면 정관으로 정하는 바에 따라 사업마다 주무 관청의 승인을 받아야 한다. 이를 변경하려는 경우에도 또한 같다.

[전문개정 2008.3.14]

第5조(임원 등) ①공익법인에는 5명 이상 15명 이하의 이사와 2명의 감사를 두되, 주무 관청의 승인을 받아 그 수를 증감할 수 있다.

②임원은 주무 관청의 승인을 받아 취임한다.

③이사와 감사의 임기는 정관으로 정하되, 이사는 4년, 감사는 2년을 초과할 수 없다. 다만, 연임할 수 있다.

④이사의 과반수는 대한민국 국민이어야 한다.

⑤이사회를 구성할 때 대통령령으로 정하는 특별한 관계가 있는 자의 수는 이사 현원(現員)의 5분의 1을 초과할 수 없다.

⑥다음 각 호의 어느 하나에 해당하는 자는 공익법인의 임원이 될 수 없다.

1. 미성년자
2. 금치산자 또는 한정치산자
3. 파산선고를 받은 자로서 복권되지 아니한 자
4. 금고 이상의 형을 받고 집행이 종료되거나 집행을 받지 아니하기로 확정된 후 3년이 지나지 아니한 자
5. 제14조제2항에 따라 임원 취임승인이 취소된 후 2년이 지나지 아니한 자

⑦이사나 감사 중에 결원이 생기면 2개월 내에 보충하여야 한다.

⑧감사는 이사와 제5항에 따른 특별한 관계가 있는 자가 아니어야 하며 그 중 1명은 대통령령으로 정하는 바에 따라 법률과 회계에 관한 지식과 경험이 있는 자 중에서 주무 관청이 추천할 수 있다.

⑨공익법인은 주무 관청의 승인을 받아 상근임직원의 수를 정하고 상근임직원에게는 보수를 지급한다.

[전문개정 2008.3.14]

第6조(이사회) ①공익법인에 이사회를 둔다.

②이사회는 이사로 구성한다.

③이사장은 정관으로 정하는 바에 따라 이사 중에서 호선(互選)한다.

④이사장은 이사회를 소집하며, 이사회의 의장이 된다.

[전문개정 2008.3.14]

제7조(이사회의 기능) ①이사회는 다음 사항을 심의 결정한다.

1. 공익법인의 예산, 결산, 차입금 및 재산의 취득·처분과 관리에 관한 사항
2. 정관의 변경에 관한 사항
3. 공익법인의 해산에 관한 사항
4. 임원의 임면에 관한 사항
5. 수익사업에 관한 사항
6. 그 밖에 법령이나 정관에 따라 그 권한에 속하는 사항

②이사장이나 이사가 공익법인과 이해관계가 상반될 때에는 그 사항에 관한 의결에 참여하지 못한다.

[전문개정 2008.3.14]

제8조(이사회의 소집) ①이사장은 필요하다고 인정할 때에는 이사회를 소집할 수 있다.

②이사장은 다음 각 호의 어느 하나에 해당하는 소집요구가 있을 때에는 그 소집요구일부터 20일 이내에 이사회를 소집하여야 한다.

1. 재적이사의 과반수가 회의의 목적을 제시하여 소집을 요구할 때
2. 제10조제1항제5호에 따라 감사가 소집을 요구할 때

③이사회를 소집할 때에는 적어도 회의 7일 전에 회의의 목적을 구체적으로 밝혀 각 이사에게 알려야 한다. 다만, 이사 전원이 모이고 또 그 전원이 이사회의 소집을 요구할 때에는 그러하지 아니하다.

④이사회를 소집하여야 할 경우에 그 소집권자가 궐위(闕位)되거나 이사회 소집을 기피하여 7일 이상 이사회 소집이 불가능한 경우에는 재적이사 과반수의 찬동으로 감독청의 승인을 받아 이사회를 소집할 수 있다. 이 경우 정관으로 정하는 이사가 이사회를 주재한다.

[전문개정 2008.3.14]

제9조(의결정족수 등) ①이사회의 의사(議事)는 정관에 특별한 규정이 없으면 재적이사 과반수의 찬성으로 의결한다.

②이사는 평등한 의결권을 가진다.

③이사회의 의사는 서면결의에 의하여 처리할 수 없다.

④이사회의 의결은 대한민국 국민인 이사가 출석이사의 과반수가 되어야 한다.

[전문개정 2008.3.14]

제10조(감사의 직무) ①감사는 다음 각 호의 직무를 수행한다.

1. 공익법인의 업무와 재산상황을 감사하는 일 및 이사에 대하여 감사에 필요한 자료의 제출 또는 의견을 요구하고 이사회에서 발언하는 일
2. 이사회의 회의록에 기명날인하는 일
3. 공익법인의 업무와 재산상황에 대하여 이사에게 의견을 진술하는 일
4. 공익법인의 업무와 재산상황을 감사한 결과 불법 또는 부당한 점이 있음을 발견한 때에 이를 이사회에 보고하는 일
5. 제4호의 보고를 하기 위하여 필요하면 이사회의 소집을 요구하는 일

②감사는 공익법인의 업무와 재산상황을 감사한 결과 불법 또는 부당한 점이 있음을 발견한 때에는 지체 없이 주무 관청에 보고하여야 한다.

③감사는 이사가 공익법인의 목적범위 외의 행위를 하거나 그 밖에 이 법 또는 이 법에 따른 명령이나 정관을 위반하는 행위를 하여 공익법인에 현저한 손해를 발생하게 할 우려가 있을 때에는 그 이사에 대하여 직무집행을 유지(留止)할 것을 법원에 청구할 수 있다.

[전문개정 2008.3.14]

제11조(재산) ①공익법인의 재산은 대통령령으로 정하는 바에 따라 기본재산과 보통재산으로 구분한다.

②기본재산은 그 목록과 평가액을 정관에 적어야 하며, 평가액에 변동이 있을 때에는 지체 없이 정관 변경 절차를 밟아야 한다.

③공익법인은 기본재산을 매도·증여·임대·교환 또는 용도변경하거나 담보로 제공하거나 대통령령으로 정하는 일정금액 이상을 장기차입(長期借入)하려면 주무 관청의 허가를 받아야 한다. 다만, 「상속세 및 증여세법」 제16조제2항에 따른 성실공익법인이 기본재산의 100분의 20 범위 이내에서 기본재산의 증식을 목적으로 하는 매도·교환 또는 용도변경 등 대통령령으로 정하는 경우에는 주무 관청에 대한 신고로 갈음할 수 있다. 〈개정 2011.3.7〉

④공익법인은 목적사업을 수행하기 위하여 그 재산을 선량한 관리자의 주의를 다하여 관리하여야 한다.

[전문개정 2008.3.14]

제12조(예산 및 결산 등) ①공익법인의 회계연도는 정부의 회계연도에 따른다.

②공익법인은 주무 관청에 대하여 대통령령으로 정하는 바에 따라 매 회계연도가 시작되기 전에 다음 해에 실시할 사업계획 및 예산을 제출하고 매 회계연도가 끝난 후에 사업실적과 결산을 보고하여야 한다. 이 경우 결산보고에는 대통령령으로 정하는 바에 따라 공인회계사의 감사

증명서를 첨부하게 할 수 있다.

③공익법인은 결산상 잉여금을 기본재산에 전입하거나 다음 해에 이월하여 목적사업에 사용하여야 한다.

④공익법인의 재산관리, 예산편성, 회계 등에 관한 사항은 대통령령으로 정한다.

[전문개정 2008.3.14]

제13조(잔여재산의 귀속) ①해산한 공익법인의 남은 재산은 정관으로 정하는 바에 따라 국가나 지방자치단체에 귀속된다.

②제1항에 따라 국가나 지방자치단체에 귀속된 재산은 공익사업에 사용하거나 이를 유사한 목적을 가진 공익법인에 증여하거나 무상대부(無償貸付)한다.

[전문개정 2008.3.14]

제14조(감독) ①주무 관청은 공익법인의 업무를 감독한다.

②주무 관청은 다음 각 호의 어느 하나에 해당하는 사유가 있으면 그 사유의 시정을 요구한 날부터 1개월이 지나도 이에 응하지 아니한 경우에 이사의 취임승인을 취소할 수 있다.

1. 이 법 또는 정관을 위반한 경우
2. 임원 간의 분쟁, 회계부정, 재산의 부당한 손실, 현저한 부당행위 등으로 해당 공익법인의 설립목적을 달성하지 못할 우려를 발생시킨 경우
3. 목적사업 외의 사업을 수행하거나 수행하려 한 경우

③주무 관청은 수익사업을 하는 공익법인에 다음 각 호의 사유가 있다고 인정되면 그 공익법인에 대하여 그 사업의 시정이나 정지를 명할 수 있다.

1. 수익을 목적사업 외의 용도에 사용할 때
2. 해당 사업을 계속하는 것이 공익법인의 목적에 위배된다고 인정될 때

[전문개정 2008.3.14]

제15조(조세 감면 등) 공익법인에 출연(出捐)하거나 기부한 재산에 대한 상속세·증여세·소득세·법인세 및 지방세는 「조세특례제한법」으로 정하는 바에 따라 감면할 수 있다.

[전문개정 2008.3.14]

제16조(설립허가의 취소) ①설립허가를 한 주무 관청은 공익법인에 다음 각 호의 어느 하나에 해당하는 사유가 있다고 인정될 때에는 그 공익법인에 대한 설립허가를 취소할 수 있다. 다만, 공익법인의 목적사업이 둘 이상인 경우에는 그 일부의 목적사업에 해당 사유가 있을 때에도 또한 같다.

1. 거짓이나 그 밖의 부정한 방법으로 설립허가를 받은 경우
2. 설립허가 조건을 위반한 경우
3. 목적 달성이 불가능하게 된 경우
4. 목적사업 외의 사업을 한 경우
5. 이 법 또는 이 법에 따른 명령이나 정관을 위반한 경우
6. 공익을 해치는 행위를 한 경우
7. 정당한 사유 없이 설립허가를 받은 날부터 6개월 이내에 목적사업을 시작하지 아니하거나 1년 이상 사업실적이 없을 때

②제1항에 따른 공익법인의 설립허가취소는 다른 방법으로는 감독목적을 달성할 수 없거나 감독청이 시정을 명령한 후 1년이 지나도 이에 응하지 아니한 경우에 한다.

[전문개정 2008.3.14]

제16조의2(청문) 주무 관청은 제16조에 따라 공익법인의 설립허가를 취소하려는 경우에는 청문을 하여야 한다.

[전문개정 2008.3.14]

제17조(감사 등) ①주무 관청은 감독상 필요하면 공익법인에 대하여 그 업무보고서의 제출을 명하거나 업무재산관리 및 회계를 감사하여 그 적정을 기하고, 목적사업을 원활히 수행하도록 지도하여야 한다.

②주무 관청은 공익법인의 효율적 감독을 위하여 필요하면 대통령령으로 정하는 바에 따라 공인회계사나 그 밖에 관계 전문기관으로 하여금 제1항에 따른 감사를 하게 할 수 있다.

[전문개정 2008.3.14]

제18조(권한의 위임) 주무 관청은 이 법에 정한 권한의 일부를 대통령령으로 정하는 바에 따라 하급관청이나 지방자치단체에 위임할 수 있다.

[전문개정 2008.3.14]

제19조(벌칙) ①제4조제3항이나 제11조제3항 또는 제12조제3항을 위반하면 3년 이하의 징역 또는 3천만원 이하의 벌금에 처한다. 〈개정 2014.1.7〉

②다음 각 호의 어느 하나에 해당하면 1년 이하의 징역 또는 1천만원 이하의 벌금에 처한다. 〈개정 2014.1.7〉

1. 제14조제3항에 따른 명령을 위반한 경우
2. 제12조제2항을 위반하거나 거짓으로 보고한 경우

3. 제17조에 따른 감사를 거부하거나 기피한 경우
4. 감사가 정당한 사유 없이 직무 수행을 거부하거나 직무를 유기한 경우

③이사나 감사가 제1항 및 제2항의 죄를 범하였을 때에는 그 행위자를 벌할 뿐만 아니라 그 공익법인에도 제1항 및 제2항의 벌금형을 부과한다. 다만, 법인이 그 위반행위를 방지하기 위하여 해당 업무에 관하여 상당한 주의와 감독을 게을리하지 아니한 때와 주무관청이 추천한 감사의 행위에 대하여는 그러하지 아니하다.

[전문개정 2008.3.14]

제20조 삭제 〈2008.3.14〉

부 칙 〈제12185호, 2014.1.7〉

이 법은 공포한 날부터 시행한다.

공익법인의 설립·운영에 관한 법률 시행령

[시행2013.3.23] [대통령령 제24415호, 2013.3.23., 타법개정]
법무부(법무심의관실) 02-2110-3164~5

제1조(목적) 이 영은 「공익법인의 설립 · 운영에 관한 법률」에서 위임된 사항과 그 시행에 필요한 사항을 규정함을 목적으로 한다. 〈개정 2011.8.19〉

제2조(정의) ①공익법인의 설립 · 운영에 관한 법률」(이하 "법"이라 한다) 제2조에서 "사회일반의 이익에 공여하기 위하여 학자금 · 장학금 또는 연구비의 보조나 지급, 학술 · 자선에 관한 사업을 목적으로 하는 법인"이라 함은 다음의 사업을 목적으로 하는 법인을 말한다. 〈개정 2011.8.19〉

1. 학자금 · 장학금 기타 명칭에 관계없이 학생등의 장학을 목적으로 금전을 지급하거나 지원하는 사업 · 금전에 갈음한 물건 · 용역 또는 시설을 설치 · 운영 또는 제공하거나 지원하는 사업을 포함한다.
2. 연구비 · 연구조성비 · 장려금 기타 명칭에 관계없이 학문 · 과학기술의 연구 · 조사 · 개발 · 보급을 목적으로 금전을 지급하거나 지원하는 사업 · 금전에 갈음한 물건 · 용역 또는 시설을 제공하는 사업을 포함한다.
3. 학문 또는 과학기술의 연구 · 조사 · 개발 · 보급을 목적으로 하는 사업 및 이들 사업을 지원하는 도서관 · 박물관 · 과학관 기타 이와 유사한 시설을 설치 · 운영하는 사업
4. 불행 · 재해 기타 사정으로 자활할 수 없는 자를 돕기 위한 모든 자선사업
5. 제1호 내지 제4호에 해당하는 사업의 유공자에 대한 시상을 행하는 사업

②제1항의 법인에는 제1항 각호의 사업과 그 이외의 사업을 함께 수행하는 법인을 포함한다.

제3조(정관에 기재할 사항) ①공익법인의 정관에는 법 제3조제1항에 규정된 사항 이외에 다음 각호의 사항을 기재하여야 한다.

1. 사업에 관한 사항
2. 사단법인인 경우에는 사원 및 사원총회에 관한 사항
3. 기타 공익법인의 운영에 관한 기본적 사항

②제1항제1호의 사업은 구체적으로 명확하게 정하여야 한다.

제4조(설립허가신청) ①공익법인의 설립허가를 받고자 하는 자(이하 "설립발기인"이라 한다)는 법인설립허가신청서에 다음 각호의 서류를 첨부하여 주무관청에 제출하여야 한다. 〈개정

1995.7.6〉

1. 설립발기인의 성명 · 주소 · 약력(설립발기인이 법인인 경우에는 그 명칭, 주된 사무소의 소재지, 대표자의 성명 · 주소 · 정관 및 최근의 사업활동)을 기재한 서류 1부
2. 설립취지서 1부
3. 정관 1부
4. 재단법인인 경우에는 출연재산의 종류 · 수량 · 금액 및 권리관계를 명확하게 기재한 재산목록(기본재산과 보통재산으로 구분하여 기재하여야 한다) 및 기부신청서 1부, 사단법인인 경우에는 회비징수예정명세서 또는 기부신청서 1부
5. 삭제 〈1991.5.31〉
6. 부동산 · 예금 · 유가증권등 주된 재산에 관한 등기소 · 금융기관등의 증명서 1부
7. 사업개시예정일 및 사업개시이후 2 사업연도분의 사업계획서 및 수지예산서 1부
8. 사단법인인 경우에는 창립총회회의록 및 사원이 될 자의 성명 및 주소를 기재한 사원명부(사원명부를 작성하기 곤란한 때에는 사원의 총수를 기재한 서류) 각 1부
9. 삭제 〈1991.5.31〉

②공익법인의 사업이 2이상의 주무관청의 소관에 속하는 경우에는 그 주된 사업을 주관하는 주무관청에 법인설립허가를 신청하여야 한다.

제5조(설립허가) ①주무관청은 법인설립허가신청의 내용이 다음 각호의 기준에 적합한 경우에 한하여 이를 허가한다.

1. 목적사업이 구체적이며 실현가능하다고 인정되는 경우
2. 재단법인에 있어서는 출연재산의 수입, 사단법인에 있어서는 회비 · 기부금등으로 조성하는 재원의 수입으로 목적사업을 원활히 달성할 수 있다고 인정되는 경우
3. 목적사업이 적극적으로 공익을 유지 · 증진하는 것이라고 인정되는 경우

②제4조제2항의 경우에는 법인설립허가신청을 받은 주무관청은 다른 주무관청과 협의하여 그 설립허가를 하여야 한다.

제6조(설립허가시에 붙일 조건) ①주무관청이 공익법인의 설립허가를 함에 있어서는 다음 각호의 조건을 붙일 수 있다.

1. 사단법인의 경우에 회비에 의하여 경비에 충당할 비율과 회비징수방법 기타 회비징수에 관하여 필요한 사항
2. 수혜자의 출생지 · 출신학교 · 직업 · 근무처 기타 사회적 지위나 당해 법인과의 특수관계등에 의하여 수혜자의 범위를 제한할 수 없다는 뜻

3. 목적사업의 무상성 기타 목적사업의 운영에 관한 사항
4. 기타 목적사업의 원활한 달성을 위하여 필요한 사항

②주무관청은 공익법인의 설립허가(정관상의 목적사업을 효율적으로 수행하기 위하여 또는 정관상의 목적사업에 새로운 사업을 추가하기 위하여 재산을 추가출연하고자 하는 경우의 정관변경허가를 포함한다)를 함에 있어서 제1항제2호의 조건을 반드시 붙이되, 주무관청이 수혜자의 범위를 특히 한정할 필요가 있다고 인정되는 때에는 그 한정할 범위에 관하여 미리 기획재정부장관(행정권한의위임및위탁에관한규정에 의하여 공익법인의 설립허가에 관한 권한이 지방자치단체의 장등에게 위임된 경우에는 설립이 허가되는 공익법인의 주된 사무소의 소재지를 관할하는 세무서장을 말한다)과 합의하여야 한다. 〈개정 1994.12.23, 1995.7.6, 1998.12.31, 2008.2.29〉

제7조(임원취임승인신청) ①공익법인이 법 제5조제2항의 규정에 의하여 임원취임승인을 신청할 때에는 임원취임승인신청서(전자문서로 된 신청서를 포함한다)에 다음 각호의 서류(전자문서를 포함한다)를 첨부하여 주무관청에 제출하여야 한다. 다만, 제3호 및 제5호의 서류는 주무관청이 보안상 필요하다고 인정하는 경우에 한하여 제출하고, 연임되는 임원에 대한 취임의 승인을 신청하는 경우에는 제2호·제3호·제5호 및 제7호의 서류는 이를 제출하지 아니한다. 〈개정 1991.5.31, 1993.11.20, 1995.7.6, 2004.3.17, 2006.6.12, 2010.11.2〉

1. 임원의 선임을 결의한 총회 또는 이사회의 회의록 사본 1부
2. 이력서 1부
3. 임원으로 취임하려는 사람의 가족관계기록사항에 관한 증명서
4. 취임승낙서 1부
5. 민간인 신원진술서 4부
6. 삭제 〈2006.6.12〉
7. 제12조의 규정에 의한 당해 임원의 특수관계부존재각서

②삭제 〈2010.11.2〉

제8조(재산이전의 보고) 공익법인(재단법인에 한한다)의 설립허가를 받은 자는 그 허가를 받은 후 지체없이 출연재산을 법인에 이전하고 3개월 내에 그 이전을 증명하는 금융기관의 증명서(부동산등기부 등본으로 확인할 수 없는 경우로 한정한다)를 재산이전보고서(전자문서로 된 보고서를 포함한다)에 첨부하여 주무관청에 제출하여야 한다. 이 경우 주무관청은 「전자정부법」 제36조제1항에 따른 행정정보의 공동이용을 통하여 부동산등기부 등본을 확인하여야 한다. 〈개정 2004.3.17, 2007.7.18, 2010.5.4, 2010.11.2〉

제9조(설립등기등의 보고) 공익법인은 민법 제49조 내지 제52조의 규정에 의하여 법인설립등기등을 한 때에는 등기를 완료한 날로부터 7일 이내에 등기보고서를 주무관청에 제출하여야 한다. 이 경우 주무관청은 「전자정부법」 제36조제1항에 따른 행정정보의 공동이용을 통하여 법인 등기사항증명서를 확인하여야 한다. 〈개정 1995.7.6, 2004.3.17, 2007.7.18, 2010.5.4, 2010.11.2〉

제10조(정관변경허가신청) 공익법인이 민법 제42조제2항, 동법 제45조제3항, 동법 제46조의 규정에 의하여 정관변경의 허가를 받고자 할 때에는 정관변경허가신청서에 다음 각호의 서류를 첨부하여 주무관청에 제출하여야 한다. 〈개정 1995.7.6〉

1. 정관변경이유서 1부
2. 정관개정안 1부
3. 정관변경에 관한 총회 또는 이사회 회의록
4. 정관변경의 원인이 되는 사실을 증명할 수 있는 서류

제11조(수익사업의 승인신청) ①공익법인이 법 제4조제3항의 규정에 의하여 수익사업경영의 승인을 신청하는 경우에는 수익사업승인신청서에 다음 각호의 서류를 첨부하여 주무관청에 제출하여야 한다. 〈개정 1995.7.6〉

1. 사업계획서 1부
2. 추정손익계산서 및 부속명세서 1부
3. 사업에 종사할 임원명부 1부
4. 행정관청의 허가를 요하는 사업인 경우에는 당해 사업에 대하여 허가를 받은 사실을 증명하는 서류 1부

②공익법인이 승인을 받은 수익사업을 변경하고자 할 때에는 제1항에 준하여 주무관청의 승인을 얻어야 한다.

제12조(특수관계자의 범위) ①법 제5조제5항에서 "대통령령으로 정하는 특별한 관계가 있는 자"(이하 "특수관계자"라 한다)란 다음 각 호의 어느 하나에 해당하는 자를 말한다. 다만, 국가 또는 지방자치단체가 공익사업(「상속세 및 증여세법」 제16조제1항에 따른 종교 · 자선 · 학술 또는 그 밖의 공익을 목적으로 하는 사업을 말한다. 이하 같다)에 출연하는 경우에는 국가 · 지방자치단체 및 그 소속 공무원, 그 밖에 국가 · 지방자치단체와 고용관계에 있는 자는 다음 각 호의 어느 하나에 해당하더라도 특수관계자로 보지 아니한다. 〈개정 1995.7.6, 2012.11.6〉

1. 출연자(출연자가 민법 제32조의 규정에 의하여 설립된 법인인 경우에는 당해 법인에 대한

출연자를, 출연자가 기타의 법인인 경우에는 당해 법인을 출자에 의하여 사실상 지배하고 있는 자를 포함한다. 이하 같다)

2. 출연자 또는 이사와 다음 각 목의 관계에 있는 사람
   가. 6촌 이내의 혈족
   나. 4촌 이내의 인척
   다. 배우자(사실혼 관계에 있는 사람을 포함한다)
   라. 친생자(親生子)로서 다른 사람에게 친양자(親養子)로 입양된 사람과 그 배우자 · 직계비속(直系卑屬)
3. 출연자 또는 이사의 사용인 기타 고용관계에 있는 자(출연자 또는 이사가 출자에 의하여 사실상 지배하고 있는 법인의 사용인 기타 고용관계에 있는 자를 포함한다)
4. 출연자 또는 이사의 금전 기타의 재산에 의하여 생계를 유지하는 자와 생계를 함께 하는 자
5. 당해 출연자가 재산을 출연한 다른 공익사업을 영위하는 법인의 이사

②제1항제1호 및 제3호에서 "출자에 의하여 사실상 지배한다"고 함은 다음 각호의 1에 해당함을 말한다. 〈개정 1995.7.6〉

1. 법인의 발행주식총액 또는 출자총액의 100분의 30이상을 출자자 1인과 그와 제1항제2호 · 제4호 및 사용인 기타 고용관계에 있는 자(이하 "지배주주"라 한다)들이 소유하고 있는 경우
2. 법인의 발행주식총액 또는 출자총액의 100분의 50이상을 제1호의 법인과 그의 지배주주가 소유하고 있는 경우
3. 법인의 발행주식총액 또는 출자총액의 100분의 50이상을 제1호의 법인과 그의 지배주주 및 제2호의 법인이 소유하고 있는 경우

③특수관계가 없는 이사가 재임중 특수관계자에 해당되어 특수관계자가 이사현원의 5분의 1을 초과하게 된 때에는 2월 이내에 특수관계자가 이사현원의 5분의 1이 초과되지 아니하도록 이사를 개임하여야 한다. 〈개정 1995.7.6〉

제13조(주무관청의 감사추천) ①주무관청은 법 제5조제8항의 규정에 의하여 공익법인의 감사 1인을 추천하고자 할 때에는 설립허가시에 그 뜻을 통지하여야 한다.

②주무관청이 제1항의 규정에 의한 감사의 추천을 행함에 있어서는 공익법인에게 후보를 선정하여 추천을 의뢰하게 할 수 있다. 이 경우 주무관청은 추천의뢰된 자 중에 적격자가 없다고 인정되는 때에는 재추천 의뢰를 요구하거나 직권에 의하여 추천할 수 있다.

③주무관청으로부터 감사 1인을 추천한다는 뜻을 통지받은 날로부터 2월내에 추천의뢰가 없는 경우 또는 주무관청의 추천에 의하여 임명된 감사가 임기만료 기타의 사유로 결원이 된 때에도

제2항과 같다.

④주무관청은 공익법인의 업무와 재산상황을 감사한 결과 불법 또는 부당한 점이 발견된 때에는 종전에 그 법인의 감사중 1인을 주무관청이 추천하지 아니한 경우에도 새로이 법 제5조제8항의 규정에 의하여 감사 1인을 추천할 수 있다. 이 경우에는 당해 공익법인의 감사중 이사회에서 지명한 자 1인은 주무관청에서 추천한 감사에 대한 취임승인이 있은 날의 전일에 퇴직된 것으로 본다.

제14조(상근직원의 정수 승인신청) 공익법인이 법 제5조제9항의 규정에 의하여 상근직원의 정수에 대한 승인을 얻고자 할 때에는 승인신청서에 기구도표와 부문별 또는 개인별 관장업무를 명시한 설명서를 첨부하여 주무관청에 제출하여야 한다.

제15조(이사회의 소집승인 신청) 법 제8조제4항의 규정에 의하여 이사회의 소집승인을 얻고자 할 때에는 그 승인신청서에 다음 각호의 서류를 첨부하여 주무관청에 제출하여야 한다.

1. 이사회의 소집이 불가능한 사유와 이를 증명하는 서류
2. 재적이사 과반수의 찬동을 증명하는 서류
3. 이사회를 소집하지 못함으로 인하여 예상되는 손해의 구체적인 사실을 증명하는 서류

제16조(재산의 구분) ①공익법인의 재산중 다음 각호의 1에 해당하는 재산은 기본재산으로 한다.

1. 설립시 기본재산으로 출연한 재산
2. 기부에 의하거나 기타 무상으로 취득한 재산. 다만, 기부목적에 비추어 기본재산으로 하기 곤란하여 주무관청의 승인을 얻은 것은 예외로 한다.
3. 보통재산중 총회 또는 이사회에서 기본재산으로 편입할 것을 의결한 재산
4. 세계잉여금중 적립금

②보통재산은 기본재산 이외의 모든 재산으로 한다.

③주무관청은 공익법인의 보통재산이 과다하다고 인정할 때에는 그 일부를 기본재산으로 편입하게 할 수 있다.

제17조(기본재산의 처분) ①법 제11조제3항 본문에 따라 기본재산의 매도 · 증여 · 임대 또는 교환에 관한 허가를 받고자 할 때에는 그 허가신청서에 다음 각호의 서류를 첨부하여 주무관청에 제출하여야 한다. 〈개정 1993.11.20, 1995.7.6, 2011.8.19〉

1. 처분재산명세서
2. 「부동산 가격공시 및 감정평가에 관한 법률」 제28조에 따른 감정평가법인이 작성한 감정평가서 또는 시장 · 군수 또는 구청장(자치구의 구청장에 한한다)이 같은 법 제9조에 따라 표

준지의 공시지가를 기준으로 하여 산정한 개별필지에 대한 지가확인서(교환의 경우에는 쌍방의 재산에 관한 것이어야 한다)

3. 이사회회의록 사본
4. 교환재산 또는 처분대금의 처리에 관한 사항을 기재한 서류(교환 또는 매도의 경우에 한한다)

②삭제 〈1995.7.6〉

③법 제11조제3항 본문에 따라 기본재산의 담보에 관한 허가를 받고자 할 때에는 그 허가신청서에 다음 각호의 서류를 첨부하여 주무관청에 제출하여야 한다. 〈개정 2011.8.19〉

1. 담보에 제공할 재산목록
2. 피담보채권액
3. 담보권자
4. 상환방법 및 상환계획
5. 이사회의 회의록 사본

④법 제11조제3항 본문에 따라 기본재산의 용도변경에 관한 허가를 받고자 할 때 또는 기본재산에 대한 의무를 부담하거나 권리를 포기하고자 할 때에는 허가신청서에 그 사유를 명기하여야 한다. 〈개정 2011.8.19〉

제18조(장기차입에 대한 허가) ①공익법인이 법 제11조제3항 본문에 따라 주무관청의 허가를 받아야 할 장기차입은 차입하고자 하는 금액을 포함한 장기차입금의 총액이 기본재산 총액에서 차입당시의 부채 총액을 공제한 금액의 100분의 5에 상당하는 금액이상인 경우로 한다. 〈개정 1995.7.6, 2011.8.19〉

②공익법인이 당해연도의 예산으로 상환할 단기차입을 행한 경우에는 예산수지를 명확히 하여 당해연도내에 반드시 상환할 수 있도록 하여야 한다.

제18조의2(기본재산의 처분 신고) ①법 제11조제3항 단서에서 "매도·교환 또는 용도변경 등 대통령령으로 정하는 경우"란 기본재산을 매도·교환 또는 용도변경하거나 담보로 제공(이하 "매도등"이라 한다)하는 경우를 말한다.

②법 제11조제3항 단서에 따라 신고함으로써 매도등을 할 수 있는 기본재산의 범위는 「상속세 및 증여세법」 제61조부터 제66조까지의 규정을 준용하여 평가한 기본재산의 가액을 기준으로 한다. 이 경우 「상속세 및 증여세법」 제63조제1항제1호가목 중 "평가기준일 이전·이후 각 2개월"은 각각 "매도등을 한 날의 직전 거래일부터 이전 2개월"로 본다.

③「상속세 및 증여세법」 제16조제2항에 따른 성실공익법인(이하 "성실공익법인"이라 한다)이 법 제11조제3항 단서 및 이 조 제1항에 따라 기본재산의 매도등을 한 경우에는 그 매도등을 한

날부터 3주일 이내에 그 신고서에 다음 각 호의 서류를 첨부하여 주무관청에 제출하여야 하며, 같은 기간 내에 주무관청에 법 제11조제2항에 따른 정관변경 허가를 신청하여야 한다.

1. 기본재산명세서 및 매도등을 한 재산의 명세서(제2항에 따른 평가액을 소명할 수 있는 자료를 각각 포함한다)
2. 이사회회의록 사본
3. 성실공익법인에 해당함을 소명할 수 있는 자료

④제3항에 따른 신고서를 제출받은 주무관청은 지체 없이 제3항 각 호의 서류를 검토하여야 하며, 필요한 경우 공익법인에게 보정(補正)을 요구할 수 있다. 이 경우 성실공익법인은 보정을 요구받은 날부터 1주일 이내에 이를 보정하여야 한다.

[본조신설 2011.8.19]

제19조(사업계획등의 제출) ①공익법인이 법 제12조제2항의 규정에 의하여 제출하는 사업계획 및 예산은 당해 사업의 회계연도 개시 1월전까지 행하여야 하며, 다음 각호의 서류를 첨부하여야 한다.

1. 추정대차대조표 및 그 부속명세서
2. 추정손익계산서 및 그 부속명세서

②공익법인이 법 제12조제2항에 따라 제출하는 사업실적 및 결산은 해당 사업의 회계연도 종료후 3개월 이내에 행하여야 하며, 다음 각호의 서류를 첨부하여야 한다. 〈개정 2011.8.19〉

1. 대차대조표 및 그 부속명세서
2. 손익계산서 및 그 부속명세서
3. 공인회계사의 감사증명서. 다만, 주무관청이 필요하다고 인정하여 첨부하게 한 경우에 한한다.

③성실공익법인은 제2항 각 호의 서류와 함께 다음 각 호의 서류를 제출하여야 한다. 〈신설 2011.8.19〉

1. 「상속세 및 증여세법」 제48조제2항제3호에 따른 운용소득 사용내역(해당 회계연도의 사용내역을 말한다)
2. 「상속세 및 증여세법」제50조제3항에 따른 회계감사 자료
3. 「상속세 및 증여세법」 제50조의2에 따른 전용계좌 사용내역(해당 회계연도의 사용내역을 말한다)
4. 기본재산의 목록

제20조(재산관리) 공익법인은 그 목적사업을 달성하기 위하여 그 재산을 성실히 관리하여야 한다.

제21조(예산편성요강) ①공익법인의 예산은 제23조의 규정에 의한 회계별 및 계정과목별로 구분

하여 추정대차대조표와 추정손익계산서 및 그 부속명세서로 편성한다.

②제1항의 추정대차대조표는 당해 연도말 현재에 추정되는 재정상태를 표시하되, 전년도말 현재와의 비교증감을 표시하여야 한다.

③제1항의 추정손익계산서에는 당해 연도에 발행할 것으로 추정되는 모든 수익과 비용을 계상하되, 전년도의 수익과 비용을 비교 · 표시하여야 한다.

④추정대차대조표와 추정손익계산서의 부속명세서에는 각각 그 추정의 근거를 명백히 하여야 한다.

제22조(회계원칙) ①공익법인의 회계는 이 영에 특별한 규정이 있는 경우를 제외하고는 그 사업의 경영성과와 수지상태를 정확하게 파악하기 위하여 모든 회계거래를 발생의 사실에 의하여 기업회계의 원칙에 따라 처리한다.

②공익법인의 회계조직은 재무제표규칙을 준용한다.

제23조(회계의 구분) ①공익법인의 회계는 법인의 목적사업 경영에 따른 회계(이하 "목적사업회계"라 한다)와 수익사업경영에 따른 회계(이하 "수익사업회계"라 한다)로 구분한다.

②제1항의 경우에 법인세법의 규정에 의한 법인세 과세대상이 되는 수익과 이에 대응하는 비용은 수익사업회계로 계리하고, 기타의 수익과 비용은 목적사업회계로 계리한다.

③제2항의 경우에 목적사업회계와 수익사업회계로 구분하기 곤란한 비용은 공동비용의 배분계산에 관한 법인세에 관한 법령의 규정을 준용하여 배분한다.

제24조(재산의 평가) 공익법인의 모든 재산의 평가는 취득당시의 시가에 의한다. 다만, 재평가를 실시한 재산은 재평가액으로 한다.

제25조(잔여재산의 귀속) ①공익법인은 그 정관에 당해 공익법인이 해산한 경우에 법 제13조의 규정에 의하여 잔여재산이 귀속될 주체를 국가 또는 지방자치단체로 명시하여야 한다.

②공익법인의 청산인은 해산후 민법 제94조의 규정에 의한 신고와 함께 잔여재산이 귀속할 국가 또는 지방자치단체에 잔여재산의 목록을 제출하고, 지체없이 권리 이전절차를 취한 후 재산을 인도하여야 한다.

③제2항의 규정에 의하여 국가 또는 지방자치단체에 귀속한 재산은 주무관청 또는 지방자치단체의 장(당해 법인의 주무관청이 교육부장관인 경우에는 교육감)이 관리하되, 공익사업에 사용하거나 이를 유사한 목적을 가진 공익법인에게 증여하거나 무상대부한다. 이 경우 주무관청은 기획재정부장관과 협의하여야 한다. 〈개정 1991.2.1, 1994.12.23, 1995.7.6, 2001.1.29, 2008.2.29, 2013.3.23〉

제26조 삭제 〈2011.8.19〉

제26조의2 삭제 〈1997.12.31〉

제27조(법인사무의 감사) ①주무관청이 법 제17조의 규정에 의한 감사를 행함에 있어서는 공익법인에게 관계서류 · 장부 기타 참고 자료의 제출을 명하거나 소속공무원으로 하여금 법인의 사무 및 재산상황을 검사하게 할 수 있다.

②제1항의 규정에 의하여 법인사무를 감사하는 공무원은 그 자격을 증명하는 증서를 휴대하고 이를 관계인에게 제시하여야 한다.

③법 제17조제2항에 따라 주무관청은 직전 회계연도 종료일을 기준으로 대차대조표상 총자산가액(부동산인 경우 「상속세 및 증여세법」 제60조, 제61조 및 제66조에 따라 평가한 가액이 대차대조표상의 가액보다 크면 그 평가한 가액을 말한다)의 합계액이 100억원 이상인 공익법인에 대하여 「주식회사의 외부감사에 관한 법률」 제3조에 따른 감사인(이하 "감사인"이라 한다)의 회계감사를 받게 할 수 있다. 〈개정 2012.7.24〉

④주무관청은 「상속세 및 증여세법」 제50조제3항에 따른 감사인의 회계감사와 별도로 회계감사를 받게 할 필요가 없다고 인정되는 경우에는 그 회계감사로 제3항에 따른 감사를 갈음할 수 있다. 〈신설 2012.7.24〉

⑤제3항에 따라 감사를 실시한 감사인은 감사를 종료한 후 지체 없이 감사결과에 대한 보고서를 작성하여 주무관청에 제출하여야 한다. 〈신설 2012.7.24〉

제28조(준용) 이 영에 규정된 사항 이외에 법의 시행을 위하여 필요한 사항은 주무관청이 정하되, 따로 정한 사항이 없는 때에는 성질에 반하지 아니하는 한 공익법인 이외의 비영리법인에 관한 규정을 준용한다.

부 칙 〈제24415호, 2013.3.23〉 (법무부와 그 소속기관 직제)

제1조(시행일) 이 영은 공포한 날부터 시행한다.

제2조 생략

제3조(다른 법령의 개정) ① 공익법인의 설립 · 운영에 관한 법률 시행령 일부를 다음과 같이 개정한다.

제25조제3항 전단 중 "교육과학기술부장관"을 "교육부장관"으로 한다.

②부터 〈16〉까지 생략

참 / 고 / 문 / 헌

김태수 외, 『복지행정론』, 대영 문화사, 1998.

서동희, "행정기획실무", 『교육행정능률향상과정』, 서울특별교육연수원, 2002.

송호근, 『세계화와 복지국가』, 나남출판사. 2001

장인협 외, 『사회복지학』, 서울대학교출판부, 2000.

전재일 외, 『사회복지정책론』, 형설출판사. 2000.

최성재 외, 『사회복지행정론』, 나남출판사, 2002.

테레사 쿨라빅, 『복지국가와 여성정책』, 새물결, 2000.

한국보건사회연구원, 『사회복지사 양성과정 교재』, 한국보사연, 2002.

황규대, 『조직행위론』, 박영사, 2000.

황진수, 『현대복지행정론』, 대영문화사, 2003.

Esping-Andersen, G. The Three World of Welfare Capitalism. Polity Press. 1990.

Lewis, J. Women and Social Policies in Europe, Edward Elgar, 1993.

Ph.D dissertation. The University of Birmingham, 2001.

Sainsbury, D. Gendering Welfare States, London: Sage, 1994.

Seo, D. Women and Pension Policy in Sweden, Britain and Korea,

Williams, F. Social Policy: A Critical Introduction. Polity Press. 1989.

저자소개

■ **대표저자 고명석**

사회복지학석사/문학박사(사회복지정책 전공)

현) 명지대학교 사회복지학과 객원교수
명지대학교 보건복지부위탁 사회복지사양성과정 주임교수
보건복지부위탁 사회복지사양성과정 시험출제위원(2003~현재)
'국가인권위원회' 전문상담위원
한국 '인권사회복지학회' 이사
한국 '교정복지학회'이사
사단법인 '한국전문자격협회' 사회복지심사위원
사단법인 '한국개인운영신고시설협회' 명예회장
건강보험공단 서대문지부 '노인요양등급판정위원회' 위원장
'거모종합사회복지관''포도원복지센터' 운영위원장

■ **박준범**

경영학석사/행정학석사/법학박사

전) 근로복지공단 지사장 근무
한국장애인 재활협회와 사무총장
대구수성대학, 을지대학교 외래교수

현) 가천대학교 외래교수
명지대학교 사회복지사양성과정 외래교수
대구카톨릭 대학교산학협력 중점 교수

■ **박명혜**

행정학박사(사회복지전공)/사회복지학 석사
청운대학교 인문사회과학대학 사회복지학과 부교수
명지대학교 자연캠퍼스 사회복지학과 외래교수
한사회성장연구원 이사장
한국사회복지개발원 이사
한국양성평등진흥원 평가위원
한국척수장애인협회 솔루션위원
청소년선도 심사위원
SBS방송 긴급출동SOS 솔루션위원역임

■ **정종모**

행정학석사/사회복지사
노인요양시설 시설장
횡성군 사회복지협의회 위원
횡성군 노인복지시설협회 회장

저 자
인 지

사회복지행정론

초　판 1쇄 발행 / 2014년 3월 15일
개정판 1쇄 발행 / 2016년 3월 15일
개정판 4쇄 발행 / 2019년 7월 31일

공저자 / 고명석 · 박준범 · 박명혜 · 정종모
발행인 / 이　중　수
발행처 / **동　문　사**

서울특별시 서대문구 홍제원 1길 12
(홍제동 137-8)
Tel : 02)736-3718(대), 736-3710, 3720
Fax : 02)736-3719
등록번호 : 제9-17호
가격 : 18,000원

ISBN : 978-89-8251-814-0-(93330)
E-mail : dong736@naver.com
www.dongmunsa.com